浙江智库 ZHEJIANG THINK TANK

浙发规院文库 ZDPI PUBLICATIONS

数字化平台组织中的
团队动力和
团队化策略研究

王　艺◎著

TEAM DYNAMICS AND
TEAMING STRATEGY IN DIGITAL
PLATFORM ORGANIZATIONS

ZHEJIANG UNIVERSITY PRESS
浙江大学出版社
·杭州·

图书在版编目(CIP)数据

数字化平台组织中的团队动力和团队化策略研究 /
王艺著. —杭州：浙江大学出版社，2022.8
ISBN 978-7-308-22913-5

Ⅰ. ①数… Ⅱ. ①王… Ⅲ. ①网络公司－团队管理－
研究 Ⅳ. ①F490.6

中国版本图书馆 CIP 数据核字(2022)第 149066 号

数字化平台组织中的团队动力和团队化策略研究

王 艺 著

策划编辑	吴伟伟	
责任编辑	陈 翩	
文字编辑	葛 超	
责任校对	丁沛岚	
封面设计	雷建军	
出版发行	浙江大学出版社	
	（杭州市天目山路 148 号　邮政编码 310007）	
	（网址：http://www.zjupress.com）	
排　版	杭州晨特广告有限公司	
印　刷	杭州钱江彩色印务有限公司	
开　本	710mm×1000mm　1/16	
印　张	16.5	
字　数	260 千	
版印次	2022 年 8 月第 1 版　2022 年 8 月第 1 次印刷	
书　号	ISBN 978-7-308-22913-5	
定　价	68.00 元	

前 言
FOREWORD

《中华人民共和国国民经济和社会发展第十四个五年规划和二〇三五年远景目标纲要》提出"充分发挥海量数据和丰富应用场景优势，促进数字技术与实体经济深度融合，赋能传统产业转型升级，催生新产业新业态新模式，壮大经济发展新引擎"。数字化情境下，各地鼓励企业积极拥抱数字化浪潮来应对自身转型与发展挑战，从而推动数字产业化与产业数字化转型。《浙江省数字经济发展"十四五"规划》提出，到 2025 年数字经济核心产业增加值占 GDP 比重达到 15%，建成多元数据融合应用的"产业大脑"，实现百亿元以上产业集群"产业大脑"应用和工业互联网平台全覆盖。与此同时，加强规范和监管各类平台企业、建立健全平台经济治理体系已成为世界主要国家的共同选择。伴随着平台企业全新的项目协作模式，多数企业在数字化平台组织实践的过程中出现了团队管理方面的问题，需要重点关注数字化平台组织中项目团队的团队动力上体现出的全新特征以及项目协作过程中的团队化策略。针对上述实践困境，本书从群体动力理论切入，回顾与梳理了对数字化平台组织团队管理的以往研究，特别是团队化、团队策略以及效应机制方面的研究进展，提出了本书的主要研究问题。

围绕数字化平台组织中的团队动力与团队化问题，本书尝试提出以下四个方面议题：第一，数字化平台组织中项目团队的新的团队动力特征；第二，数字化平台组织中的新型团队化构思维度及其特征；第三，数字化平台组织的团队化机制；第四，构建团队化策略，检验团队化的

1

效应模式。

针对这四方面议题,本书设计了以下四个研究。

研究一为多案例研究,主要目的是对数字化平台组织中的团队动力特征进行探索。研究选取四家数字化平台组织中的项目团队为案例样本,通过实地调研、现场访谈、文档调阅等方式收集一手资料与二手资料。根据所得到的资料对案例对象进行深度分析,归纳数字化情境特征及其与团队动力要素的关系,提炼出数字化平台组织的价值差序、团队互动、团队联盟、价值演进四个情境特征,构建了数字化平台组织中基于换位、链接、共生、变迁的团队动力模型。

研究二为团队化维度与特征研究。首先,基于研究一的团队动力模型提出了团队化的四因素构思维度,分别为互补、协同、整合以及迭代;其次,在明确团队化构思维度与特征后进行量表开发,通过理论回顾、专家深度访谈等方式得到了初步问项,经探索性因素分析与验证性因素分析,获得了由四个维度、13道问项组成的团队化量表;最后,通过大样本问卷调研的方法,发现数字化情境特征以及数字化平台组织团队动力特征均对团队化存在正向影响。

研究三为团队化机制研究。基于研究二的实证发现,围绕数字化平台组织特征进一步探索团队化的形成机制,研究三采用情境模拟实验的方法,选取具有项目工作经验的108名被试组成36个项目团队、12个项目小组,通过对项目任务因素以及互动关系因素两个因素进行操纵。采用方差分析发现进行数字化任务时,高目标合作数字化平台组织被试团队的团队化水平显著高于低目标合作数字化平台组织被试团队;而进行非数字化任务时,低目标合作数字化平台组织被试团队的团队化水平显著高于高目标合作数字化平台组织被试团队。由此,我们发现团队化形成的前提在于数字化情境特征以及数字化平台组织团队动力特征的影响,而团队化形成的核心在于数字化平台组织中项目任务因素和互动关系因素的共同作用,本书将这一系列过程命名为团队化的多源形成机制。

研究四为策略构建与效应模式研究。一方面,基于团队高阶动力特征,结合数字化情境下团队领导理论来探索团队化对于团队任务绩效以及团队创新绩效的影响,选取团队创新行为作为中介变量,选取授权型领导作为调节变量。通过大规模问卷分析,发现团队化能够在团队层面通过激活团队创新行为的形成提升团队的任务绩效以及团队创新绩效,而这一过程将会受到授权型领导的正向强化。另一方面,研究四还构建了一个跨层构念模型来探究团队化对于团队成员个体绩效的影响。通过大规模问卷调查,发现团队化对团队成员个体的任务绩效以及创新绩效同样具有积极的正向作用,在这一过程中团队成员的个体适应行为是影响绩效的重要中介因素。基于上述两方面发现,本书将团队化对团队项目绩效以及团队成员个体项目绩效的影响策略命名为团队化适应—激活策略。

本书的理论贡献在于:第一,针对数字化情境下的数字化平台组织,归纳了数字化情境特征,并以此为基础提炼了团队动力特征,构建了数字化平台组织的团队动力模型;第二,在此基础上提出团队化的构思维度,完成了团队化测量工具开发,验证了数字化情境因素与数字化平台组织团队动力特征对团队化的影响;第三,揭示了团队化在数字化平台组织情境下的多源形成机制;第四,构建了团队化的适应—激活策略。作为对数字化平台组织中团队动力以及团队化的初步探索,本书在一定程度上丰富了数字化情境下的群体动力理论内涵,同时也对中国企业未来的发展提供了新洞见。

目 录
CONTENTS

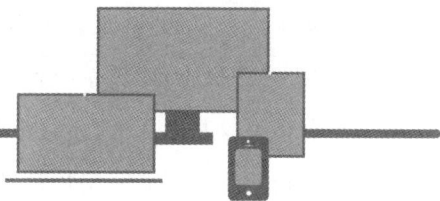

CHAPTER 1

第一章　绪　论

第一节　实践问题：数字化平台组织管理面临的挑战

一、新情境：企业面临的数字化转型挑战

当前,全球正处于新一轮的科技变革浪潮和产业转型升级的关键时期,多种信息技术跨界应用到了经济社会的各个领域当中,尤其是新冠肺炎疫情的暴发和蔓延带来的连锁反应刺激了数字化的发展,使得数字经济和数字技术越来越成为我国经济发展的重要推动力。在经历了萌芽期、高速发展期以及成熟期之后,数字经济在中国已经上升至国家战略高度①,为企业未来的发展提供了全新的转换动力。腾讯研究院发布的《2018 中国"互联网＋"指数报告：中国数字经济版图初现》指出,2017 年全国数字经济体量为 26.70 万亿元,数字经济占 GDP 的比重由2016 年的 30.61％上升至 2017 年的32.28％。而 2018 年的《中国数字经济发展与就业白皮书》显示,2005—2017 年之间,我国数字经济融合部分总体规模已经从 2005 年的 1.28 万亿元增长至 2017 年的 21 万亿元,数字经济融合部分占 GDP的比重从 7％增长至 25.4％。而 2019 年我国数字经济总量更是达到 35.8 万亿元,占 GDP 比重为 36.2％,位列美国之后的全球次席。数字经济蓬勃发展给企

---

①　2015 年 7 月国务院发布的《国务院关于积极推进"互联网＋"行动的指导意见》初步形成对数字经济的论述;2016 年 G20 杭州峰会上发布的《G20 数字经济发展与合作倡议》提出数字经济是指以使用数字化的知识和信息作为关键生产要素、以现代信息网络作为重要载体、以信息通信技术的有效使用作为效率提升和经济结构优化的重要推动力的一系列经济活动;2017 年数字经济一词在政府工作报告当中正式出现。

业带来了巨大机遇,阿里研究院在 2018 年 9 月发布的《迎接全球数字经济新浪潮》的报告中指出,中国企业目前拥有全世界独一无二的数字经济消费用户,这些用户群体不仅基数庞大,而且渗透到了与数字经济相关的各个消费领域当中。中科院科技战略咨询研究院预计到 21 世纪中叶,国与国、企业与企业的竞争将以数字经济的模式向世人展现。因此,从企业层面来看,必须探索出全新的商业模式来满足消费者日趋个性化、多元化的需求,而这也意味着企业只有找到一条独特的、基于用户的、产业生态化的发展道路才能获得持续性的发展。技术升级下通过创新驱动发展战略来进行产业赋能的数字经济已经逐渐渗透到了企业发展的每一个角落当中,由此形成了全新的数字化情境。

针对数字化情境的分析与洞察相继出现了大量探索性的调研成果,其中埃森哲在 2016 年发布的《数字化颠覆:实现乘数效应的增长》报告中认为,组织灵活、数据驱动、主动颠覆和数字化模式正逐渐成为企业数字化发展的重要支撑力量;国务院发展研究中心在 2018 年发布的《传统产业数字化的模式和路径》报告,根据多个行业情况提出了企业数字化发展的关键定义,即企业利用全新的信息技术进行数据资源的全面整合,实现企业内部层级与同一层级不同部门间的有效联通,形成全新的价值网络与业务模式。

数字化情境不但给企业带来了业务模式的变革,还带来了组织管理方面的变革。基于以下五项关键技术,结合上述调研报告中的洞察,本书提炼出数字化情境下组织的五大变革路径,分别如下。

(一)基于人工智能技术,组织正在经历从功能型到智能型的变革

2017 年麦肯锡全球研究院在《人工智能:下一个数字前沿?》报告中指出,随着机器人和自动驾驶汽车、计算机视觉、语言、虚拟代理、机器学习、深度学习等技术深度嵌入企业的业务发展,人工智能将会成为下一波数字颠覆浪潮的中心。这使得组织进行数字化发展的任务比以往任何时候都要紧迫。在人工智能技术蓬勃发展的今天,许多企业已经开始反思自身的运行方式,组织中大量岗位的工作都逐渐尝试从单一功能模式走向多维智能模式。德勤《2018 年度全球人力资本趋势报告》对 140 个国家 1 万多名人力资源以及业务负责人进行了调查,发现人工智能将会使组织的工作更加智能化,具体表现在工作岗位以及相应任务的重构

上,一方面,涉及大量重复性工作的现有岗位未来将会被人工智能代替;另一方面,人们的工作重心则会转移到需要更多跨界协作与互动交流的任务当中。

(二)基于大数据技术,组织正在经历从封闭化到透明化的变革

大数据的 5V 特征——volume(大量)、velocity(高速)、variety(多样)、value(低价值密度)、veracity(真实性)将会对组织发展与组织管理产生颠覆性的变革(McAfee et al.,2012)。数字化情境下,组织中所承载的信息量势必呈现指数级上升趋势,越来越多的企业将会选择直接借助大数据技术来进行业务管控并进行商业决策,传统基于经验与直觉的管理决策模式将会被撼动(George et al.,2014),这意味着企业思维方式的改变,而数据将成为非常重要的基础性资源,大数据以及大数据分析已被视为企业最核心的竞争力。借助全新的思维方式,越来越多的企业开始借助大数据构建具有兼容性的数据生态,提升组织透明度,为企业的未来发展带来了全新的机会。

(三)基于区块链技术,组织正在经历从中心化到去中心化的变革

从技术层面来看,区块链技术的集成应用在数字技术革新和产业变革中起着重要作用①。作为数字化的重要特征,去中心化是组织发展过程中自发演化形成的新型关系模式与系统结构。在去中心化的结构中,个体之间可以通过建立连接的方式发挥出巨大的影响力。在现如今的商业实践中主要表现为腾讯、字节跳动等组织通过微信、抖音等内容生态来为用户提供成为互动网络中心节点的可能性,进而在外部环境快速变化的情况下保持一定的灵活性的同时降低彼此之间互相信任的成本(Leu et al.,2010)。

(四)基于 5G 通信与万物互联技术,组织正在经历从离线化到在线化的变革

数字化情境下,组织中的信息、人力以及相关资源由于网络传输速率的提升变得更加富有价值。组织通过内在的互联互动,将内部以往互相隔离的不同元素全部激活并联上网络,创造出更加广阔的联结载体。5G 和万物互联(物联网)分别依托新一代的数字通信与数字网络技术,将用户端的信息联结拓展到了实体联

---

① 习近平在中央政治局第十八次集体学习时强调,把区块链作为核心技术自主创新重要突破口,加快推动区块链技术和产业创新发展。[把区块链作为核心技术自主创新重要突破口 加快推动区块链技术和产业创新发展. 人民日报,2019-10-26(1).]

结,原本离线化的组织实现了全时段、低延迟的在线激活,进而从时间和空间两个维度重新定义了组织的边界,并在此基础上演化形成了组织价值创造的新路径。

(五)基于云计算技术,组织正在经历从科层式到分布式的变革

云计算这一数字基础设施的大范围应用,使得越来越多的企业可以直接利用亚马逊 AWS、微软 AZURE 以及阿里云等公司所提供的成熟解决方案,不需要再投入资源来搭建企业的数据中心。企业原有的计算、存储资源将得以投入其他并行的应用当中,实现运营成本的大幅度缩减,更重要的是组织将会从之前的串联式发展转变为并联式发展,充分整合组织内在资源与外部资源,发挥不同资源与协作方的技术专长,提升整体效率(Jadeja et al.,2012)。

数字化情境下,随着"云、大、物、智、移"等新一代数字化技术取得重大进展,传统的工业企业也逐步地向互联网、科技等数字经济方向转变,最终将会演化成为企业发展的基础设施,为企业的长远发展带来重要的影响。在对上述五方面内容的梳理下,本书从管理心理学的视角对数字化情境的内在核心进行初步的界定。本书认为,数字化情境产生的源头在于数字经济的快速发展,而数字经济的出现打破了传统产业与新兴产业之间的边界与隔阂,两者在组织层面表现为多种元素经过融合所形成的全新网络生态。在这种全新的生态下,不同产业的企业通过跨界联动等多种形式实现产业模式升级与组织形态转型,最终形成了多种结构的联结(见图 1.1)。

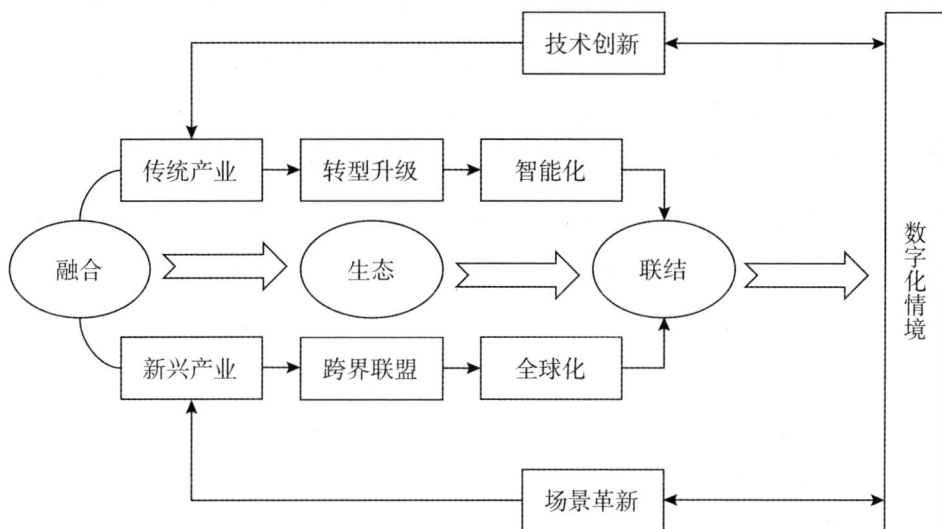

图 1.1 数字化情境

本书所关注的数字化情境对于现阶段中国企业发展而言具有非常重要的意义,具体表现为通过数字化业务实现快速发展以及通过全新的组织模式提升管理效率。这两方面机遇也引发了实践领域与理论界关于数字化情境下不同组织模式的探索,一系列新型组织形式逐渐引起了实践领域的高度关注。

二、新组织:数字化情境下的平台组织挑战

数字化情境下,组织在上述互联网、数字智能技术的赋能过程中形成了许多新的形式,其中最具代表性的组织形式就是平台组织。平台组织的诞生源于数字化情境下企业所采用的平台战略。平台战略具体指企业为了获得长期可持续的快速增长而在产品与服务的基础上进行多种创新设计与再组织(Davis,2016a),并通过持续演化形成符合企业发展定位的生态圈(陈威如等,2014)。

数字化情境下,平台战略的实施对于企业的发展起到了不可忽视的作用(梅菲特等,2018)。埃森哲发布的《迈向平台:中国企业转型升级新机遇》报告指出,截至2016年6月,全世界最大的15家平台型企业其总市值已经超出了26万亿美元,世界前100家公司(从市值角度排序)中有60家公司的一半以上利润直接来源于企业所构建的平台。其中,微软、谷歌和亚马逊等全球科技巨头基于平台所提供的业务逐渐演化形成了整体化的组织架构与整体化的人才布局

(Corporaal et al.,2017),这些平台型企业借助平台战略进一步在公司内部孵化出了大量的创业公司,其中的一些创业公司获得了快速发展成为独角兽企业。而国内的平台模式遵循着从以海尔为代表的企业平台到以腾讯为代表的产品平台再到以小米为代表的生态平台的发展路径(王凤彬等,2019)。

通过企业的平台战略来探究平台组织,我们发现平台组织这一组织模式可以为更多的自由职业者提供差异化的工作机会,形成零工经济的全新尝试。因此对于处在数字化情境下的企业而言,借助平台化的生态系统,通过构建平台组织的模式来进一步释放组织活力与潜能是当下最值得进行的尝试。

中国企业对平台战略以及平台组织的整体理解在不断实践的过程当中得到了一定的深化,但是对于平台组织的深层次认知还需要进一步探索(Gaertner et al.,2008;陈威如等,2013;陈春花,2018)。在智能制造、信息传媒、消费电子、互联网金融、新能源等产业确实有不少企业开始尝试采用平台组织这种全新模式,但他们对于平台组织的内涵缺乏基本认识。埃森哲在关于中国企业的平台化模式实践的调研报告中指出,目前82%的组织意识到了平台模式对于企业甚至是企业所在的行业有着深远的影响,但只有12%的企业认为数字化时代的平台模式将会给企业所在行业带来颠覆性影响(见图1.2)。

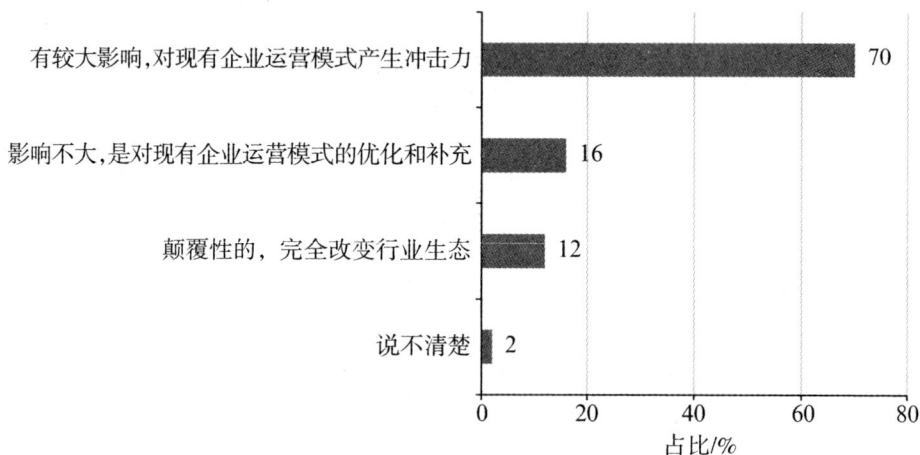

图1.2　平台型模式对行业的影响

资料来源:埃森哲(2016b)。

进一步通过调研发现,受访组织对于平台化模式所能带来的价值的理解往往聚焦于短期的利益(主要包括丰富供应渠道、发现潜在客户、拓展业务规模),缺乏对企业创新盈利模式与商业模式等方面的深入认知。更重要的是,该调研发现仅有 6% 的中国企业意识到了平台对于提升组织敏捷性的影响,而这也进一步说明数字化情境下,中国企业亟须对平台组织予以进一步的关注(见图 1.3)。

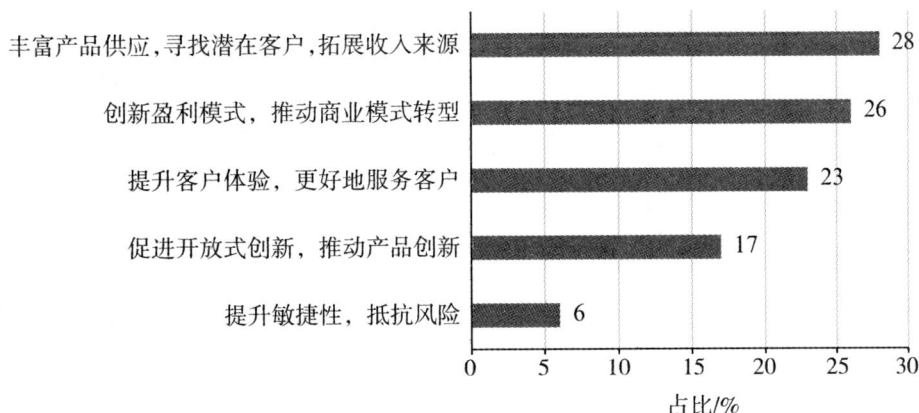

图 1.3 平台模式给企业带来的价值机遇

资料来源:埃森哲(2016b)。

随着企业关于平台组织的实践不断深入,一些与平台组织相关的基本问题也逐渐明确。波士顿咨询公司与阿里研究院在《平台化组织:组织变革前沿的"前言"》中提出,平台组织与传统组织相比,最根本的区别在于团队与组织之间的关系发生了变化。平台的主要功能是对团队进行模块化赋能而非简单的管理或是激励。此外平台组织通过提供大量商业探索的机会来降低组织的交易成本与试错成本,使平台中的每一个角色都能够表达自己和共享信息。

平台组织的具体特征可以概括为以下几个方面。

(一)大量自主性的协作体

主要指由跨职能的成员所组成的数量众多但规模较小的团队,他们被赋予自主决策的权利并承担与自身发展相关的责任与风险。在平台组织当中,这些自主的协作体往往被看作开放网络当中的重要节点(Altman et al.,2015)。

（二）大规模支撑结构

指模块化的、可共享的资源集合，主要为其中的协作体提供系统支撑，具体包括为平台中的自主协作体提供融资、会计、人力资源、法律以及供应链等方面的支持性服务，帮助协作体更好地发挥自身的创造力来获取竞争优势（Sørensen et al. ,2011）。

（三）多元的生态体系

指平台与团队彼此之间形成了一种多元互动、协同影响的生态体系，通过平台与平台中团队两者生态体系的构建，创造出更多团队之间以及团队与平台之间联结的机会，并进一步利用这些合作创造更大价值。

（四）自下而上的创业精神

主要体现在平台组织中的项目、产品都由团队自发启动并跟进，组织将不再进行事无巨细的职能管理。

由于数字化情境下市场环境是高度复杂的，一种平台组织无法适用于所有的外部环境。波士顿咨询公司与阿里研究院联合发布的报告中以增量价值和开发成本两个维度将平台组织划分为三种类型。其中开发成本较低、增量价值较高的平台组织称为"实验型"平台组织，典型案例是海尔集团。海尔内部"人单合一"的体系中，任何的协作体都可以根据自己的业务需求来向平台整合资源，形成平台（海尔集团）与协作体（海尔小微）互相协调的业务模式，这些小微独立进行自我管理，参与内部竞争与外部竞争（Meyer et al. ,2017）；开发成本较高、增量价值较高的称为"混合型"平台组织，典型案例是阿里巴巴，阿里巴巴通过完整闭环的信息沟通与反馈流程来保证内部所有项目工作在战略上实现动态统一，这种模式的关键在于通过建立强大的业务中台来帮助前端与后台建立高效率的联结；开发成本较低、增量价值也较低的平台组织称为"孵化型"平台组织，代表案例是韩都衣舍，韩都衣舍内部拥有 300 个独立的产品小组，每个小组仅由 3—4 名成员组成，在组织的支持下完成产品设计、生产、销售的全流程工作。这种模式的优势在于能够用最小的成本来进行产品创新的实验，快速满足客户在不同时间段对于产品的差异化需求。

综上所述,平台组织在数字化情境下渐渐成为企业最愿意尝试的新型组织模式。严格意义上来讲,平台组织这种新型组织模式并非诞生于数字化情境,例如以保险公司为代表的一些组织甚至在互联网技术来临之前就采用类似平台组织的模式经营。因此,更准确地说是数字化情境让平台组织自身的优势得到了凸显。回顾上述三类平台组织,我们认为它们都是高度数字化发展导向的平台组织。由此,基于现有平台组织的相关实践,本书尝试将数字化情境与平台组织深度结合,提出数字化平台组织这一全新组织模式。数字化平台组织具体指数字化情境下基于企业数字化发展与平台化管理两方面而形成的组织模式,作为平台组织的数字化升级版,数字化平台组织的实践来源包括两种,一种是从先前的组织模式转型成为数字化平台组织的企业,另一种则是从诞生之初就是数字化平台组织的企业。

三、新挑战:数字化平台组织的团队管理

数字化情境下的企业在组织管理上面临着一系列的变革。德勤 2018 年发布的《工业 4.0 悖论:克服数字化道路上的脱节》报告指出,数字化情境下企业面临运营、文化以及环境三方面的挑战,而三者背后的本质问题在于组织的工作模式以及组织中的个体、团队与组织的关系早已发生了全面的变化,面对这些变化,多数组织难以应对。德勤在 2014 年发布的报告《数字协作:带来创新、生产力与幸福感》中指出,新技术在以平台组织为代表的全新组织模式当中迅速普及的同时,出现了许多全新的协作工具。这些工具在一定程度上提高了员工及团队的工作生产率、工作质量以及工作透明度,帮助工作实现智能化(忻榕等,2019)。甚至在未来,以特斯拉汽车超级工厂为代表的全新商业尝试将会使以人为主导的协作逐渐转变为以机器为主导的协作。德勤《2018 年度全球人力资本趋势报告》指出,员工与雇主之间传统的价值纽带将会被打破,组织当中不但会出现大量外部专家、自由职业者、零工等全新个体劳动力形式,还会进一步出现项目团队、交叉型团队等全新团队模式。面对这些改变,从组织角度来看,需要重新思考员工及团队在工作上的数字协作问题,而从团队角度来看,数字协作所带来的最大转变在于团队成员构成将不再稳定,团队的实体边界将被打破。

面对数字化情境所带来的一系列变革,虽然部分数字化平台组织通过数字平台战略的实施有效实现了短期的快速增长,但是大量的数字化平台组织并没有获得成功,甚至以乐视、ofo、熊猫直播、淘集集为代表的数字化平台组织更是在短时间内快速走向失败。从企业数字化转型的整体现状来看,大多数企业的数字化建设之路走得并不顺畅。埃森哲咨询提供的调查数据显示,至 2020 年,仅有 11%的企业转型取得了明显成果,完成了企业营业收入和销售利润的明显增长。许多企业数字化转型未能达到预期效果。

具体而言,企业在数字化情境下直接面临的困境与挑战有以下几点。

一是对数字化转型的认识不足。除了华为、美的等行业内领先的企业,诸多企业对数字化转型的认识不清晰,存在数字化转型就是将业务流程搬到线上、开展线上营销、仅是 IT 部门的事情等不正确的认识。这些片面的认识导致企业不能制定全面可执行的战略。

二是追求短期的成效,数字化转型的动力和决心不足。尤其对于民营企业来说,管理层往往关注的是与产出有直接关系的投资,对于时间长、技术要求高、产出不直接的投资和布局往往有实施惰性,不愿意主动触及。数字化转型是一场看不见直接有形产出的投资,不像工厂,投入产出直接挂钩。这也是许多企业转型动力和决心不足的原因。

三是数字化转型的能力储备不足。数字化转型以数字能力为基础,涉及互联网技术、大数据技术、信息技术等,而且需要将这些技术与业务相结合,因此对相关人员的能力要求比较高。这也是阻碍企业数字化转型的一个核心因素。

事实上,这是进行数字化转型的企业面临的普遍问题。造成这一现象的其中一方面原因在于数字化平台组织正面临着团队管理方面的挑战,具体可以概括为团队重塑与协作颠覆这两个挑战。而这两个挑战的核心在于数字化平台组织当中两组关系的潜在变化:(1)团队管理出现"强项目,弱部门"的现象。以往企业管理者习惯将团队理解为企业内部不同类型的职能部门,不同的部门之间由于有着明确的不同分工,彼此之间存在着天然的边界。但是在数字化平台组织中,团队的存在主要依赖于所需要完成的具体项目。这种基于项目而产生的团队更多表现为团队分工的淡化与职能的交叉,即团队本身以及团队与团队之间的边界逐渐模糊,形成彼此互相交织的全新模式,甚至如果缺乏足够的项目作为支持,平台组织中的团队将没有任何实质性的存在意义。(2)基于项目的团队协作,其重要性优于常规任务的团队协作。以往企业管理者习惯将团队协作理解为围绕常规任务进行的协作,原因在于从任务特征的角度来看,在数字化变革浪潮来临之前,许多团队所面对的工作普遍是零散的、简单的、重复性的工作,更多进行的是围绕常规性任务开展的团队协作。但是随着企业的业务模式以及组织转型进入深水区,团队所面临的工作任务大概率会越来越复杂,呈现出多项目并行的趋势,团队不但需要进行内部的协作,更加重要的是要与外部的资源进行项目协同。

数字化平台组织所面对的团队重塑与协作颠覆这两大挑战可以进一步概括为团队动力以及团队化策略这两方面实践困境。一方面,由于数字化平台组织中的团队在角色定位、发展路径、职能边界等方面正在发生重塑,这在一定程度上会对团队内外带来一系列行动与过程上的变化,即团队动力方面的困境;另一方面,数字化平台组织中的协作更多是基于创新导向的多任务交叉并行式项目,因此越来越多的数字化平台组织逐渐开始从静态协作转为动态协作,即通过灵活的团队架构设计,集聚组织内外部不同领域的专家人才共同协作,完成组织中的多项目与交叉项目工作,从而在协作模式上实现从团队到团队化的重要转变,而在此过程中也会产生相应的团队化策略困境。

以 Van Eijk 等(2015)为代表的前沿观察虽然对数字化平台组织中不同角色具体承担的工作任务以及对应的协作模式方面的问题有了一定程度的思考,然而面对数字化平台组织这一全新组织模式所带来的一系列实践困境,企业目前尚未形成成熟的制度模式来解决,需要将这一系列的实践困境进一步转化为研究问题并结合现有的团队管理问题进行针对性的探索。

第二节 理论切入:本书的主要问题

上文所提到的数字化情境以及数字化平台组织所面临的挑战与困境主要是基于实践现象提出的,而从实践现象到研究问题的提炼需要对具体的实践困境的内在逻辑进行剖析。

本书的主要问题可以初步总结为数字化平台组织中的团队动力新特征问题

以及多任务交叉协作中的团队化策略问题。造成上述问题的潜在原因主要包括以下三个方面。

第一，数字化平台组织正在发生的团队重塑以及协作颠覆这两方面都是围绕团队这一核心元素进行的。这意味着数字化平台组织内部对于团队的形成模式以及团队目标实现与价值创造路径都已经产生了全新的界面。这将会带来一系列全新的团队管理挑战。

第二，明确了数字化平台组织在团队管理方面存在团队重塑与协作颠覆这两大挑战之后，本书通过对平台组织中不同团队的进一步观察，发现数字化情境下平台组织中的团队相较于传统组织中的职能部门有着全新的定位与行动过程。这些正在发生重塑的团队很大程度上将会表现出全新的团队动力特征，因而我们需要对数字化平台组织团队动力新特征这一问题予以关注。

第三，数字化平台组织中的项目团队在协作颠覆上的挑战主要是基于项目开展的协作问题，而非一般意义上的基于常规任务开展的协作问题。虽然越来越多的数字化平台组织开始采用团队化策略来应对日趋复杂的多项目交叉型任务，然而不同协作方之间在观念、沟通、利益等方面的差异会对团队的项目协作产生负面影响。因此我们需要关注数字化平台组织中项目团队在项目协作过程中的团队化策略问题。

综上，本书聚焦于数字化平台组织中的团队在全新项目协作模式下的团队动力与团队化策略问题。第二章将基于这两方面问题进行展开，尝试提炼出明确的理论问题。

CHAPTER 2

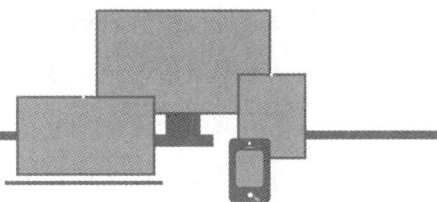

第二章　理论依据与问题提出

第一节　群体动力理论与团队管理

一、群体动力的理论与进展

有关团队管理的研究一直都是管理心理学研究中的重要组成部分，这方面的研究得到了持续性的加速发展（Driskell et al.，2018；Mathieu et al.，2018）。其中一个重要的理论发展趋势表现为许多研究者开始尝试重新借助经典的群体动力理论来解决数字化情境下的团队管理与协同方面的问题（Ambrosini et al.，2007）。群体动力理论的诞生源自早期心理学研究者对于群体现象的观察，而早期研究者所关注的问题主要包括"为什么个体如此频繁地与他人形成群体""团队成员如何协调他们各自的努力与付出""是什么因素导致了群体中的凝聚力、群体精神以及对群体外部个体的显著不信任以及群体成员和群体领导者又是如何在群体内部相处"等（Hogg et al.，2008）。根据上述理论问题，此部分的理论回顾以群体作为主要的关注对象，围绕群体的性质、群体动力的本质、群体动力的最新研究进展等对群体动力这一领域的最新理论成果进行梳理。

（一）群体的本质

在探讨群体动力理论之前需要对群体这一概念进行定义。原因在于，虽然群体的种类多种多样，不同的群体之间存在着不同的结构和规模特征，其内在的功能形式也是多种多样的，但不同种类的群体所产生的影响力相对而言还是具有一定的普遍共性的。例如在群体中加入他人的情感与态度可能是群体这一概念在漫长的发展过程中所表现出的最重要的一种特征(Gaertner et al.,2008)。

表2.1所展示的是从多个角度对群体这一概念进行的定义,这些定义普遍强调了群体内部的交流或相互依赖的重要性。Keyton和Frey(2002)发现不同个体所持有的共同目标是把若干个体变成一个真正的群体的主要动力。不过也有研究者指出,如果不同的个体通过某种关系联系在一起,群体便自然形成了(McGrath,1984),也可以认为一个群体是由两个或两个以上的个体通过社会关系联系在一起的。基于不同群体的特点,群体还包括了多个方面的定义,而在数字化情境下,可以进一步从群体的规模以及群体的互动关系这两个方面对群体的定义展开更深一步的讨论。

表 2.1　关于群体定义的总结

主要特点	定义
分类	两个人或两个人以上……认为自己是同一社会类别的成员(Turner,1982)
沟通	三个或三个以上的人……他们(1)认为自己是一个群体,(2)彼此相互依赖,(3)相互沟通(互动)(通过面对面或在线技术手段)
面对面	单独进行面对面交流的任何人(Bales,1950)
影响	两个或两个以上的人,每个人都施加影响并被其他人影响(Locke et al.,1981)
交互	两个或两个以上相互依赖的个体通过社会互动进行交互(VandenBos,2007)
相互依存	一个相互依存而非有相似特征的动态整体(Lewin,1948)
相互关系	两个或两个以上的人在某种程度上处在动态关系中的集合(McGrath,1984)
需求满足	一个有机体的集合,其中所有特定关系的存在对于满足每个个体的特定需求都是必要的(Cattell,1951)
心理意义	任何数量的人彼此互动,在心理上对彼此有相似的认识,并认为自己是一个"群体"(Pennington,2002)
关系总和	个体之间存在某种关系总和,例如具有共同的目的或意图,或共同行动,或至少有共同的兴趣
共同特点	两个或两个以上的人拥有共同的社会认同,他们作为一个群体的存在被第三方认可
共同目标	三个或三个以上的人依靠共同的活动或目标相互依赖地工作
规模	人数必须在"两个人或两个人以上"
结构	由许多人组成的社会单位,具有自己的一套价值观和规范,能够根据情况调节自身的行为,或者是某件事情上的行为

续 表

主要特点	定义
系统性	一个完整的社会系统,完整的边界,为一些共同的目的相互依赖,并扮演着不同的成员角色(Hackman et al.,2010)
一致性	由多个独立的有机体(个体)群体相互集成的一个单位,这些有机体(个体)对自身的统一性有整体性的感知,并且有能力和/或正以一种统一的方式对其所处的环境采取行动

资料来源:Forsyth(2018)。

表 2.1 为群体这一概念提供了两个重要的观察视角。首先,从规模上来看,一个群体的规模在很多方面影响着群体自身的性质。一方面,即使一个只有两到三名成员的群体也拥有许多特征,虽然这样的二元结构很小以至于它永远不能被分解成子群体(Levine et al.,2012);另一方面,较大的群体相对而言可能更具有独特的品质,因为成员很少直接与所有其他成员进行联系,这便需要一个或多个领导者来组织群体和指导群体。虽然根据理论界的现有定义上述所有这些都被认为是群体,但是这种关于二元结构的群体能否真的被称为群体还需要进一步的讨论。例如 Moreland(2010)提出了一个强有力的论点,尝试将二元结构剥离群体的讨论范畴,Williams(2010)则持不同意见,在他看来,即使一个群体只由两个人组成,依然可以将其称为是一个群体。

其次,从群体互动方式来看,由于互联网等全新的数字技术改变了人们的生活,出现了大量的网络群体、计算机中介通信群体、电子群体、虚拟团队和在线群体,不过它们都依赖于现代化的信息技术来建立和维持成员之间的社会关系(Brandon et al.,2007)。这些群体所处的以技术为媒介的独特环境无疑会影响群体内在的群体动力,因为线上的群体成员不会像离线群体的成员那样产生真实的面对面互动。然而在许多情况下,在线群体的动力与那些传统的面对面交流互动的群体相似,同样包括制定规范、接纳新成员、确定目标、经历冲突等群体内过程,群体中的新成员同样需要经历一段时间的启蒙适应,直到他们发展出自己的技能与价值才会被人注意到。此外,成员也认同他们的在线群体,并对在群体中和那些不在群体中的人做出不同的反应(McKenna et al.,2005)。一般情况下,当群体成员们描述他们所在的群体时,他们会赞同诸如"我真的很喜欢这个群体"

"在这个群体中我有宾至如归的感觉"和"我从这个群体中得到了很多"这样的陈述(Blanchard,2008),而这些评价都是人们在线下的真实群体中才拥有的情绪。而当这些研究者进一步探索这些线上群体的群体动力时,他们可能会发现这些线上群体的某些方面与我们对群体的总体了解是一致的,即它们是如何形成的、成员之间如何互动,以及随着时间的推移,这些群体会产生怎样的绩效等。不过考虑到线上群体独特的结构,这些群体在一定程度上也是具有一定的独特性的。

通过上述对群体概念的介绍,不难发现群体与团队这两者之间有着密切的联系。从某种程度上来讲,团队正是在群体这一概念的基础上发展起来的,虽然团队与群体从客观意义上来看存在一定的区别,团队这一概念相较于群体更加强调协作与默契(Robbins et al.,2012),但从具体的研究角度而言,本书主要关注的群体是工作群体,而针对工作群体的研究所得到的理论在多数情况下也同样适用于团队研究(黎志成等,2012),因此,工作群体与团队这两个概念在此不作严格区分。

(二)群体动力的本质

群体动力指的是在群体内部和群体之间发生的有影响力的行动、过程和变化(Lewin,1951)。几个世纪以来,研究者一直在关注群体动力的理论本质。在中国企业纷纷迈向数字化的今天,作为一个历史悠久的理论概念,群体动力对于理论界重新理解团队有着非常重要的意义。群体动力理论的代表人物主要为密歇根学派的库尔特·勒温(Kurt Lewin)教授。Lewin(1951)将群体以及群体中的个体在不断变化的外部环境中所表现出的一系列行为定义为群体动力,强调的是群体和个体对变化的环境做出行动和反应。随后,在20世纪50年代初到60年代末这20年的时间里,群体动力学经过发展逐渐成了一个体系化的研究领域,也正是在那个时间段中,多温·卡特赖特(Dorwin Cartwright)和阿尔文·赞德(Alvin Zander)这两位研究者将群体动力称为"致力于推进对群体本质、发展规律以及与个人、其他群体和更大组织机构的相互关系认识的研究领域"。具体而言,群体动力主要探索群体中各种力量彼此间的相互作用,包括群体之间以及群体与外部环境间的相互作用(Cartwright et al.,1960,1968,2000)。

群体动力是 Lewin 对场域理论在组织管理与团队当中的拓展与延伸,帮助研究者更好地理解变革情境下团队的性质与特征(Cartwright et al. ,1960)。从群体动力的构成上来看,群体动力可以分为保证群体稳固的凝聚力,激发群体发展的驱动力和破坏群体稳定和演化的耗散力这三大关键要素(Lewin,1951)。在群体动力的基础上,许多研究者通过逻辑演绎的方法提出了新的研究视角并在管理心理学的多个研究领域中进行应用。例如将群体动力看作是一种团队互动网络重构(Davis et al. ,2011;Gulati et al. ,2012),主张通过团队间的网络互动形成新的团队,以及在动态和相互依赖的环境中将群体动力理论进一步应用在团队的协作创新与多团队合作当中,这方面的内容主要是有关团队间二元关系的研究(Beckman et al. ,2014)。为了更好地理解协同创新,Davis(2016b)提出可以结合不同的研究情境,将多方合作重新定义为群体动力。具体而言,如果把相互联系的团队看作是不同群体的成员,这些团队有自己独特的行动过程,而且这些过程路径无法简化为传统意义上的二元关系,那么这样的模式就可以看作是新产生的群体动力。

尽管群体动力很早就完成了概念的提出并在短时间内快速得到了理论界的重视,但是在 20 世纪 60 年代到 80 年代,群体动力理论的发展出现了较为明显的停滞,直到 20 世纪 90 年代才陆续又开始出现相关主题的研究(Burnes et al. ,2013),一方面由于 Lewin 教授在 1947 年意外离世,导致群体动力的理论内涵发展受到了很大的限制;另一方面由于经典群体动力理论中包含许多复杂的拓扑学的思路,使得后期心理学研究者对于群体动力的研究更多是借鉴其中的思想,缺乏对群体动力概念本身的进一步探讨,这也导致理论界对于群体动力概念内涵本质的理解随着时间的推移变得越来越模糊。但不可否认,群体动力理论依然是整个团队管理研究中最重要的理论根基之一,具有不可忽视的理论价值,值得我们在今天再一次重视。具体而言,Cartwright 和 Zander 这两位研究者在 1953 年基于群体动力理论提出了四个团队管理研究的价值所在,分别是:(1)有了群体动力,团队成了现实当中无处不在的重要价值单元;(2)有了群体动力,团队有了调动强大力量以及资源的可能,从而持续在现实生活中发挥着重要的作用;(3)群体动力既可以产生积极的结果,也可以产生消极的结果;(4)只有了解并正确应用群体动力,团队才有可能朝着既定的方向发展,实现预期的结果。平台组织中项目团队的研究离不开群体动力这一理论基础,上述四点正是在数字化情境下研究者继续对群体动力再一次进行探索的重要意义。

(三)群体动力研究的主要特征与进展

越来越多的研究者开始通过探索群体动力来找到实现团队有效性的最佳路径(Tannenbaum et al.,2012),群体动力研究的特征之一是多层次研究视角。随着时间的推移,个体层面和群体层面的研究者开始共同关注群体动力的相关研究,使得这些不同层面视角中的独特之处被整合到一个关于群体的多层次视角中。在对群体中的行为进行观察时,这种多层次的研究范式主张沿着微观—中观—宏观连续体的过程进行探讨。其中,微观层面的因素包括个体成员的素质、特征和行为;中观因素指的是群体自身的群体素质,如群体凝聚力、群体规模、群体构成、群体结构等;宏观层面的因素是包围群体的更大的集体的质量和过程,如社区、群体组织或社会。群体作为中间层起到了嵌套作用,即在中间层中,自下而上的微观层次变量满足自上而下的宏观层次变量。

除了多层次的研究视角之外,群体动力的研究还呈现出跨学科特征。例如,关注个体研究的研究者可能会发现自己想知道参与到群体中的成员会对自身的认知、态度和行为产生什么影响,而那些关注群体层面研究的研究者可能会发现,这些规模较大的群体实际上依赖于群体中较小子群体的群体动力,而关注文化发展和维护等全球性问题的社会科学研究者可能会发现,研究的对象也主要是文化传播单位的群体。研究领导人的政治研究者可能会发现,这些领导者所构成的其实是一个小型顾问网络中心,如果不考虑这个小型顾问网络中心的动力因素,就无法理解他们的政治行动。虽然表2.2中研究群体动力的学科列表还远远不够全面,但它确实传达了这样一种思想,即群体动力研究并不局限于任何一个领域,也有研究者指出群体动力的研究并不仅仅属于任何一门广泛意义上的社会科学,它是所有研究者共同的财产(Bales et al.,1955)。

表 2.2　对群体和群体动力的跨学科主题整理

学科	话题
人类学	跨文化语境中的群体;社会变化;社会和集体特性
建筑与设计	规划空间,最大限度地融入群体环境;为群体设计空间,包括办公室、教室、场地、竞技场等
商业与产业	工作的动机;群体机构的生产力;群体建设等
沟通	分群体信息传输;讨论;决策;社区问题;网络
计算机科学	虚拟群体,基于计算机的群体支持系统,群体中的计算机编程
刑事司法	执法机构的群体;帮派和犯罪集团;陪审团商议
教育	课堂群体;群体教学;班级群体和教育成果
工程	设计人类系统,包括解决问题的群体;软件设计的分群体方法
心理健康	治疗改变;敏感性训练;培训群体;自助群体;群体心理治疗
政治科学	领导力;群体间关系;群体内政治影响力
心理学	权力个性与群体行为;解决问题;对他人的看法;动机;冲突
社会工作	群体治疗方法;社区群体;家庭咨询;群体和调整
社会学	自我和社会;规范对行为的影响;角色关系
体育和娱乐	群体绩效异常;胜利和失败的影响;凝聚力和性能

资料来源:Forsyth(2018)。

至此,我们追根溯源对群体的性质进行了回顾,并从群体的本质出发,结合已有研究结论,对群体动力的本质进行了回顾,同时对有关群体动力的研究方法与最新研究进展进行了介绍。长期以来,群体动力都是所有团队管理研究中最重要的理论出发点之一,也是所有团队管理理论发展的关键基础。接下来本书将会对团队管理方面的研究进行梳理。

二、团队管理研究

自 19 世纪 80 年代中期工业与组织心理学诞生以来的很长一段时间内,研究者所关注的主要是个体在工作场所中的差异(Katzell et al.,1992),但不可否认,几乎所有的个体都是在团队这一集体当中完成工作的。从近一个世纪的理论进展来看,研究者所关注的焦点也逐渐转移到了工作场所中的团队当中(Mathieu et al.,2017)。目前理论界普遍采用 Kozlowski 和 Ilgen(2006)的论述来对团队进行概念界定。从概念定义上来看,团队是由两个或两个以上的个体组成的工作结构,这些个体之间通过相互作用的方式来完成与组织相关的目标任务。这一论述下的团队具体包括七个方面的特征:第一,团队需要由两个或两个以上个体组成;第二,团队成员之间会产生社会性互动(面对面互动或虚拟互动);第三,团队需要有一个或多个明确的目标;第四,团队需要将成员有序组织起来完成相应的任务;第五,团队成员的有效组织需要形成目标、工作流程及工作结果的闭环;第六,每个团队成员在工作当中需要扮演不同的角色,承担不同的工作职责;第七,团队能够随时嵌入更加广泛的系统情境与任务环境。

团队管理领域的研究得到了快速发展。Mathieu 等研究者(2017)利用 Scopus 数据库,检索从 1990 年到 2016 年公开发表的文章,并根据标题、摘要或关键词中是否包含"工作群体"或"团队"进行筛选,发现 14 种应用心理学、组织管理、社会心理学领域权威杂志共计发表了 1769 篇文章。具体而言,从 1990 年到 1995 年,共计有 61 篇论文发表;从 1996 年到 2016 年,发表的文章数量稳步上升;1996 年到 1998 年期间发表了 124 篇;2014 年到 2016 年期间发表了 362 篇。尽管三个领域都经历了稳步增长,但与社会心理学相比,应用心理学和组织管理领域的文章的比例更高。

有关团队管理方面的研究在 20 世纪取得了巨大的进展,研究者明确了成为有效的团队需要做哪些方面的思考、做哪些方面的行动,以及是什么因素在影响团队的有效性以及通过哪些行为可以帮助团队获得快速发展(Bell et al.,2018;Frazier et al.,2017)。团队管理领域围绕团队组成特征、团队结构特征以及团队实现目标的中介机制三个方面形成了多个方向的研究主题,不同的研究主题之间有的彼此独立,有的相互重合。例如有关团队成员角色、团队成员中心度以及职权差异的研究主题同时体现出了团队组成特征与团队结构特征两方面的趋势;有关团队共享认知、团队心理安全以及多团队系统的研究主题同时体现出了团队组成特征与团队中介机制两方面的趋势;有关授权行为、团队适应性以及团队跨界的研究主题同时体现出了团队结构特征与团队中介机制两方面的趋势;有关团队效能、团队内个体对外界环境的反应以及团队学习的研究主题同时体现出了上述三方面趋势。

在此基础上,本书进一步整理出了以下五个方面的具体趋势特征,而这五方面特征也会进一步渗透到本书接下来的理论回顾内容当中。

(一)从个体聚焦到团队聚焦

随着外部情境的不断变化,研究者已经意识到在大多数情况下团队在工作上是比个体更加有效的。尤其是在数字化情境下,如果没有团队或其他形式组成的集体,许多工作都难以完成。根据这一共识,组织在实际工作任务的配置上更倾向于将工作任务的重心从个人任务聚焦转移到团队任务聚焦。团队能比个人承担更多复杂的工作,主要原因在于团队可以根据不同的任务需要进行配置,组合能力互补的成员进行任务的推进,实现相互的监督与控制,并根据实际情况调整不同团队成员的工作负荷。这样的转变已经在许多行业或领域中出现,包括科学、技术、工程、艺术、k-12 教育和医学领域(Ervin et al. ,2018),而在任务模式从个人聚焦向团队聚焦的转变过程中,组织中的团队也变得更加专业化导向、跨学科导向和跨文化导向(Feitosa et al. ,2018)。因此,面对组织中工作任务模式的转变,Tebes 和 Thai(2018)也指出未来的团队管理研究也需要在研究价值取向、范式和方法上作出相应的转变。

(二)从静态视角到动态视角

团队管理的研究视角逐渐从静态变为动态。随着团队研究理论化的不断深入,在麦克格拉斯(McGrath)研究的基础上,许多研究者围绕团队的多层面特征属性发展出了一系列重要的团队管理理论,包括团队协作理论、团队学习理论以及团队多样性理论等(Choudhury et al. ,2018),这些理论在最大限度上为我们提供了关于提高团队效率的概念性理解,也为未来的团队管理研究提供了坚实的理论基础。目前团队研究最常使用的研究框架是输入(I)—处理(P)—结果(O)模型。不过随着研究情境的不断动态化,越来越多的研究者开始对经典 I-P-O 模型在某些方面所暴露出来的过于简单化的静态处理提出异议与改进意见,他们进一步强调了在团队研究中各元素间相互作用的重要性(Mathieu et al. ,2018)。未来的团队管理理论需要更加能够反映团队所在的真实世界,其中的代表性理论包括流动性的团队边界和多成员理论等,从而体现出团队组成与任务随时间变化的特点(Kozlowski et al.,2018;Mathieu et al.,2017)。

(三)从关注共性到关注特性

团队管理研究开始关注每一类型的团队区别于其他团队的特征。在众多的团队研究的过程当中,研究者通过总结发现,并非所有团队都是一样的(Salas et al.,2018),无数的潜在因素都会对团队产生影响,这些因素共同作用塑造了团队互动模式。即使在一个组织内,不同类型的团队也有不同的特征(Rosen et al.,2018)。例如在医院当中,与负责康复保健的团队相比,重症监护室团队的稳定性相对较低(Ervin et al.,2018),其团队成员分布通常较为松散,成员之间相互依赖程度相对较低,而对于现场工作团队来说,就需要团队成员之间通过良好的协调来完成多种复杂的护理任务(Fiscella et al.,2018)。反观创新团队,他们必须创造新颖的解决方案来应对不断变化的挑战(Thayer et al.,2018)。正如 Ervin 等(2018)指出,"人们很难描绘一个普遍意义上的有效团队究竟是怎样的,因为在一个领域的高绩效并不一定能够转化为另一个领域的高绩效"。因此,重要的是要考虑团队所面临的究竟是怎样的任务,以及团队在完成这些任务的过程中需要怎样的结果。

(四)从割裂状态到聚合状态

团队管理研究开始将团队看作是一个整体,而不是简单把每一个团队成员相加。虽然团队成员的知识与技能是必不可少的,但前提是成员之间必须能够有效地互动和协作,这意味着一个由专家成员所组成的团队并不一定能够成为专业团队。对于研究者而言,如何识别和选择这些团队成员是一个非常重要的问题。现有研究普遍认为具有集体主义导向的个体相对而言更愿意参与团队合作(Feitosa et al.,2018;Rosenfield et al.,2018;Spitzmuller et al.,2018),而从大五人格的角度来看,现有研究也发现情绪稳定性与团队绩效正相关(Landon et al.,2018)。

随着时间的推移,研究者逐渐意识到不同特质的团队组合能够对绩效产生更好的影响作用(Bell et al.,2018)。现如今,研究者尝试利用多种方式探索团队成员之间的相互作用以及面临来自动态组合模型下更复杂的统计方法的挑战(Goodwin et al.,2018),例如时间因素和成员变化因素,其中已经开始涉及的研究主要是关于多样性的特征,包括人口统计学特征、教育背景、任期和个性特征等(Mathieu et al.,2017)。不过即使是一个由专家组成的团队,如果专家之间不知道如何进行有效的协调和沟通,团队大概率也会出现失败。对于团队而言,重要的是不同团队成员组合过程以及所对应的结果,而非团队当中每一个团队成员自身的性格类型。

(五)从单一团队到多元团队

现有研究关注多个团队互相协作时所发生的化学反应。随着研究者对团队研究的逐渐深入,有关团队协作的研究已经从单一团队系统转移到多团队系统当中。在近年来关于团队管理的研究综述当中,几乎每一篇文章都承认了多团队系统的存在,不过多数研究者也认为目前关于多团队系统的研究仍处于初始阶段(Ervin et al.,2018;Landon et al.,2018;Fiscella et al.,2018;Power,2018;Shuffler et al.,2018)。多团队系统主要解决复杂、多方面、目标—路径模糊和时间紧迫性强的问题(Shuffler et al.,2018),多团队系统与普通团队有所不同,主要表现在多团队系统通常规模较大,地理位置和功能多样。由于合作必须发生在团队之间,这无形之中给多团队系统的管理带来了更加多方面的挑战。从构成上来看,多团队系统是由不同技能背景、不同资源背景和不同经验背景的团队所构成的,这在一定程度上给跨团队的协作创造了障碍。对此,目前可能的理论发展方向包括使用多团队系统的事后检验、跨团队领导功能以及团队之间的协调沟通(Goodwin et al.,2018;Landon et al.,2018)。

基于群体动力理论,目前关于多团队系统研究的理论重点在于团队间动力,相较于团队内动力,团队间动力更多关注的是两个以上团队之间所发生的协作。团队间协作不同于团队内部协作,两者的主要区别在于分析层次上的问题,后者更多关注的是团队内的协作与互动模式(Raes et al.,2015)。相比较于团队内协作,理论界目前关于团队间协作的研究相对较为缺乏,而这方面的现有研究更多聚焦于团队间的知识分享以及团队跨界行为等方面(Lee et al.,2016;Olabisi et al.,2018)。

此部分理论回顾从群体动力理论切入,并逐步延伸到团队管理,可以看作是一个整体性的理论概览,帮助我们对所要研究的问题有一个初步的认识。接下来,我们将逐层深入,继续寻找解决研究问题的理论线索。

第二节　数字化平台组织

数字化平台组织是平台组织在数字化情境下所演化形成的全新形式。本书认为,正是在数字化情境的影响下,平台组织体现出了许多不同于其他组织模式的特征,理论界对于平台组织的研究也得以迈向新的阶段。

由于数字化平台组织与数字平台两者之间有着密不可分的关系,本节将分别从数字平台以及平台组织这两个角度来进行理论阐释。

一、数字平台研究

平台组织出现的前提条件是企业对平台、平台模式以及平台战略的广泛应用。现有研究发现,不同类型的平台具有不同的模式与特征,但对于所有的平台而言,其本质在于联结(王凤彬等,2019),具体而言就是将不同部分的群体有机联合起来的组织原则或行为模式(Ollila et al.,2016)。

从概念发展的角度来看,平台一词最早是汽车工业当中的专业术语,具体指汽车底盘以及车身内部件的系统集成,汽车企业可以利用同一个平台开发出不同的产品(Teece,2017)。随后平台的含义得到了扩展,Gawer 和 Cusumano(2002)开始将平台看作是企业搭建的一个集成中心,企业内部以及外部的模块都可以利用这个集成中心来进行商业上的合作。有关平台的概念已经逐渐渗透到了数字化情境的许多研究领域当中,平台被逐渐看作是数字时代下市场资源整合与企业商业模式创新的具象形式(徐晋,2016)。在数字化情境下,研究者更多关注基于互联网等数字技术所发展形成的平台,这些平台逐渐演变成了数字平台。数字平台主要指基于数字技术来联结买方、卖方等角色的多边市场基础设施(de Reuver et al.,2018),这种基础设施既可以是先进制造平台这样的实体,也可以是像智能手机操作系统这样的虚拟存在。

在 2019 年 IDC 华为联合发布的《数字平台破局企业数字化转型》的报告中,将数字平台定义为企业未来数字能力的发源地与应对不确定性的大本营。相较于非数字平台，数字平台最大的特点在于分布式和开放性（Henfridsson et al.，2014）。分布式体现在数字技术意味着数据的同质化、可编辑性、可编程性、分布性和自参照性（Kallinikos et al.，2013），而这一系列数字化的特征可能导致平台分布式设置中的多重继承关系，数字平台一旦形成，平台中的任何一方都无法拥有平台核心，也无法决定其设计层次结构；开放性体现在平台组织提供了一套通用的设计规则和数字基础设施，以促进多个用户之间的交流，否则这些用户可能永远没有机会彼此互动（Ondrus et al.，2015）。Evans 和 Gawer（2016）认为，数字平台主要包括两种重要类型，分别是交易平台以及创新平台。前者主要指的是京东、淘宝等电商平台，它们通过高效的联结让位于世界任何地方的大量个体卖家和买家轻松地找到彼此并达成交易，减少了其中的交易成本。这样的平台可以产生网络效应，用户数量的增长也将进一步增加平台的吸引力。相比之下，创新平台的主要价值在于提供基础技术和分销系统，企业可以加入其中进行创新，从而增加整个系统生态的价值。苹果 ios 系统中的应用商店就是一个典型的例子。

理论界目前对于平台和数字平台的研究涵盖了多个方面，包括组织、产品企业、市场中介、生态系统、信息系统等（Thomas et al.，2014），接下来将围绕组织方面的研究继续展开。

二、平台组织研究

(一)平台组织概念与特征

数字化情境下企业当中出现了许多创新型的组织模式，包括合弄制组织、格子型组织、网络型组织以及无边界组织等（杨国安等，2019）。作为众多新型组织模式当中的一种，我们将从平台组织的定义以及平台组织与其他组织类型的差异比较这两个方面来对平台组织的特征进行论述。

平台组织概念定义的核心在于"平台"二字。理论界对于平台组织的理论化探索最早源自希伯拉（Ciborra）的案例研究。Ciborra（1996）认为，平台组织是一种能够灵活整合资源，实现快速组合形成网络结构的组织模式。随着平台组织在不同行业中的深入应用，不同领域的研究者从产业经济、技术经济以及战略发展等视角提出了相应的定义。从组织管理角度来看，研究者认为平台组织是一种承载双边或者多边市场的关系网络,对于市场有效性的解决具有很强的驱动力 (Hagiu et al. ,2014)。Gawer 和 Cusumano(2014)从产业发展的角度提出平台组织是一种能够通过跨界行为实现创新的多元生态,两位研究者认为平台组织最大的特征就是具有网络资源集聚与模块组件吸附效应。这主要体现在平台组织的发展是一个正向反馈回路,即平台组织规模越大,所能够吸附的资源也就越多,所拥有的模块与协作体的数量也就越多。韩沐野(2017)在此基础上提出平台组织是一种具有多元利益关系、多重网络效应以及多维生态开放特性的新型组织架构,任何价值单元都能够在此架构中实现快速的资源整合与网络结构的联结,实现高效的价值创造,发挥平台组织网络与演化优势,这也是本书所采用的概念定义。

作为一种特殊的组织模式,平台组织与其他类型的组织的差异主要表现为内部结构上的差异。一方面,平台组织在结构上是去中心化、去层级化的,即一个平台组织往往拥有多个中心和较少的层级(蔡宁伟,2015),可以很好地解决组织在发展过程中所形成的路径依赖问题(Jing et al. ,2016),而这进一步体现出平台组织的灵活性与适应性特征(陈威如等,2014);另一方面,平台组织的组织边界相对较为模糊,即同一个平台组织可能表现出多种业务与多种职能的集聚。对此,我们难以准确描述平台组织的作用边界与影响范围,因为只要拥有足够充分的空间,平台组织就可以通过资源的集聚与吸附效应自发进行业务衍生与职能拓展。

有关平台组织与传统组织和新兴组织的区别详见表 2.3。在明确平台组织与其他组织类型的差异的基础上,一些研究者开始对平台组织的具体特征进行进一步提炼。朱晓红(2019)等综合上述观点总结出了平台组织具有三方面特征,分别是多元利益、网络效应和生态开放(Boudreau et al. ,2015;Nambisan et al. ,2018)。这些特征也部分体现在了企业从传统层级制的组织向平台组织转化的具体路径中。

表 2.3　平台组织与传统组织、新兴组织比较

组织类型	特征						
	组织力源	是否自发	中心数量	层级数量	组织边界	组织管理	组织内容
平台组织	内部	是	多个	较少	模糊	市场化	丰富或全面
层峰组织	内部	否	一个	多	清晰	非市场化	单一或多元
矩阵组织	内部	一般否	一个或多个	视具体情况	清晰	非市场化	较单一
网络组织	内部	一般否	一个	少	清晰	非市场化	单一或多元

资料来源：蔡宁伟(2015)。

(二)平台组织主要研究议题

王节祥和蔡宁(2018)通过文献计量的方式对理论界现有的平台组织研究进行了回顾与梳理,并根据不同的理论视角将现有的平台组织的研究划分为三大流派,分别是产品开发流派、双边交易流派和战略创新流派(Rochet et al.,2006;Boudreau,2010),而在与组织管理研究相关的议题上,平台组织目前的研究方向主要分为内在结构与外在动力两个方面,首先是对其内在结构的关注,主要包括平台组织当中不同的系统构成及其不同利益单位之间的内在关系与内部网络效应的形成(Saadatmand et al.,2019);而在外在动力方面,主要包括平台组织创新模式的识别与应用,以及探索企业在采用平台组织模式之后在绩效方面发生的变化(Gawer,2014;Eckhardt et al.,2018)。现有关于平台组织的研究还是主张将其看作是一种新兴的经济模式,主要的研究思路是探索其内在的演化逻辑与价值创造路径(高良谋等,2018),相对而言,较少关注平台组织的内在组织结构。基于上述两方面动力,陈武和李燕萍(2018)提出平台组织本身的生成与进化以及平台组织内部要素之间的构成与相互作用将会成为未来研究的重点,在这方面的代表性研究主要集中在井润田等(2016)以及简兆权等(2017)对于海尔在组织平台化转型过程中有关机制创新方面的探索。

第三节　项目团队管理

一、项目管理的研究议题

在数字化平台组织中,我们需要关注项目团队这种全新的协作单元。作为一种独特的团队类型,项目团队研究的理论来源是项目管理(Kerzner,2018),而项目管理目前更多被看作组织变革与企业战略创新当中重要的组成部分(Harrison et al.,2017;Heldman,2018)。数字化平台组织中的项目团队在项目管理上面临的最大挑战在于项目任务的变化,对此越来越多的项目团队在实践过程中开始尝试提升资源整合能力和团队整体柔性,通过不断的管理创新来提升项目的绩效与组织动力(Hornstein,2015;Birley et al.,2017)。

基于群体动力理论,对于项目团队的研究可以主要归纳为项目团队的内在动力与外在动力两方面的机制探索,这两方面的动力机制又可以具体概括为两大议题,第一个议题主要聚焦于项目团队的任务,即项目团队的任务系统研究。与传统意义上的团队相比,正处于数字化情境下的项目团队在工作任务的推进上表现出了怎样的特征;第二个议题主要聚焦于项目团队的协作,即面对不同特征的工作任务,项目团队具有怎样的协作关系,不同项目团队之间关于项目任务的互动又具有怎样的特征(Markopoulos et al.,2018),同一个项目团队在不同的任务与协作关系下,所面临的最大挑战是什么,项目团队又是如何有效面对并克服这些挑战的(Fernandez et al.,2018)。

(一)项目任务转换

在数字化情境下,项目团队所面临的项目任务内容与项目任务目标是在不断变化的。一方面,同一个项目团队可能面临着同时跟进多个任务的挑战,为此许多组织都开始尝试采用多项目管理的方式来对这些任务进行协调(Patanakul et al.,2009),从而进一步提升组织效率;另一方面,即便是同一个项目团队的同一个项目任务,在项目跟进的不同过程中也面临着项目内不同子任务转换的挑战(Konradt et al.,2016)。

在对项目任务转换问题的关注中,研究者更多关注的是项目团队的

emergent states（高阶互动特征或高阶动力特征）（Zhou et al.，2017），作为团队研究当中的热点理论，高阶动力特征可以看作是团队由于互动所形成的，能够反映团队过程的情感、动机以及意向等特征因素（王重鸣，2000），高阶动力特征具有动态的、过程性的，会随着团队环境输入、过程和结果的变化而变化的属性（Hoch et al.，2017）。理论界对于项目团队高阶动力特征的探索延伸出了团队情感基调与团队认知吸收两方面主题。首先，在对项目团队高阶动力特征观察的过程中，Bush 等（2018）发现项目团队成员的情绪往往会逐步趋同，而这种趋同则被定义为情感基调。情感基调具体受到了多方面因素的影响，但主要与所面临的任务以及项目团队成员的体验相关（Peralta et al.，2015），当团队任务进展顺利或者当团队成员发现自己在团队当中的体验通常令人满意时，项目团队会产生积极的情感基调，而当项目团队在项目任务进展中不顺利或团队成员在当中的体验不好时，就有可能会产生负面的情感基调（Sy et al.，2013）。项目团队的任务转换会直接影响到团队的情感基调，进而影响团队的高阶动力特征。除了情感基调之外，项目团队对项目的认知吸收也是一个影响团队高阶动力特征的重要因素（O'Neill et al.，2018）。如果项目团队所面临的任务是有趣且有意义的，那团队将会集中投入认知资源到任务当中。然而，尽管这种高水平的团队认知吸收的状态在一定程度上也许能够有益于提升现有团队的绩效，但是现有研究指出这并不能有效促进项目团队的任务转换以及高阶动力特征的形成（Costa et al.，2014）。原因在于，当项目团队的所有团队成员都集中在一项任务上时，他们的能量和注意力会在共同的认知吸收水平上与该任务相结合（Metiu et al.，2013），这种高团队认知吸收的状态会随着任务转变而难以持续，进而成为阻碍团队高阶动力特征的因素。

（二）项目管理与协同

除了项目任务转换之外，项目团队研究的另一个热点议题在于项目团队管理与协同问题。Badewi（2016）进行了系统性的理论阐述。文章从组织管理以及项目管理领域两个角度提到了项目团队如何将现有的项目管理实践与组织治理模式进行整合实现动态协同，进而在不断变革的外部环境下，实现项目各方利益。

其中的关键在于项目团队的悖论管理,悖论管理指的是相互依存的要素之间存在持久的矛盾,虽然这些元素看似截然不同且具有对立性,但它们实际上是相互联通和互为定义的。悖论管理在宏观的组织行为研究当中的表现形式体现为组织合作和竞争、探索和开发、目标和收益,以及稳定和变化等多种二元要素的对立与统一(Raza-Ullah et al.,2014)。在微观层面上,现有的研究强调新颖性和实用性的悖论、学习和绩效方面的悖论以及关注自我和关注他人之间的悖论。此外,情境复杂性由于涉及广泛的利益相关者和利益集团,同样需要进行悖论管理。因此,这些矛盾与悖论互相制衡的局面在项目团队当中也相继出现,直接影响到了团队的情感关系和个人认同(Kreiner et al.,2015)。悖论管理的视角也呼吁研究者不要用传统的认知视角来处理组织悖论。相反的理论观点可以使团队对于持久和相互依存的矛盾产生重要的见解,从而促进理论的丰富性、多元性和创造性,解决项目团队的冲突问题(Lewis et al.,2014)。

二、项目团队研究成果

在项目团队的定义问题上,项目团队的核心在于项目(Scott-Young et al.,2008)。所谓项目,主要指的是一系列的活动和任务,这些活动和任务有特定的目标且需要在特定的限制条件下完成,这些限制主要包括资源限制、时间限制等方面(Kerzner,2017)。在此基础上,Markopoulos 和 Vanharanta(2018)提出项目团队可以定义为执行既定的、专业化的、强时间限制的项目工作的团队,这些团队往往会在项目结束之后解散,即项目团队是基于项目来定义的,而不是基于团队或部门来定义。与此同时,在项目管理的过程当中,Geraldi 和 Söderlund(2018)普遍认为项目管理的核心在于有效实现各协作方的利益。与此同时,了解项目的使命与任务要求是项目管理中最重要的前提(Breese et al.,2015;Zwikael,2016)。

关于项目团队的特征,理论界围绕项目这一核心提出了项目团队的四方面特征。第一,团队成员的组成具有更加明显的多样性,主要原因在于项目团队需要围绕项目要求选择不同的项目成员,因此参与项目的成员往往来自组织内部不同的部门甚至是来自不同的组织(Turner et al.,2008);第二,项目团队的工作开展是高度依赖外部环境的,即使是在同一个行业当中,在不同的外部情境影响下,项目团队的工作方式与流程也会出现变化(Kerzner,2017);第三,为了能够更好地完成项目任务,项目团队往往会得到所在组织的部分授权,因而具有一定的独立性与自主性(Zwikael et al.,2010);第四,由于团队成员往往具有不同的知识与技能背景,因此项目团队天然具有一定的跨界属性(Cunningham et al.,2004;Markopoulos et al.,2018)。

在数字化情境下,随着数字通信、数字网络及数字智能等技术的发展,项目团队中出现了许多以虚拟团队为代表的不同类型的新型项目团队(金杨华等,2006;Jacobsson et al.,2016),这些新兴项目团队的产生也带来了新的实践挑战与研究问题,而这些问题都在不同程度上指向了项目团队的全新团队动力问题。针对这一问题,Furukawa(2016)通过多案例研究,对"关键问题解决项目团队"这一类型的团队在多项目环境下的团队动力进行了探索,发现通过在组织的多个层面进行有效的知识与信息的整合,可以帮助"关键问题解决项目团队"在解决关键问题的过程中发挥创造力。进一步来看,其需要借助管理职能来对关键项目任务进行反复的调查与评估,从而决定"关键问题解决项目团队"的成员构成,而在任务跟进过程当中,"关键问题解决项目团队"的领导对外必须具有在不同组织层面上参与资源分配与独立决策的权力,同时对内必须营造团队的协作性氛围,利用多种知识、多种文化的共同作用实现创新。

此部分主要按照"背景—挑战—问题—解题—效能"的顺序对有关项目团队的研究进行系统整理。可以发现当下项目团队的理论内涵已经得到了充分扩展,包括产品开发、投融资、创业策划等方面,早已不再局限于传统意义上的工程管理等领域,不同的项目团队面对不同的应用需求,会定制出个性化的、符合实际需要的项目团队管理与协同动力。然而针对项目团队在实践当中所遇到的挑战,理论界需要考虑以下五个方面的问题。

第一,探索项目团队成员与具体项目的关系结构。如果组织中各个项目团队成员与项目之间是一个充分耦合的关系,则可以考虑采用高集中度的组织模式;而如果为低耦合的系统,则可以考虑采用集中度相对较为松散的组织模式(Marlow et al.,2017)。第二,关注项目团队本身以及团队中项目团队成员自身两方面的资源构成状况是否符合项目要求(Maes et al.,2018)。第三,针对项目团队的资源特征进行内部沟通协调模式的定制。由于项目团队所面临的多数项目任务参与方众多，不同参与方在文化背景、语言习惯、时差等方面都会存在差异，项目团队的管理者需要根据团队成员的组成情况，设计出合适的、实用的沟通模式和协调模式（Roehling，2017；Eisenberg et al.，2017）。第四，根据项目团队沟通与协同模式设计团队知识分享路径（Carter et al.，2015）。第五，根据项目团队知识分享路径，明确项目团队的创新特征，即团队针对自身的创新偏好选择相应的团队形式（Breuer et al.，2016）。以上五个方面决定了项目团队的动力特征，并由此得出理论命题一。

理论命题一：数字化情境下，项目团队的管理与协同动力是由其本质特征所决定。不同特征背景的项目团队经过长期的演化能够发展出不同类型的项目团队。而不同类型的项目团队，其分类的内在逻辑主要来自项目团队的协同关系以及项目方利益分配方式。

除了所面临的任务发生了实质性的变化外，以项目团队为代表的团队之间的互动关系也发生着不可忽视的变化（Le Roy et al.，2015；Cozzolino et al.，2018）。由于技术更新所带来的挑战愈演愈烈，不同项目之间的关系从单一性质的竞争或协作关系逐渐演化成为同时具有竞争与合作两种关系的竞合关系，即实现竞争与协作的同步化（Baglieri et al.，2016；Fernandez et al.，2018）。不过由于竞争与合作这两种关系实际上是充满矛盾的，因而将这两种相反的力量整合到一起势必会形成一种围绕矛盾展开的张力，Le Roy 和 Fernandez（2015）将这种张力称为竞合张力。在此基础上，针对项目团队在竞合张力下的相关表现，Baglieri 等（2016）认为对项目团队的竞合张力进行有效的管理与控制将会使项目团队在转型变革的情境下获得更多的资源，从而实现更好的发展。

本书认为，对项目团队的竞合张力的探索是一个非常重要的议题，以往关于这一问题的研究主要突出了管理与合作这两方面的原则，即分离原则和整合原则（Baglieri et al.，2016）。前者指项目团队在物理空间上具有实体性与独立性，即团队本身在时间上与空间上与母体是分离的。由于项目团队天然具有在发展与决策上的自主性和资源独立性，因此在功能上也能够做到与母体分离，进而实现项目团队间的竞合管理。因此，Herzog（2010）认为采用分离的思路是项目团队竞合管理的主要方法。但也有研究指出在项目团队之间仅仅采用分离的方式是不充分的,项目团队之间不仅需要分离的方式,同时也需要合并的方式将不同的项目团队与组织进行有机整合,从而更好地推进项目团队的竞合管理(Oshri et al.,2006)。基于以上论述,我们提出理论命题二。

理论命题二:数字化情境下,项目团队的核心动力是竞合张力。基于项目团队间竞合张力的理论基础是悖论式管理,其应用模式主要有三种,分别是分离模式、整合模式以及混合模式。团队间、团队内、个体三种不同的研究层次对应着不同的竞合张力模式。

第四节　团队化研究

一、团队化的特征

(一)团队化的概念

组织管理领域中的团队化(teaming)概念由埃德蒙森(Edmondson)教授在2012年出版的著作《团队化:组织如何在知识经济环境下学习、创新与竞争》中首次进行系统阐述。团队化是指团队在较为短暂的一段时间内将多种专业化人才聚集到一起,来共同解决某个临时性重大问题并形成团队知识沉淀的全新团队模式(Edmondson,2012)。团队化的出现使团队能够以更加开放、动态及多元化的姿态在日益复杂多变的商业环境下完成临时性的复杂任务,标志着在数字化情境下,团队成员间通过全新的合作模式实现创新,团队工作模式从此走向了全新的时代。

团队化的本质是一个动态过程,因此团队化在组织研究中具有三大属性。首先是复杂的任务,指团队在团队化中所面临的任务往往非常复杂且难度巨大,例如"水立方"国家游泳中心的设计与建造(Edmondson,2012)。其次是跨界的组合,在团队化中,为了实现相对复杂的目标,团队成员可能来自不同团队、不同组织,甚至是不同行业。每一个团队成员自身除了是相关行业内的专家之外,也需要具备一定的跨界能力(Edmondson,2012),例如医院急诊室中所进行的手术往往需要不同专业方向的医护人员进行跨界协作,共同完成手术任务。最后是主动的创新,团队成员主动对未来进行预测并把握住新机会,追求用技术创新以及差异化思维解决问题,并愿意将资源投入不确定的事业中,主动承担创新所带来的潜在风险,例如企业全新的产品研发以及全新的战略规划制定都需要团队成员主动开拓创新,努力找到解决问题的新思路(见图2.1)。

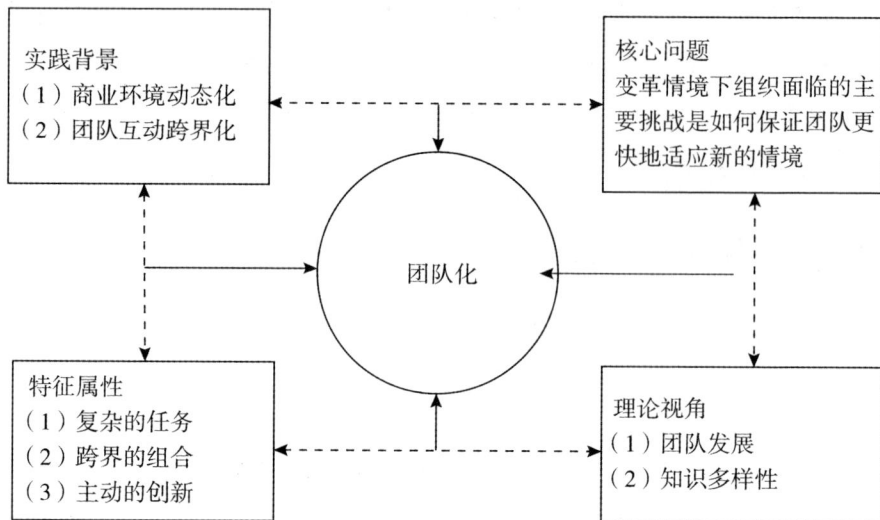

图 2.1　团队化模型

回顾管理心理学领域有关团队的众多研究,不难发现团队化的概念与团队协作、临时性组织以及团队跨界行为较为相似,彼此之间确实有着相似的定义与特征,但在研究背景与理论内涵上却有所不同。此部分从定义、研究背景以及理论基础三个方面对团队化与团队协作、临时性组织以及团队跨界行为进行区分(见表2.4)。

表 2.4　团队化概念辨析

团队化概念	概念界定	特征属性	研究聚焦
团队化	团队在较短时间内将多种专业化人才聚集到一起,共同解决某个临时性重大问题并形成团队知识沉淀的模式(Edmondson,2012)	(1)复杂的任务 (2)跨界的组合 (3)主动的创新	(1)概念与理论界定 (2)团队化的动力过程 (3)团队化中的知识管理
团队协作	团队成员通过彼此交流等互动模式来达成团队目标的一种任务推进模式(Peters et al.,2007)	(1)常规化的任务 (2)强调个人绩效 (3)强调关系维护	(1)团队协作的激励模式 (2)虚拟团队协作

团队化概念	概念界定	特征属性	研究聚焦
临时性组织	临时性组织是在有限时间内,围绕少数复杂任务,以团队方式进行工作的组织(杨伟等,2013)	(1)非正式组织结构 (2)临时性协作关系	(1)临时性组织的运行与演化路径 (2)临时性组织中的知识转移过程
团队跨界行为	团队为了实现既定目标而采取的一系列与外部环境建立联系的针对性行为(Choi,2002)	(1)同一行为主体 (2)强调情境作用	(1)团队内部的协调互动 (2)跨界学习 (3)相关主体的网络关系的分析

随着数字化情境下团队成员的流动性与团队结构的动态性进一步增加,Edmondson 和 Harvey(2017)进一步在团队化的概念基础上提出极限团队化(extreme teaming)这一概念。上述两位研究者指出,如果说团队是一种静态的实体,那么团队化可以看作是一系列动态过程所形成的模式,而极限团队化可以看作是极端情况下打破组织边界、实现项目目标的特殊团队化。极限团队化的应用往往与自然灾害、瘟疫疾病等重大突发事件的处理相关,不过在动力特征上与团队化相比并没有显著差异。

(二)团队化的动力特征

团队化的概念来源主要包括两个方面,分别是团队过程与知识多样性(Edmondson et al.,2018),其背后的理论根源都离不开群体动力理论。团队化的一个概念来源为团队过程,团队化的具体互动过程符合"输入—处理—输出"模型,研究者在此模型的基础上强调了团队动态特征对于团队有效性所产生的持续性作用,并从团队高阶动力特征、认知或是激励状态等方面对模型进行了优化(Edmondson et al.,2018)。团队化的另一个概念来源为知识多样性,主要通过阐述知识多样性与团队绩效之间的关系来为团队化作出进一步理论阐释,Mannix 和 Neale(2005)指出,知识的异质性也可以导致较高的团队绩效,原因在于团队内部具有充分讨论的空间,与此同时,van Knippenberg 与 Schippers(2007)也得出了相类似的结论。上述研究者同时强调了团队信息细化的中介作用,团队信息细化主要表现为转换、讨论以及整合与任务相关的信息,将团队知识多样性转换为绩效的优势,van Dijk 等(2012)通过元分析发现了知识多样性对于团队绩效提升的多方面证据,该研究指出,只有特定任务下的知识多样性才可以获得绩效的提升。

以段光和庞长伟(2018)为代表的研究开始将知识多样性的重心从团队内逐渐聚焦到了团队间。知识多样性可以看作是团队化在团队间动力方面的体现,而这也进一步体现出理论界对于团队间动力研究的逐步重视。具体而言,与团队间动力相关的研究成果主要包括以下内容。

首先,O'leary 等(2011)发现越来越多的组织开始在内部同时设立多个团队来开展项目工作,这使得员工会在同一个时间段内出现在不同的团队当中承担不同的任务,该研究还发现,如果组织能够有效协调团队成员在不同团队当中的身份差异,控制团队成员在多个团队当中所出现的精力分散的问题,那么多团队成员身份能够有效提升团队的工作效率和团队学习水平。长期以来,团队角色清晰一直都是团队有效性的重要保证(Klein et al.,2009),而多团队成员身份这种新型团队间动力的出现使得理论界需要重新对成员在团队中的角色以及团队的边界进行考虑(Mortensen,2014)。

其次,在此基础上,Valentine 和 Edmondson(2015)对团队中观结构进行提炼,提出团队支架这一概念来表达动态性的团队成员角色与高流动性的团队结构,团队支架包括三个重要的组成部分,分别是边界确定、角色设定以及责任共担。团队支架这一概念旨在帮助不同工作场所下的临时性团队以及高流动性团队提升团队间动力,使其更好地进行团队层面的协作。

二、团队化过程模型

对于团队化概念的过程模型,Edmonson 和 Harvey(2018)采用了"输入—中介—输出—再输入"模型的设计思路,主张将团队看作一个复杂的适应性系统。

(一)团队化过程的输入

团队化实施的基础在于团队知识跨界,这意味着我们需要了解知识的基本特征。对此,Carlile(2004)采用了知识管理的视角定义了三个层次的知识属性,分别为知识的局部性、嵌入性以及投入性。其中,知识的局部性主要指知识存在于一个特定的情境范围当中;知识的嵌入性主要指知识的隐性本质,即超越认知的社会与物质元素；知识的投入性主要指知识的再发展对于特定的专家学者来说，是具有一定的成本的。基于以上三点论述，团队化的团队知识跨界具体表现为跨越知识的语法、语义以及语用边界。其中，语法的边界主要强调的是语言的使用方式，由于语言的差异会阻碍沟通的准确性，团队成员只有使用共同的词汇才能够处理跨界信息，知识才能够被转换。语义的边界则可看作为一种解释系统，这种解释系统对于处在陌生环境下的个体会产生在语言解释上的挑战。语义边界包含语法边界，任何一组知识都是清晰的并且是在通用的话语当中所提出。对于个体来说，陌生的环境所带来的不确定性将会对个体的行为设定及其与他人的行为设定产生影响；最后是语用的边界，主要指团队化实施的过程中，成员往往会将自己定位于其所设定的合理性当中，进而存在潜在的利益冲突。

(二)团队化过程的中介

团队化过程的核心是中介过程，整个团队化的中介过程由团队成员互动以及团队高阶动力特征两个部分组成。现有研究认为，团队成员互动影响了团队高阶动力特征。团队成员互动分为学习行为以及目标对象两种层面的互动。在学习行为层面上，团队成员采用反复对话的形式讨论任务中遇到的问题与错误，关注团队目标过程及结果(Schippers et al.，2014)。

除了学习行为层面，团队成员互动的另外一个重要层面是目标对象层面，目标对象层面具体表现为图解、图示、蓝图以及模型、原型等方面。在团队化过程中，通过目标对象可以帮助团队成员更好地进行知识转移。例如在一项涉及三个行业、六个产品团队的研究当中，Siebdrat等(2014)发现，如果目标对象缺乏有效的管理，会导致不同团队成员以及不同团队之间在核心概念上产生分歧，即通过单一的目标对象是无法顺利进行团队成员互动的，只有将目标对象与学习行为有机整合为一体，才能保证团队成员互动的顺利进行。

团队高阶动力特征是团队化动态过程的系统展现，可以帮助不同专业背景的团队成员以全新的视角来检验自己既有的认知，团队高阶动力特征受到团队成员互动的影响(Marks et al.，2001)。团队高阶动力特征分为个体状态与集体状态，在个体状态层面，调节聚焦理论被认为是决定个体状态的重要理论依据，它能够影响个体在团队化中面对任务的认知态度,同时是影响团队成员的重要动力要素。在团队化过程中,Edmonson 更多强调了促进聚焦对跨界团队化过程的作用。结合上述团队成员互动过程,团队成员进入新的环境之后,虽然对自己及所在的团队的状态往往只有相对片面的理解,但他们快速与其他团队成员展开交流,获取信息,明确自己在团队当中的角色定位,培养自己的归属感并获得自我效能感。

在个体状态的基础上,集体状态也是团队化高阶动力特征的重要组成部分,集体状态包括心理安全感、共享心智模型以及交互记忆系统等,其中最重要的是获得心理安全感(Edmondson,2012)。心理安全感主要指在特定场合下承担人际关系风险所感知到的结果(Edmondson et al. ,2014),被组织领域研究者理解为人们通过协作实现共同目标的重要因素。

(三)团队化过程的输出

团队化可以实现个体与团队两个层面的绩效产出,最明显的增量在于团队成员的学习以及专业水平的发展。首先个体通过团队化得到了实现个人成长的机会,主要为团队成功的任务经验。随着成员掌握了新的社交语言,开发出了不同情境下不同的技能解释模型,了解了其他团队与自己团队在利益上的差异,在思想上更加具有包容性,他们对于语法、语义以及语用知识的边界,可以很好地进行转换、转译以及转变。除了个人层面的收益,有效的团队化也可帮助团队实现更好的产出,例如团队能够更好地解决较为复杂的问题,实现产品的创新。相关实证研究揭示了团队化与团队绩效的关系,例如有研究者检验了游戏机开发厂商如何将内容编剧、美术设计、程序员聚集在一起来进行一款大制作的游戏的开发,发现最具有创新性的团队往往会将其他具有独特专业技能的人才进行整合,包括专业舞蹈演员、涂鸦大师、狂热的极限运动爱好者以及狂热的中世纪生活爱好者等(Harvey et al. ,2015)。

(四)团队化过程的情境因素

在团队化的过程模型中,情境因素也起到了很大的影响作用,包括团队所嵌入的环境以及社会系统所面临的任务特征、推进的时间表以及领导力与权力结构方面的问题。在环境因素方面,绩效的压力是影响团队化的一个重要方面,在一项涉及 78 个跨国审计与咨询团队的多方法现场研究当中,研究者发现,随着绩效压力的上升,团队在进行任务推进的过程中会更多使用通用知识而非专业知识来进行任务的解决,主要原因在于团队成员希望在最短时间内达成一致,工作的重心也从个体学习转为完成团队任务(Gaertner et al.,2008)。

在社会系统与任务特征方面,一项研究通过将两个实施团队化的开发自动化制造设备的项目团队进行比较,发现当团队任务不明确时,较为集中的权力结构可以实现更高的多样化团队的绩效(Young-Hyman,2017),而分散的权力结构会降低在跨界互动下的生产效率。

根据项目的周期、任务的持续性以及达成目标所需要的时间不同,团队化也存在着不同的形式,一些采用团队化的项目需要一年时间来完成某项产品的创新,而一些任务可能仅仅只要几个小时就可以完成。例如在医院的急诊室当中,每个病人都由一个专业的团队来进行治疗,团队当中不同领域的专家相互支持,根据任务需要不断地组合也不断地解散。

领导力因素对于团队化也起到了深远的影响(Valentine et al.,2015;Edmondson et al.,2018)。领导者对于团队的实时状态以及目标优先级的影响也起到了非常重要的作用(Dragoni et al.,2012),具体表现为通过对他人行为方式的强化,提供是否达到期望的反馈,并对优秀的团队成员进行奖励。当团队领导看起来是平易近人的或是观念开放的时候,人们会采用更加冒险的人际关系处理方式,而 Shin 等人(2012)发现只有当团队的领导者具备较强的领导力时,知识的多样性对于个体的创造力才会产生积极的作用。

第五节　数字化情境下的团队策略

随着团队发展理论内涵的不断丰富,越来越多的研究者开始尝试探讨不同的情境下的团队策略问题。Cronin(2011)等研究者通过总结之前的相关理论文章总结了与团队动态发展过程相关的三种现象,分别是情境现象、累积现象与高阶现象,这三种现象对于团队策略的研究起到了非常重要的作用。

具体而言,情境现象指的是团队会在所嵌入的情境当中发生变化,进而影响到团队策略,但情境现象并没有直接参与到团队的动态过程当中;累积现象指的是团队在个体层面少量的互动与协同的总结性表征,这种现象可以看成是最低限度的团队动态策略;高阶现象则是团队过程动力的核心,是基于团队低阶要素之间的相互作用而形成的,Kozlowski 和 Klein(2000)将其定义为:"如果一种现象是源于个体的认知、影响、行为或其他特征,通过它们的相互作用被放大,那么这种现象就是高阶现象。"从某种程度上来看,高阶现象所体现的就是整体大于个体之和的思想,因此研究者对团队高阶现象的思考与观察也将会直接影响到团队策略理论的有效构建。

一、数字化情境的特征

在 Lewin 的场域理论的基础上,研究者普遍认为在以数字化情境为典型代表的全新研究情境下,团队将呈现出更加显著的动态性(Ilgen et al.,2005;Kozlowski et al.,2006;Mathieu et al.,2008)。具体而言,Kozlowski(2015)认为数字化情境下团队的动态性可以表现为两个方面。首先,作为团体层面的构念,团队中的团队认知、动机、情感和行为过程会随着时间的推移对其他团队产生影响,这种团队之间的相互作用并非静态;其次,上述团队层面的影响将会进一步促进成员之间的动态互动,这一现象在不同团队中可能会有所不同,具体表现为团队成员之间的互动变化将会导致团队发展轨迹的变化。

然而在数字化情境下,研究者对于上述团队动态性特征的观察还是面临着不小的挑战,具体表现为绝大多数研究者不得不面临将经典动力学理论转化为具体的研究数据的困境。Cronin 等(2011)指出,理论界对群体动力学研究的关注主要是由于多层次理论和方法的兴起以及基于时间关系的建模工具和递归的统计工具的出现,但是随着群体动力学研究的深入推进,便会面临取样过程方面的问题。同时这方面工作受到了许多潜在因素的影响(Cronin et al.,2011;Kozlowski et al.,2016),其中以下三方面特别突出。一是研究中明显偏好"单向因果关系链"(McGrath et al.,2000);二是在研究中将团队的动态过程视为静态的物理结构;三是目前管理心理学中大部分的研究设计还是采用横截面研究的设计形式。

不过上述挑战将会在未来有全新的应对模式。现如今,在传感器的普及和高通量技术的推动下,研究者正经历着信息大爆炸的数据时代在数据收集上的种种便利,有了从社交媒体再到细胞生物学的全领域视角了解团队动态性机会(Barsade et al. ,2015)。具体而言,除了运用传统的演绎法外,研究者还可以运用归纳探索的方式进行展开,先分析总结出调研对象的共性特征,并基于这些共性特征围绕样本所在的数字化情境以及不同的时间框架进行定制性的细腻观察(Kozlowski et al. ,2015)。与此同时,在数字化情境下,以大数据与可穿戴设备技术为代表的取样工具会成为未来团队动态研究范式中重要的组成部分(Kozlowski et al. ,2018),从而将研究者从自我报告的数据调查作为主要测量技术的限制中解放出来(Velicer et al. ,2012)。新的测量工具主要采用视频以及可穿戴传感器进行数据采集,有望在测量过程中以接近连续的频率收集行为和交互数据,提高采样率的同时还能将数据进行更高水平的聚合(Kozlowski et al. ,2015)。诚然,计算性社会科学并不是一个随意收集大数据、将其投入盲目数据挖掘分析、发现新现象或新关系的过程,未来的研究设计上需要对上述数据采集技术进行更加针对性、更加成熟的应用,以产生有意义的洞见。

二、数字化平台组织与团队策略

有关团队策略方面的探讨长期以来都是团队研究所关注的焦点,这方面的工作更是取得了许多重要的进展。团队策略旨在帮助团队提升绩效并更好地应对自身发展上的挑战,实现既定目标(Hall et al. ,2018)。现有的团队管理研究普遍关注的是某一类具体的团队策略与团队绩效之间的关系,主要包括团队冲突管理策略、团队培训策略、团队学习策略以及团队领导策略等方面(Behfar et al. ,2008;Salas et al. ,2007;Winter,2019)。

不过理论界目前对于团队策略的研究虽然取得了许多结果方面的进展,但在具体的技术路线上还是较为分散,缺乏方法论的过程性指导与整体性的框架。对此,王重鸣(2015)基于数字化情境下的组织动力策略,开创性地提出了团队激励策略、团队绩效策略、团队文化策略、团队学习策略以及团队创新策略五个方面的团队策略,其中的重点在于团队绩效策略与团队创新策略,尤其是团队创新策略,主要原因在于数字化情境下,创新对于组织以及团队的重要性已经超过了以往任何时候(Anderson et al.,2014)。

现有关于团队创新策略的研究普遍主张将团队作为组织内创新的主体开展系列创新活动(Kozlowski et al.,2018),在此情况下,团队中的每一个成员都有责任、有义务将创新作为自己工作的重心。针对这一领域的研究主要包括以下两种视角,分别为知识整合视角以及团队氛围视角(van Knippenberg,2017)。其中知识整合视角主要基于团队多样性理论回答是什么给了团队创新的信息资源,又是什么让团队利用信息资源进行创新这两方面问题;而团队氛围可以定义为团队成员通过实践、流程和团队内的经历所创造的氛围的共同感知(Schneider et al.,1983)。这在团队层面具体表现为团队领导者以及每一个团队成员的相应行为模式,这种行为模式既是描述性的"在我们团队做事情是……",同时也是规范性的"在我们团队做事应该是……"。未来的研究当中,研究者需要进一步对上述两种研究视角进行整合,构建出更加富有完备性、层次性的团队创新的过程模型。

第六节　创业团队力、数字化团队影响机制与相关因素

一、创业团队力与数字化情境下的团队过程

在完成团队策略方面的研究介绍后,本书接下来将围绕团队机制方面的相关研究进行展开。作为团队机制方面的重要理论铺垫,我们首先需要对创业团队力进行介绍。王重鸣(2015)通过对数字化情境下团队研究的系统回顾,发现传统团队在特定情境因素的影响下会自发向创业型团队的方向进行转型,在此过程中有两种关键的能力维度,分别是目标角色能力维度和协同问责能力维度,两个能力维度共同作用形成了创业团队力。需要指出的是,所谓创业团队力并非仅仅针对创业团队,它对于数字化情境下的团队机制设计产生了重要的影响,并与其他各类团队模型相互作用共同成为推动动态化的团队过程的重要力量。

团队过程的研究已经成了数字化情境下团队机制设计的重要切入点。理论界对于团队过程这一话题进行了深入的探讨,团队过程的经典模型主要为Tuckman(塔克曼)的五因素模型以及McGrath的I-P-O模型。作为团队研究当中必不可少的部分,早期团队过程的研究认为团队发展具有线性与连续性的特

征。在 20 世纪 30 年代以 Tuckman 为代表的研究者认为团队的发展必须经历五个阶段,分别是形成、震荡、规范、行动和解散,这五个阶段也就构成了经典的团队发展模型,随后,团队管理研究者开始探讨团队过程对于团队有效性的重要作用。McGrath 于 20 世纪 60 年代提出了投入—过程—产出探索式模型(I-P-O 模型),在这个经典模型当中,投入主要由团队成员个体差异(即知识、技能、能力和其他特征)方面组成;过程部分与团队成员的行动相关,团队成员的相关行动结合了资源来解决任务;产出通常指绩效表现、成员满意度、团队有效性等。I-P-O 模型强调团队成员结合自身资源与能力来解决任务在团队过程中的关键作用,此模型自诞生之日起就受到了研究者的普遍关注,有大量团队管理研究引用此模型并根据不同的研究情境对其进行不断的修正。

二、数字化团队影响机制的关键构成要素

通过对数字化情境下团队研究的系统性回溯,基于团队过程的 I-P-O 模型,本书发现在团队机制设计上有以下几个关键因素起到了非常重要的作用,分别为授权型领导、团队创新行为以及团队成员适应行为。

(一)授权型领导

中国学者在领导力方面的研究取得了一系列重要的成果,已经逐渐实现了与国际主流研究的同步(杨朦晰等,2019)。这意味着一些新兴的领导力的理论概念能够有效地嵌入中国本土情境进行发展。授权型领导就是非常典型的新型领导力概念。

在团队化过程模型当中,Edmondson 和 Harvey(2018)两位研究者指出,领导力将会成为影响团队化的关键要素。数字化情境下,越来越多的研究者开始意识到团队领导的重要性超过其他任何组织内的领导者。对于数字化情境下平台组织中的项目团队而言,团队的领导者与组织中的中层领导还是存在一定区别的。具体表现在项目团队的领导者具有两重角色特征,分别是对内的项目任务的主要贡献者以及对外的团队发展战略协调者,这就要求项目团队领导需要具备很强的业务能力与管理能力,能够在控制项目团队工作任务的同时还能处理团队中的日常管理问题(Rahmani et al.,2018)。除了角色特征之外,数字化平台组织中的项

目团队在多个项目当中大概率会面临类似多头管理这种模式,开始有研究者认为团队领导者需要逐渐开始采用授权型领导,通过权力的分享让更多"听得见炮火"的团队成员参与到团队的管理当中,从而帮助团队提升项目绩效(Hill et al.,2016)。从概念定义上来看,授权领导力是一种独特、新型的领导行为(Arnold et al.,2000),它主要通过指导、激励、培训来为下属提供支持,为下属提供与工作相关的信息与其他资源,这与高度开放且效率优先的平台组织中的运作模式是高度契合的。

由于组织不断趋于扁平、不断倾向于团队合作,理论界研究者开始对授权型领导的研究表现出了浓厚的兴趣(Seidel et al.,2014)。从研究层面上来看,关于授权型领导的研究主要在个人分析层面进行,但越来越多的研究者认识到,由于团队成员可以受到共同领导者的共同影响,领导力的作用也可以放在团队层面进行分析,现有团队层面的授权型领导力的研究主要探索了授权型领导与团队绩效之间的关系,其中 Fantetti 等(2016)的研究表明,授权型领导与组织绩效呈正相关,主要原因在于高管团队成员都相信自己有能力迎接挑战,有能力在成员之间进行信息交流、协作和联合决策。同样,针对团队层面的授权型领导研究也发现知识共享、团队效能以及团队创造性都能促进团队绩效(Hon et al.,2013)。此外,作为一种面向未来的领导力概念,理论界关于授权型领导力对团队创造力以及组织公民行为的独特积极作用也都已经达成了初步的共识,即主张采用个体与群体层面相结合的方法来提高领导能力(Zhang et al.,2010;Li et al.,2017)。最后,现有研究还发现授权型领导与一系列的团队行为模式呈正相关,比如共享领导、知识创造、团队学习等(Hoch,2013;Menguc et al.,2013)。

(二)团队创新行为

在不断变化的外部环境、不断变化的竞争格局以及不断变化的用户需求等多方面因素综合影响下,组织必须通过持续的创新才能够获得发展优势(March,1991)。由于团队具有个体无法达到的整合能力和企业所不具备的柔性,不少成功的企业都将团队视为创新的主要来源(Ilgen et al.,2005;王唯梁等,2015),与此同时,对于研发团队以及新产品开发团队而言,创新更是维持团队存续的最根本原因(Barczak et al.,2009)。

随着团队创新在组织心理学以及组织行为学研究当中的重要性不断提升,研究者开始对团队创新进行过程层面以及行为层面的探讨。团队创新行为可以定义为团队在工作当中有意识地引入并实施一些富有新意的建设性思想,具体包括想法的产生以及实施这两个关键要素(Zacher et al.,2015),作为一个团队层面的概念,团队创新行为这一概念强调,相较于个体而言,团队本身是一个集体性的存在,能够在创新的过程与结果两个方面发挥出更大的优势(Rousseau et al.,2013)。

面对团队创新所带来的风险与不确定性,Thayer 等(2018)认为需要进一步结合团队创新的具体过程来理解团队创新行为。团队创新过程中的第一个关键点就是想法的产生与演化(Puccio et al.,2012),尽管从个体角度来看,不同个体在创造力方面确实存在一定的差距,但如果将团队看作创新的主体来进行新想法的构思,团队中不同的团队成员就可以通过有效的互动来充分交流自己的想法,分享自己的知识,交换自己的观点,将个体的创造性思维转化为团队的创造性思维(Pirola-Merlo et al.,2004)。

当一个新想法在团队当中形成共识之后,需要推动其有效实施。与新想法的产生类似,新想法的实施同样也是一个社会过程,通常需要团队提供有效的支持。例如团队为了尝试一个产品开发方面的全新想法,可能需要整个团队进行努力,甚至还需要大量外部资源的投入。因此,一些个人创新的成果其背后往往也是整个团队的努力(Thayer et al.,2018)。

(三)团队成员适应行为

适应是社会心理学和管理心理学研究的主要领域之一,有关适应的研究源自组织外部环境的变革,Chan(2000)认为在工作场所当中的个体适应是具有情境性特征的,即在快速动态变化的数字化情境下,组织需要不断地适应不同情境下的工作挑战。

具体而言,研究者主要从团队层面以及个体层面两个方面来进行探索,其中团队层面的适应行为主要指团队应对变化时采取一系列措施以维持团队有效性并实现发展的行为过程。理论界针对团队适应行为的研究也有许多针对性的进展(Barth et al.,2015;Santos et al.,2016),其中最重要的就是对团队适应行为的形成过程进行探索,具体包括信息和知识共享行为、团队交流活动、团队协作等(Abrantes et al.,2018;Uitdewilligen et al.,2013)。其中信息和知识共享行为对长期从事高度复杂且充满不确定性工作的项目团队来说有着至关重要的意义,因为处于非一般性任务或者极端特殊的情境中的团队常常能够呈现出不同以往的协作行为(Maynard et al.,2015,2017)。

团队适应行为的核心其实是团队成员的个体适应行为,当外部环境发生剧烈变化时,团队当中不同成员往往会采取不同的行为来应对,因此,有关团队成员个体的适应行为的研究就显得尤为重要。理论界现有研究往往从情绪视角来讨论团队成员适应问题,尝试去回答团队成员在适应的过程中产生积极情绪与消极情绪的关键原因(van Dam,2018)。这些研究进一步揭示了团队成员适应与工作压力、工作不安全感、工作满意度等多方面的理论关系(Boswell et al.,2014;George,2015;Ritter et al.,2016),不过针对不同情境下的个体适应行为,也需要结合情境本身的特征来进行研究,例如数字化情境的其中一个特征便是团队成员在工作当中需要适应全新的信息技术。针对这一问题,Bala 和 Venkatesh(2015)这两位研究者由此提出了四种技术适应行为,分别是探索—创新、利用、探索—复原、回避,并构建了一个完整的理论模型来解释其产生的具体过程以及对个体绩效的具体影响。

第七节 回顾总结和有待研究的问题

一、回顾总结

作为管理心理学领域最重要的研究话题之一,团队管理的研究热度在数字化时代下的今天不但没有褪去,反而受到了越来越多的关注。自从 20 世纪二三十年代霍桑实验以来,有关团队管理的研究在不同学科下的不同领域当中都取得了巨大的进展。具体而言,在近一个世纪的理论发展过程中,研究者针对团队中的团队成员、团队领导以及团队自身发展过程等问题提出了大量建设性的理论新洞见。

与此同时,我们也需要意识到现有研究在思路和范式上还存在着一定的局限性。

第一,研究视角相对单一。长期以来,关于团队管理的研究主要采用内部视角来观察团队而忽视了外界情境因素对于团队的塑造。虽然部分团队管理研究开始逐渐将情境因素引入具体的研究当中,但此类研究更多是将情境作为研究的背景,缺少更加细化的观察与探索,同时也忽视了特定情境下不同的组织模式对于研究结论的重要影响。

第二,研究议题相对而言过于集中。现有研究对于团队有效性与团队过程的议题具有非常深入的探索,包括不同类型的团队所表现出的具体作用,以及团队如何才能够实现有效性等问题,然而这些研究往往仅聚焦于团队内部,这种过于细化的叙事结构在一定程度上将会导致理论界对于不同层次的团队管理问题难以形成完整的体系框架,研究者对于新环境下不同组织模式当中团队所面临的具体项目工作内涵以及内在结构的理解是值得继续深入的(Bush et al.,2018)。

第三,研究范式相对而言缺乏细化,其中最重要的范式方面的挑战在于真正将团队管理的研究范式从静态转变为动态。Kozlowski 等人(2015)认为用狭义的"框"(即结构)和"箭头"(即假设的机制)所组成的"链式单向因果的效应关系"模型对于理解静态客观世界相对而言是容易的,但这样的模型难以用于动态现象的模拟(除非是非常短的时间片段)。McGrath 和 Tschan(2007)也认为,现有组织管理研究当中的大部分工作主要涉及单个时间点的观察结果或者在间隔时间之前非常短的观察结果,Cronin(2011)等认为团队结构中固有的动态过程和状态在团队研究中通常被视为静态变量,而这些变量的动态化转变也将会成为未来团队管理研究当中的重要工作之一。

二、有待研究的问题

通过对现有研究的系统回顾与分析评述,本书总结了以下三方面待研究问题。

第一,团队动力研究。从本质上来看,团队动力的理论自诞生以来就是一种强调团队内外多种关系动态平衡的整体性理论,这意味着团队在全新的外部情境下既有的稳态系统将会被打破,并在完成"解冻—变革—再冻结"的过程之后形成新的平衡。因此在现有研究已经明确了传统组织中的团队动力内涵与构成的基础上,我们亟须进一步结合数字化平台组织的组织动力特征来对数字化平台组织中项目团队的团队动力进行探索,进一步明确究竟数字化平台组织中项目团队会表现出什么样独特的动力特征,以及这些全新的动力特征又会给团队的发展带来什么样的系统性变革等;与此同时,现有研究认为,团队动力的本质也可以理解成一种动态变化的团队现象(Gibson et al.,2013;McGrath et al.,2000),Collins 等(2016)对此提出了针对性的团队动力增长模型。既然如此,那么除了这些从过程角度对团队动力进行现象层面的捕捉外,我们还需要对团队动力进行结果导向的观察,以进一步明确同一情境下团队动力的高低究竟意味着什么,以及如何在现有情境下进行团队动力提升等。不过开展这方面研究的前提还是在于完成不同外部情境下情境(组织)动力特征的提炼,因为只有充分认识到团队动力在不同情境下将会表现出完全不同的特征,讨论团队动力的特征差异与整体提升才是有意义的。

第二,团队化概念的研究。团队化是本书重点关注的概念,与团队动力的研究不同,理论界目前对于团队化的研究还处于相对初步的阶段。一方面,虽然针对团队化概念内涵的研究已经有了一定的进展,不过由于团队化这一概念现如今早已广泛应用于医疗健康、智慧城市以及商业实践等多个领域,这些特定领域又包含多种不同的情境,这就导致研究者对于团队化在不同情境下的理解存在一定程度的分歧;另一方面,一个成体系的概念需要具备明确的构思维度与测量工具,而团队化在这方面的研究进展目前还比较有限,这也导致了目前研究者难以进行对团队化与其他相关概念之间理论边界的探讨,相关的实证分析也难以展开。因此,本书认为未来可以从数字化平台组织切入来提出团队化的构思维度,开发测量工具,从而进一步丰富团队化在数字化平台组织中的概念内涵。

第三,团队策略与机制研究。随着研究者对于团队的理解逐渐深入,理论界对于团队策略与团队机制的研究取得了较大的突破。具体而言,基于 Kozlowski 和 Ilgen(2006)对经典的 I-P-O 模型的改良,近年来相继出现了一系列具有通用性的团队机制理论模型与团队策略解释框架。因此,本书认为这方面的研究未来需要更加聚焦与细化,即结合具体的理论概念来进行机制的设计与策略的构建。落实到团队化这一概念,从理论上来说,尽管团队化目前在应用方面正逐步趋于完善,但在具体的实施过程当中许多细节没有得到明确,例如团队化在数字化平台组织中想要得到有效应用的关键是什么?究竟有哪些因素会对团队化产生影响?与此同时,如果团队化能够实现有效应用,是否一定能够为团队带来绩效以及创新等方面的提升?如果不能,那么关键的阻碍因素又是什么?对于这些问题的探讨需要我们对团队化进行机制设计与策略构建,而这两方面工作无疑能够帮助研究者在更好地理解团队化这一概念内涵的同时消除团队化在理论发展道路上的不确定性,更重要的是为现有团队策略与机制的研究带来新的议题与方向。

第三章　研究理论构建与研究设计

第一节　理论与实践问题

本书在绪论部分按照新情境、新组织以及新挑战的逻辑顺序，分别对数字化情境以及数字化情境下的数字化平台组织进行了介绍，发现目前数字化平台组织中存在团队动力与团队间关系方面的实践问题。带着这些问题，本书通过对以往研究进展进行回顾，尝试找到相应的理论线索，发现关于群体动力以及团队管理方面的现有理论研究还难以解决新情境下新组织中的新问题。具体而言，关于团队动力的新特征问题，虽然现有研究已经意识到数字化平台组织中项目团队①的团队动力相较于传统组织中常规团队的团队动力已经发生了明显的变化，不过理论界对此还没有展开深入的探索；同样，关于项目协作过程中的团队化策略问题，虽然现有研究已经指出团队化这一概念能够帮助组织以及团队更好地应对不断出现的全新问题，但是理论界对于团队化这一概念的具体维度、测量工具以及团队化的形成机制与效能提升策略还有待进一步的研究。

第二节　理论框架、关键问题与假设

针对上述两方面问题，本书尝试通过对数字化平台组织中项目团队的团队动力进行探索，通过提出全新团队动力特征的方式来明确团队化概念的全新维度，并进一步围绕团队化进行形成机制以及效能提升策略上的探索。本书的研究设

---

① 本书接下来关于团队的论述如无特殊说明均指项目团队。

计主要包括以下四个方面。

第一，研究设计的切入点聚焦于团队动力问题，基于经典的群体动力理论，结合数字化情境特征来对数字化平台组织中项目团队的团队动力进行探索与提炼，尝试找出全新的团队动力特征。

第二，本书在研究设计阶段主要参考 Edmondson 的理论阐述，将团队化定义为组织中的团队将不同专业人士的想法与技能结合到一起实现创新或突破性成果的过程。这一过程包括了四种重要的行为，分别是交流、合作、试验以及反思（Edmondson，2012）。在这一概念定义的指导下，本书将结合数字化平台组织团队动力特征提出团队化的构思维度，同时进一步对团队化概念的新内涵进行界定。

第三，完成团队化概念及维度研究之后，本书根据理论界相关文献材料，采用系统科学的研究方法分别验证数字化情境特征以及团队动力特征对于团队化的影响，并在此基础上进一步探究团队化在数字化平台组织中的具体的形成过程，从而完成团队化形成机制的设计。

第四，完成团队化的形成机制研究之后，本书最后将围绕团队化进行效能提升策略的构建，揭示出团队化对项目绩效的具体影响。根据现有商业实践现象与理论研究结论，我们认为数字化平台组织中的项目团队可以通过团队化实现团队创新行为的提升进而实现团队项目绩效的提升，在此过程中，团队的领导行为也将会起到很重要的作用。与此同时，团队化可以通过提升团队成员个体适应水平进而实现个体的项目绩效的提升，即通过"团队—个体"两个层面来影响团队项目绩效与个体项目绩效。

通过以上四方面逻辑论述，本书的关键理论问题可以概括为以下四个方面：第一，数字化情境下，数字化平台组织中的项目团队究竟具有怎样的全新动力特征？第二，根据数字化平台组织中项目团队的团队动力特征，团队化这一概念在构思上包括哪些维度？第三，团队化的机制探索，主要聚焦于团队化的形成机制，即团队化形成的具体过程以及关键影响因素。第四，团队化策略构建，主要关注团队化的效能提升策略，即团队化是如何影响数字化平台组织中项目团队的团队项目绩效以及团队成员项目绩效的。

在研究构思与关键问题的基础上，本书的核心理论假设如下：数字化情境下，数字化平台组织中的项目团队将会表现出全新的动力特征，这些特征将会成为新型团队化概念在构思维度上的主要理论依据。从过程机制角度来看，团队化的形成离不开数字化平台组织中的多种因素共同作用。从策略构建角度来看，团队化能够解决数字化情境下项目团队在全新协作关系下的系列挑战，实现绩效与创新两方面的提升。

第三节　总体研究设计与理论假设

根据上述研究构思、理论问题的归纳总结与核心假设，本书将通过四个逻辑上互相关联而内容上相互独立的研究来进行详细阐述，每个研究分别对应一个理论假设，以下对四个研究的主要内容和研究方法进行介绍。

研究一是数字化平台组织中项目团队的团队动力研究，采用的是多案例研究方法，对数字化平台组织中的典型项目团队进行深入探析，尝试初步归纳出数字化情境的典型特征并初步勾勒出数字化平台组织中的团队进行项目协作时的主要特征。基于数字化情境特征，研究一重点聚焦于数字化平台组织中项目团队在项目任务行动、团队项目互动中的成功经验与失败教训，沿着从微观到中观的分析框架，提炼数字化平台组织的团队动力特征，并对数字化情境特征与团队动力特征之间的关系进行论述，从而构建出完整的数字化平台组织团队动力模型。

理论假设 1：解决数字化平台组织中项目团队协作困境的关键在于完成平台组织的团队动力特征提炼与团队动力模型构建。

研究二是团队化概念维度与特征研究，首先基于研究一所提出的数字化平台组织团队动力特征来对团队化的构思维度进行探讨。在明确了团队化概念的新内涵之后将进行团队化量表开发工作，量表开发主要通过理论总结、文献检索、调研访谈、专家评定等科学方法对新概念的量表内容进行设计，得到初始的问项之后再进一步采用上述流程来进行问项的筛选与补充，形成初步的问卷问项。随后通过大样本问卷调查的方法对量表进行探索性因素分析，对初始量表中的问项进行第一轮的修订，再通过第二轮的大样本问卷调查对新版问卷中的问项进行验证性因素分析并完成后续的信效度检验，最终得到具有一定信度和效度的问卷版本。此外,研究二还进一步根据组织心理学中的情境化研究的范式(徐淑英等,2012;郑雅琴等,2013),分别验证数字化情境特征以及数字化平台组织团队动力特征对团队化及其相应维度的具体影响,而此部分结果也将成为研究三的铺垫。

理论假设 2:团队化概念在具体的构思维度上将与数字化平台组织中的团队动力特征呈现一一对应的理论关系,同时数字化情境特征与数字化平台组织团队动力特征两者都会对团队化产生正向影响。

研究三是数字化平台组织中的团队化的机制研究,主要基于研究二当中的系列实证结果,进一步探讨团队化的具体的形成机制。研究三采用情境模拟实验的研究方法,招募具有数字化情境下项目工作经验的被试组成项目团队来进行相应的实验任务,通过对任务因素和互动因素这两个关键因素进行操纵来探索团队化在数字化平台组织中的具体形成机制。

理论假设 3:数字化平台组织中的团队化将会在任务因素和互动因素的共同作用下形成。

研究四是团队化策略与效应模式研究,主要围绕团队化对项目绩效等结果变量的影响作用,进一步探讨团队化的效能提升策略。研究四首先基于团队高阶动力特征的中观视角探讨团队化对团队项目绩效的影响作用。团队项目绩效具体表现为团队对组织既定目标的达成情况以及团队创新情况。研究四进一步选择团队创新形成作为关键连接因素,通过大样本研究调查来探索团队化在数字化情境下对团队项目绩效的影响。之所以在模型构建过程中选择授权型领导,是因为我们关注到近年来基于过程视角的团队研究认为团队绩效是取决于多种因素共同作用的,而团队领导者的授权型领导力就是一个能够产生显著影响的边界条件。授权型领导可以看作一种创造与员工共享权力氛围的过程的领导方式,能够对员工的成长提供指导。未来数字化平台组织中的团队领导的重要发展方向就是要让团队成员有更多自主去解决问题的机会,并在此过程中促进团队成员产生团队创新行为,培养全新的工作技能。因此,授权型领导会对团队化和团队创新形成产生影响的探讨也将在研究四当中展开。研究四还采用团队发展的微观视角,在个体层面上选择个体适应行为作为关键连接因素来讨论团队化对团队中团队成员个体项目绩效的影响,根据理论界最新研究结论与未来发展趋势,选取团队成员的个体项目任务绩效以及个体创新行为作为结果变量进行展开。

理论假设4：在数字化平台组织中，项目团队通过团队化提升团队创新行为来提升团队的整体项目绩效，而团队领导的授权领导力会对团队化以及团队创新行为之间的积极关系起到强化作用；同时，在数字化平台组织中，团队化也能够通过项目团队中的成员的个体适应行为的提升来积极促进自身的个人项目绩效与创新绩效提升。

以上四个研究旨在探讨数字化平台组织中的团队动力与团队化这两方面的问题。之所以需要同时关注团队动力和团队化这两个重点，主要原因在于：(1)团队动力以及团队化分别对应于本书绪论中所提出的数字化平台组织中关于团队动力以及团队化策略两方面困境；(2)结合Lewin的场域理论，团队动力的本质是一个不断变化的动态场域，这就使得研究者难以对其进行直接的观测，需要将数字化平台组织的团队动力进一步细化到具体的概念当中。本书通过对团队管理方面的实践挑战总结以及理论回顾，认为团队化能够成为团队动力所对应的具体概念实体，因此，我们尝试通过数字化平台组织团队动力特征的提炼来对团队化这一概念的构思维度进行探索，将二者进行有机融合。

本书的框架构思详见图3.1，该框架构思尝试通过问题驱动的方法论来体现张志学(2010)所总结的组织心理学研究中的情境化特征与多层次特征。情境化是近年来管理心理学发展的主要方向之一，其本质是为了更好地进行理论构建。通过将情境因素带入理论模型，研究者不但可以更好地评估现有成熟理论的适用边界，还可以借助基于特定组织模式下的情境特征来对目前正处于发展阶段的理论进行内涵的深化与补充。图3.1所示的数字化平台组织的团队动力与团队化这两个核心在一定程度上体现出了情境化的特征，首先基于数字化情境与数字化平台组织，本书一方面将情境带入理论模型来对经典的群体动力理论进行延伸，另一方面对正处于发展阶段的团队化概念进行深化；此外本书的研究框架设计还体现出了多层次特征。主要通过对图3.1框架当中的变量进行团队层次以及个体层次的界定来更好地探索团队化对于项目绩效产生的多层面影响。具体而言，研究框架中的授权型领导可以看作团队层面的概念，强调团队中团队成员对于团队领导的行为与风格的感知是一致的，同样团队创新行为作为一种共享性群体特征也是一个团队层面的概念,而个体适应行为则是个体层面的概念,主要原因在于项目团队中的成员个体对于数字化情境的反应行为是独立的,不会受到团队其他成员的影响。

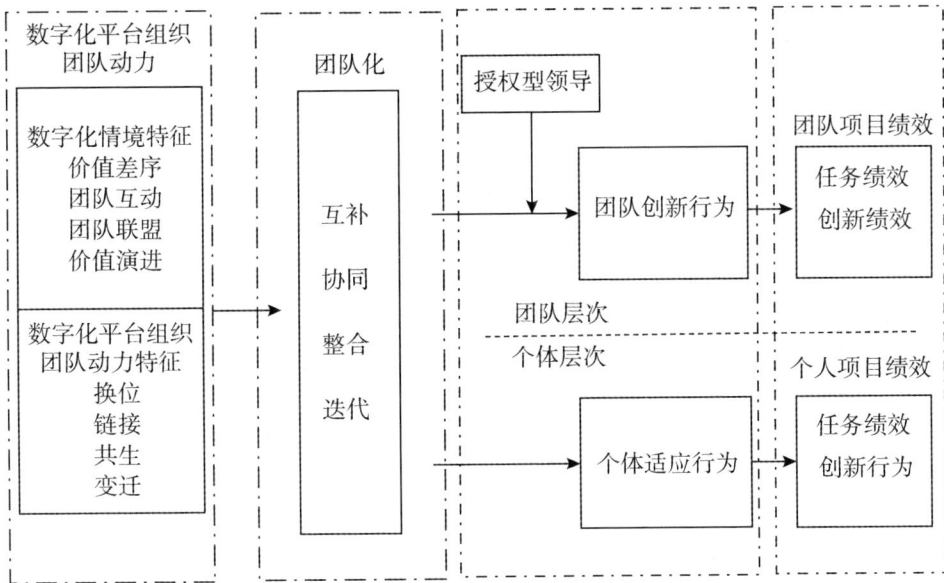

图 3.1　本书的框架

第四节　基本统计分析与程序

基于上述研究框架,本书进一步采用技术路线图的形式来说明每一部分研究的具体执行路径。如图 3.2 所示,可以发现,本书围绕数字化平台组织的团队动力与团队化这两个重点,基于上文所述的四方面理论问题所设计的四个实证研究,在整体逻辑上呈现出层层递进的特征的同时,在内容细节上又呈现出独立闭环的特征。

具体而言,本书所设计的四个实证研究在聚焦于回答对应理论问题的同时也为后续研究的开展进行铺垫,其中研究一的主要作用是通过对数字化平台组织中项目团队的团队动力特征的提炼来正面回答本书的第一个理论问题,同时研究一所归纳得到的数字化情境特征以及数字化平台组织中项目团队在项目协作中的系列典型实践这两方面发现也将成为研究二的重要理论铺垫;同样地,在研究二通过提出团队化构思维度以及概念新内涵进而完成本书的第二个理论问题回答之后,还进一步通过一系列的定量分析来为研究三揭示团队化形成机制作实证铺垫,正是在研究二的实证结果铺垫下,研究三才能有效回答本书所提出的第三个理论问题;最后在完成上述三个研究之后,研究四开始将研究的聚焦点从团队化概念本身拓展到团队化策略构建上,通过探究团队化与项目绩效之间的关系来构建团队化的效能提升策略,从而完成本书第四个理论问题的回答。

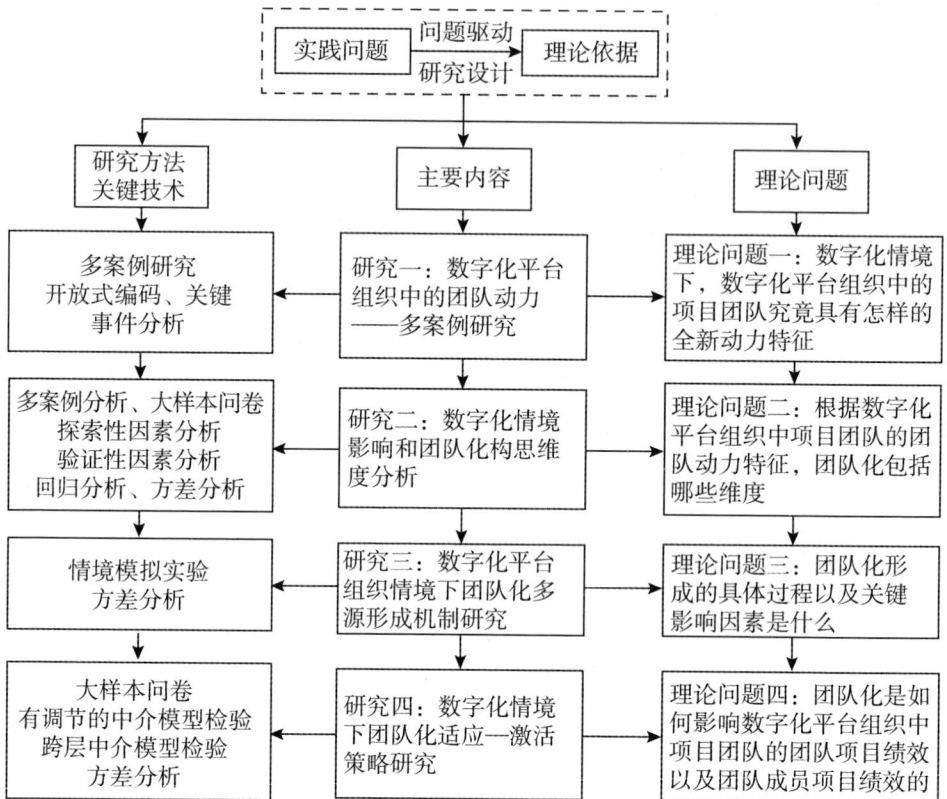

图 3.2 技术路线

CHAPTER 4

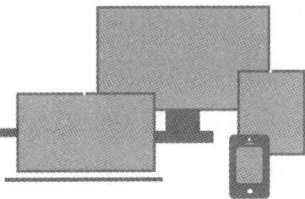

第四章　数字化平台组织中的团队动力——多案例研究

第一节　研究目的与理论依据

研究一将重点解决数字化情境特征与数字化平台组织团队的团队动力特征问题,进而打开平台内部多种复杂协作结构的"黑箱"。

就数字化情境特征的归纳而言,数字化情境下,团队在组织当中无疑被赋予了更加丰富的意义以及更多元的使命,包括承担着组织当中的价值创造、组织战略的执行、组织文化的传承等方面的责任(Barrick et al.,2015;Edmondson et al.,2006)。根据这一共识,理论界现有研究概念更多聚焦于团队内部,如团队内部成员之间的冲突、团队成员退出团队等问题(DeTienne et al.,2012;Jenkins et al.,2017)。对于这些问题的讨论固然重要,但这些研究在数字化情境下的数字化平台组织中亟须转换视角,即把团队看作是一个具有动态性和整体性的基于项目任务的协作单元,而进行这方面工作的前提就是完成对数字化情境特征的探索(Tseng et al.,2004;Kozlowski,2015)。

而更重要的是数字化平台组织中的团队动力特征探索。在数字化情境下,数字化平台组织通过帮助企业围绕项目工作进行资源配置(简兆权等,2017),一定程度上能够更好地匹配企业在数字化时代所面临的业务变革。由于数字化平台组织中不同项目团队彼此存在着行业领域、发展规模以及核心利益上的非对称与不均衡,对于项目任务的执行产生了消极影响。造成这一现象的本质原因在于数字化平台组织中的团队动力相较于经典的群体动力,已经产生了全新的特征,形成了全新的动力结构,亟须我们进行深入探索。

研究一的理论依据是群体动力,此外还借鉴了 Mathieu 等(2017)的研究发现与王重鸣(2015)的"五力"模型。其中 Mathieu 等(2017)以经典的团队动力作为理论基础,通过对近 100 年来应用心理学杂志所发表的团队研究进行回顾,发现了当下团队研究的三方面特征,分别是团队任务与结构特征、团队组成与成员特征以及团队过程与状态特征,其中任务特征主要包括任务范围以及任务复杂度以及如何将任务进行分解等方面内容;而团队结构特征主要包括团队成员的知识、能力、个性等方面内容;过程特征具体表现为团队矛盾、信息分享、团队激励等。王重鸣(2015)通过对近年来数字化情境下新兴创业领域的实践总结与理论归纳,从能力开发角度开创性地提出了如图 4.1 所示的模型。综合以上三部分,研究一得到了一个整体性的研究框架。

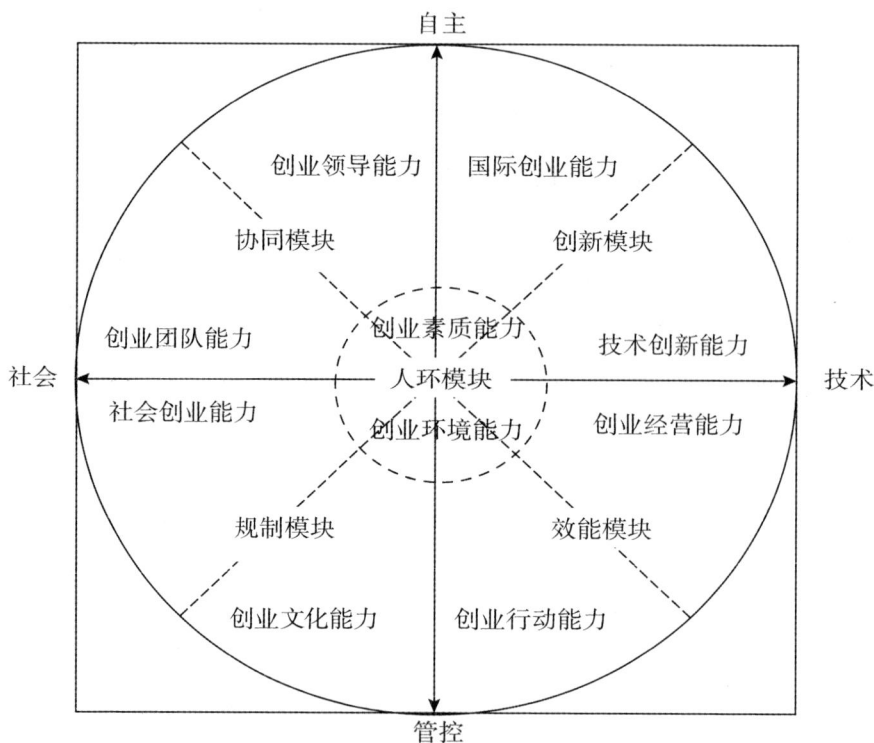

图 4.1 创业能力模型的维度模块与能力要素

资料来源:王重鸣(2015)。

具体而言,研究一的整体性框架可以概括为,从项目发展导向的任务与结构和团队管理导向的过程与状态的两个方面来探索数字化平台组织中的各方面关系以及项目团队的团队动力(见表 4.1)。

表 4.1　数字化平台组织项目团队动力开发框架

动力类型	动力名称	内在逻辑
项目发展	任务与结构	由于外部任务变化与内部结构上的变化而形成的一系列新特征
团队管理	过程与状态	由于动态过程与高阶动力特征的出现而形成的一系列新特征

第二节　研究方法

一、研究方法选择

理论界目前关于数字化平台组织中的团队研究并没有进行深入的讨论,因而暂未形成完整的理论,相关概念的界定还需要进一步探索。在此情况下,考虑到研究问题具有探索性特征(Eisenhardt,1989;Yin,2014),研究一采用案例研究的方法进行。所谓案例研究并非一种主观、粗放的研究方法,而是一种基于客观证据,通过严谨的分析来进行理论的构建的研究方法(Eisenhardt,1989;Eisenhardt et al.,2007),案例研究主张采用归纳的逻辑来问答有关"如何"以及"怎么样"的问题,进而得到具有一定普适意义的理论。理论界对于案例研究方法经过长期的讨论,已经积累了较为充分的经验,也越来越广泛地应用在不同的学科领域(Eisenhardt,1989;Siggelkow,2007;毛基业等,2008;潘绵臻等,2009)。

考虑到研究结论的普适性与可靠性,研究一具体采用多案例研究这一遵循复制逻辑原则的设计进行。相比较于案例研究,多案例研究通过借助不同案例对象的数据资料,能够使整个案例更加完整、更加饱满,进一步丰富了案例的证据支持,保证了更好的外部效度。单案例研究与多案例研究本身在方法上没有高下之分,只有适用范围的区别,不论采取单案例还是多案例进行研究,都是为了更好地讲好研究故事、构建理论,从而解决问题。从具体的研究范式上来看,由于研究一所关注的数字化平台组织中的团队动力目前在理论上还不足以对其进行全面深入的解释,相关研究也还处于早期阶段,因而根据 Eisenhardt 和 Graebner(2007)的建议采用探索性多案例研究的范式来探析数字化平台组织中项目团队的团队动力。此外,在数据收集与分析过程中,研究一还借鉴了嵌入式多水平案例研究的思路,参考了 Davis 和 Eisenhardt(2011)所提出的变异设计的方法,力求严格控制和排除与研究主题和内容不相关的变量,对研究过程中的调研与取样工作尽可能地细化。

二、理论抽样过程

研究一综合了 Yin(2014)和 Eisenhardt(1989)所提出的样本筛选原则来进行理论抽样。理论抽样法不同于统计特征抽样法,其特点是从研究问题出发,选取符合理论条件且在某一方面表现出极端特征的样本作为案例对象(郑伯埙等,2008)。围绕核心问题数字化情境特征与数字化平台组织中项目团队的团队动力特征,我们进一步明确了案例对象选择的两大要求,一是案例对象所在组织必须为已经完成转型且发展较为成熟的数字化平台组织,符合本书所提及的数字化平台组织的核心特征,并且熟悉传统组织的整体运营流程;二是由于研究一所关注的核心是组织当中的项目团队,因此案例调研的具体对象必须是项目团队,而非组织当中的传统职能部门。基于上述两大要求,细化的筛选标准为以下五个方面:(1)所调研的团队需要是直接与业务相关的项目团队,并非传统意义上的职能部门;(2)所调研团队在工作中需要与组织内部或外部其他团队进行协作;(3)所调研的团队人员规模上不得少于 3 人;(4)所调研的团队在进行项目业务协作的过程中拥有独立的决策权,并不受限于组织所施加的影响;(5)所调研团队的团队负责人需要拥有 12 个月以上的司龄以及 6 个月以上的团队任职年限。

在上述要求的基础上,决定将调研对象所在地框定在浙江、上海以及江苏三地,主要原因在于江浙沪三地所形成的长三角城市群数字经济发展迅猛,拥有大量符合此次案例研究样本要求的规模以上企业及项目团队,具有较高的外部效度。

在具体案例对象的筛选与对接上,研究一首先邀请了 6 位供职于上述 3 地的商业实践领域专业人士(人力资源管理咨询师 2 名,券商研究所分析师 2 名,风险投资机构合伙人 2 名),在说明样本要求后,利用他们的专业经验与所积累的企业资源进行初步推荐。接下来利用公开网络信息对目标企业名单当中的每一家企业展开企业背景信息调查,初步确定了 10 家符合调研要求的企业。最后邀请两位管理心理学领域的博士研究生作为专家组成员,从企业组织特征与团队项目管理模式这两方面对这 10 家企业进行评估,最终筛选出符合研究一要求的案例对象。确定案例对象之后,通过上述 6 位专业人士的介绍,笔者与目标企业高管团队成员取得联系,洽谈调研合作。经过多次接洽,研究一最终确定了 4 家企业作为案例当中的样本企业,并从每个样本企业中选取 1 个符合取样要求且愿意高度配合调研的项目团队作为具体调研对象(见表 4.2)。

表 4.2 研究样本信息

数据层	团队编号	AS	CD	BX	DG
团队层	所在地点	杭州	苏州	上海	杭州
	成立时间	2011 年	2013 年	2013 年	2012 年
	项目特征	特定区域业务	电商项目	特定行业项目	内容策划
	团队人数	19	14	10	9
	领导身份	公司技术骨干	电商负责人	公司合伙人	资深产品经理
公司层	公司编号	A	C	B	D
	所在行业	智能硬件	服装(新零售)	金融	手机游戏
	成立时间	2004 年	2007 年	2002 年	2010 年
	所在地点	南京	苏州	上海	北京
	平台特征	区域资源整合	品牌互通	资金支持	项目联结

注:团队人数等相关背景信息为 2018 年的数据。

三、调研过程

(一)调研前访谈准备

在正式调研访谈前,围绕企业发展历程、组织架构、组织的平台化特征、案例团队的基本情况、团队管理、团队协作模式设计了相关问题对上述企业的高管或人力资源部门负责人进行半结构化访谈。根据访谈信息反馈,研究一在高管访谈提纲的基础上重新定制了企业的项目团队调研提纲。在完成初步调研提纲之后,通过电子邮件以及电话会议的形式与上述企业高管进行沟通,对调研提纲进行优化,将其中一些与研究主题无关或是不符合企业实际情况的问题删除,同时对调研提纲中一些表述不清的问题进行了修改,以保证访谈提纲中问题的内容效度。

(二)调研中数据收集

案例团队的资料收集过程包括多个渠道的信息采集,确保数据彼此存在三角印证关系,保证了此次案例研究在过程上的客观性(Yin,2009)。在具体操作上,资料收集分为一手资料与二手资料两大部分,两部分的资料均采用多阶段收集的方式进行。其中一手资料为主要数据收集方式,具体包括对 4 家样本公司及其项目团队进行实地走访,组织召开调研座谈会,了解受访团队的每一个岗位成员的工作背景等相关信息。座谈会结束之后,根据每个项目团队成员在项目团队中的作用,从其中挑选出 2—3 名具有代表性的团队成员,与团队领导一起作为接下来的重点访谈对象。所有案例对象的访谈均采用半结构化的形式,每一位重点访谈对象至少接受了 1 次访谈,单次访谈时间控制在 40—60 分钟。为了保证访谈效果,研究一做了以下三个方面的努力。第一,访谈过程分为两个阶段,中间安排10 分钟的休息时间,访谈在征得受访者同意的情况下全程进行了录音(访谈休息期间录音暂停)。第二,所有访谈提纲都会事先提交并反复提醒受访者抽空认真阅读,以便访谈对象提前准备。访谈内容围绕"团队项目协作"这一主题进行展开,重点了解在组织中的项目团队在发展过程中所涉及的团队合作模式。第三,在访谈问题的设计上采用的是行为事件访谈法,围绕核心概念以及受访团队所在行业特征进行定制化的情境导入,让受访者描述行业的情境特征以及组织外部环境特征,同时围绕实际工作中所发生的真实内容,提供具有代表性的关键成败事例,并尽可能地收集受访团队以及所在公司近 3 年的项目业绩水平。此外,访谈过程中也会按照因果逻辑邀请受访者回答自己所在团队与传统团队相比存在哪些方面的区别。所有访谈资料均在调研结束后的 12 小时之内转录完毕。

除了通过访谈获得的一手数据之外,在调研上述案例企业期间,经受访公司以及受访团队的授权,笔者在调研期间还参加受访项目团队内部例会及公司的重大项目工作会议等一系列内部活动,通过所收集到的信息来印证之前的案例资料,同时为二手数据的收集提供思路。二手数据的来源主要包括以下方面:(1)企业的官方网站内容信息,官方微信公众号等权威媒体的新闻资料;(2)受访项目团队中,团队成员公开发表的相关理论文章或接受其他媒体采访时公开的文字资料;(3)受访项目团队所在行业的相关上市公司的招股说明书、年报以及相关国内券商所出具的分析报告;(4)经企业书面许可,借阅企业内部公开文件、刊物、会议纪要、项目招标文件等其他材料。

(三)调研后回访补充

研究一第一轮调研累计进行了 86 人次的半结构访谈,获得了超过 50 小时的一手访谈资料,完成了对每一个案例对象以及所在公司的实地走访。不过此次调研部分受到了时间成本、人力成本等多方面因素的限制,部分一手资料无法在短时间内完整获取,与此同时,在调研走访过程中也存在访谈记录时效性与主观性等问题。因此,笔者在调研结束两个月之后尝试再一次走访上述 4 家企业及受访团队来对先前调研过程中所收集到的信息进行更新,并找到案例关键事件中相对应的其他当事人进行补充访谈来对之前访谈过程中访谈对象所提供的关键信息进行确认,对于其中一些与之前访谈过程中存在出入的信息将会在第一时间进行记录,同时尝试进一步向其他知情人士进行了解,以保证所得到的材料的客观性,与此同时,面对材料初步分析编码的过程中所出现的信息缺失情况,笔者也借助回访的机会围绕重点问题对之前的受访者进行再一次的追问,以保证所收集的材料的完备性(见表 4.3)。

表 4.3　案例调研情况

名称	调研次数 (受访人数)	调研 时长	部分一手资料来源	部分二手资料来源	补充访谈次数 (补充访谈对象)
AS	4 次 (7 人)	1100 分钟	团队领导何某访谈记录 团队成员访谈记录 项目经理张某访谈记录 公司 HR 经理访谈记录	例会与座谈会纪要 团队项目会议纪要	2 次 (项目协作方领导、 公司副总经理)
CD	3 次 (6 人)	685 分钟	公司章总访谈记录 团队领导吴某访谈记录 协作方领导访谈记录	公司工厂实地参观 调研座谈会会议纪要 内部运营数据 对外推广文案 合作媒体文案	1 次 (公司营销部领导)

续　表

名称	调研次数 （受访人数）	调研 时长	部分一手资料来源	部分二手资料来源	补充访谈次数 （补充访谈对象）
BX	4次 （6人）	670 分钟	母基金 GP 访谈记录 团队领导刘某访谈记录 团队成员访谈记录 座谈会会议现场记录 内部电话会议现场记录	行业内部研报 公司花名册 项目工作手册	2次 （公司总经理助理、 项目协作方领导）
DG	2次 （8人）	785 分钟	公司合伙人访谈记录 团队领导倪某访谈记录 团队成员访谈记录	钉钉工作群聊天记录 新成员入职面试记录 年度项目规划 项目考核数据	1次 （团队领导倪某、 团队新入职成员）

第三节　多案例分析

研究一围绕所制定的框架，参照 Eisenhardt 的建议，在完成案例背景介绍的基础上，通过案例间横向分析技术进行理论架构的搭建，采用关键事件分析（critical incident analysis），按照从微观到中观的分析路线与复制逻辑的原则，通过对 4 个案例的横向对比来进行案例间的比较分析，将每个案例当中案例对象的系列行为表现总结成为具有代表性的关键事件，结合案例调研过程中受访人所提及的关键事件，对 4 个数字化平台组织中的项目团队所呈现的具体内容与关键信息进行归纳。

一、案例背景：AS 团队、CD 团队、BX 团队、DG 团队

案例一中的 AS 团队成立于 2011 年 9 月，主要从事以智能家居等多元终端为代表的网络智能化产品开发、销售、服务等业务。AS 团队所在的 A 公司总部位于江苏南京，拥有员工 400 余人，A 公司采用多元化经营战略，业务涉及智能化网络设备、智能化制造解决方案、消费电子产品等多个领域，A 公司在北京、深圳等地都设有分支机构，近 3 年每年的总营收都稳定在 10 亿元以上。2011 年年底，AS 团队一行 7 人从南京来到杭州，成了独立的项目团队，团队的主要工作是负责杭州市场的业务对接与前期市场开拓。截至 2018 年，AS 团队全职成员共计 9 人，此外还拥有 10 名来自母公司的兼职成员。

案例二中的 CD 团队成立于 2013 年，位于苏州高新创业园，团队总人数为 8

人。CD团队隶属于苏州某服装有限公司,C公司主要是设计、生产、销售针对年轻女性群体的服饰,拥有多个服装品牌与稳定的线下渠道。2013年,为了更好地拓展产品销售渠道,公司决定在组织内部进行组织架构调整,实现组织扁平化发展,将多个业务部门转型为项目团队,其中CD团队作为原来的品牌营销部门也获得了独立,成了电商业务板块的项目团队。

案例三中的BX团队成立于2013年4月,从团队成员的人数与构成上来看,BX团队成员一共有11人,均为该投资机构的分析师或投资经理,整个团队所管理的风险投资私募基金总规模超过1亿美元,主要投资于新能源汽车产业链相关的早期以及中期创业项目。经过多年的发展,团队拥有稳定的客户群体以及不断发展的业务网络。

案例四中的DG团队成立于2012年1月,团队目前位于杭州市杭州国家高新技术产业开发区,一共拥有9名全职成员。DG是一家总部位于北京的网络游戏开发公司的下属独立项目团队,团队主要业务是为D公司的客户(大型游戏厂商)进行手机游戏策划,根据产品最终的市场收益来进行项目利润分成。在实际项目跟进过程中,DG团队一方面需要专注于项目内部的工作,即根据客户的要求来对一款手机游戏进行全方位的设计,包括文案剧情、操作界面、关卡脚本以及数据系统等,另一方面还需要帮助客户协调项目当中不同团队的任务进度,推动项目有效进行。

关于AS、CD以及DG团队的具体信息如表4.4所示[①]。

表4.4　案例信息

数据层	背景信息	2016年	2017年	2018年
AS团队	人数/人	7	12	19
	项目收入/万元	约2600	约4000	约8500
	项目利润/万元	约220	约600	约1100
	非项目利润/万元	约140	约300	约330

[①]　此部分隐去与BX团队的相关绩效指标数据,原因在于BX团队的利润来源主要是基金的管理费、收益年度以及其他项目佣金,受外部市场环境影响较大。

续 表

数据层	背景信息	2016 年	2017 年	2018 年
A 公司	人数/人	450	430	400
	营业收入/亿元	约 10	约 12	约 13
	净利润/万元	约 7600	约 9000	约 10000
DG 团队	人数/人	8	9	9
	项目收入/万元	约 2900	约 1800	约 3400
	项目利润/万元	约 350	约 260	约 380
	非项目利润/万元	/	约 200	/
D 公司	人数/人	500	360	410
	营业收入/亿元	约 8.5	约 7	约 9
	净利润/万元	约 5500	约 5000	约 7300
CD 团队	人数/人	4	5	8
	项目收入/万元	7500	6000	14000
	项目利润/万元	收支平衡	亏损	约 4000
	非项目利润/万元	约 50	约 620	约 800
C 公司	人数/人	900	1100	1200
	营业收入/亿元	约 5	约 5.8	约 6
	净利润/万元	约 4300	约 5000	约 4500

二、平台组织与工作特征

AS 团队是伴随着 A 公司一路发展成长起来的,也是公司内部最为重要的项目团队。与 AS 团队相类似的团队在公司内部还有 4 个,分别位于北京、上海、深圳以及东莞。不同的项目团队作为公司在特定区域业务的延伸,分别负责不同区域的市场业务。A 公司作为数字化平台组织中的平台方,主要根据不同地区市场环境来为这 5 个项目团队定制单独的项目利润分成方案。A 公司原则上不干涉任何区域的项目团队在目标市场的业务开拓,每个地区的项目团队都拥有自主的人事权和财务决策权,并根据不同的项目任务特征以及项目潜在风险构成选择协作团队执行项目任务,例如 A 公司的东莞项目团队和深圳项目团队尝试围绕全新的产品开发进行项目合作。A 公司除了对每一个项目团队赋予相应的决策权之外,也为所有项目团队的发展在资源配置、商业支持上保驾护航,尽可能满足项目团队的实际需要。由此可以看出,AS 团队所在的 A 公司本质上是一种区域导向型的数字化平台组织(见图 4.2)。

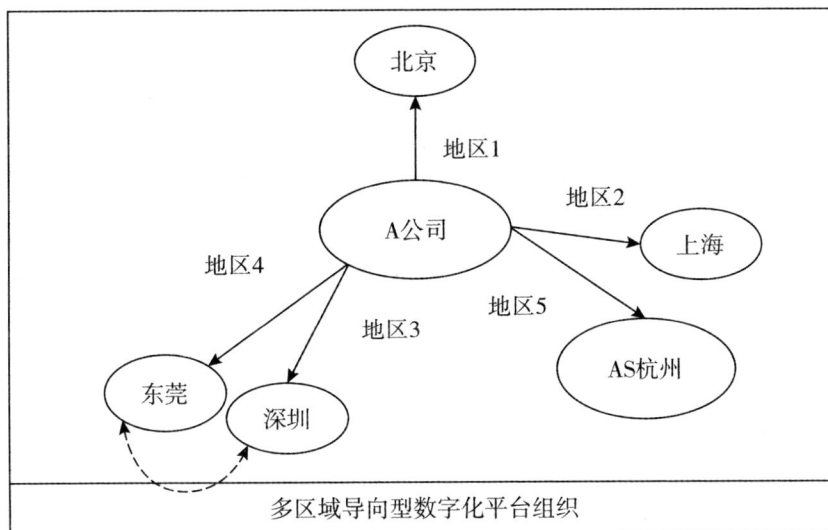

图 4.2 案例样本 A 公司平台

CD 团队是 C 公司内部新成立的项目团队,C 公司的平台性特征主要表现为品牌资产互通。对于服装企业而言最重要的资产就是品牌,而成为独立项目团队的 CD 团队得到了 C 公司的两个品牌授权并用于品牌授权商品开发以及新媒体营销推广。进一步来看,CD 团队可以看作是 C 公司品牌流量的载体,能够享受到 C 公司提供的核心品牌资源,而 C 公司作为平台方则能够得到 CD 团队在不同互联网渠道上的流量。CD 团队在产品开发以及销售上拥有自主决策权,同时在项目经营上 CD 团队也需要自负盈亏(见图 4.3)。

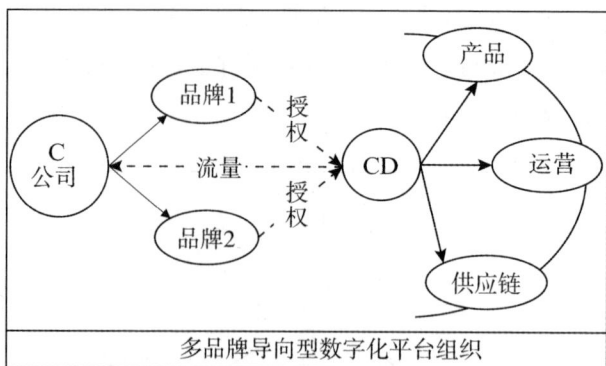

图 4.3　案例样本 C 公司平台

BX 团队在编制上隶属于国内某知名投资机构,但对于团队目前所管理的私募基金拥有独立的调研与投资决策权。B 公司主要的职责是为 BX 团队提供框架性的投资信息,同时帮助 BX 团队建立长期有效的客户管理系统。因此可以将 BX 团队看作数字化平台组织 B 公司当中一个具有行业导向性的独立接口,通过这个独立接口,B 公司能够对接到更多的资源与更多的信息。

从行业上来看,BX 团队主要从事新能源汽车行业相关的一级市场投融资服务以及金融信息服务等业务,B 公司除了 BX 团队外,还有负责生物医药行业投资的项目团队、负责文化产业投资的项目团队等,由于不同行业具有完全不同的特征,因此在项目工作模式上,B 公司当中有的项目团队接触国际业务较多,而有的项目团队接触国内业务较多。同时,作为独立的项目团队,BX 对所有自发组织的投资业务都自负盈亏。有关 BX 团队与所在 B 公司的平台化属性详见图 4.4。

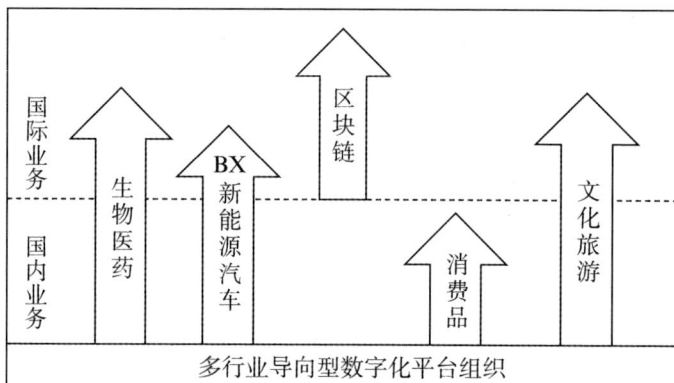

图 4.4　案例样本 B 公司平台

　　DG 团队所在的 D 公司是一个典型的项目导向的数字平台,主要的特征是多项目交叉。作为一家游戏开发公司,D 公司内部拥有多个不同业务专长的项目团队,包括策划团队、开发团队、宣发团队、产品团队等,这些项目团队主要负责完成 D 公司所承接的若干个重大项目,公司内部所有项目团队本身在工作任务方面需要首先负责 1—2 个项目,与此同时还需要发挥团队自身的专业优势,协助其他团队跟进 2—3 个项目,多数情况下所有项目工作要求同时开展,每一个项目团队的收入与项目的利润直接与项目绩效挂钩。同时,D 公司内部的所有团队在保证现有项目能够正常推进的同时也都可以独立去承接相应的项目,而当团队获得了新的项目之后,D 公司也会主动根据项目要求为团队匹配相应的资源,以保证项目的正常开展(见图 4.5)。

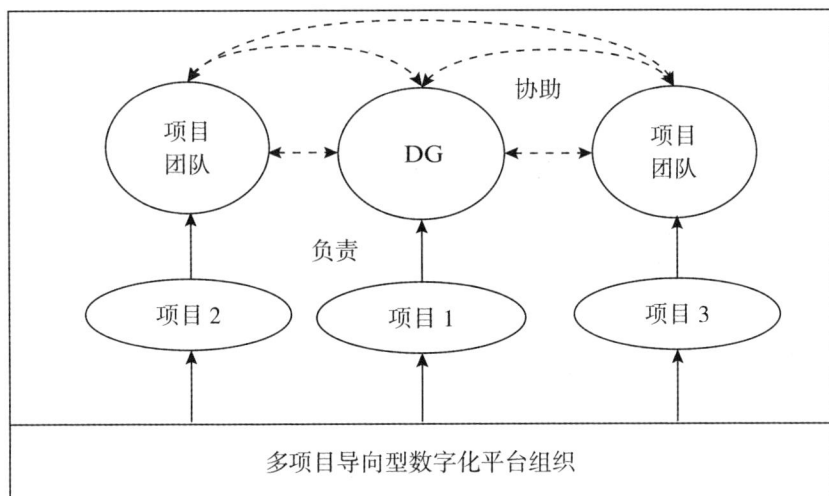

图 4.5　案例样本 D 公司平台

　　针对上述每一个企业的平台特征,研究一归纳得到了管理心理学视角下的 4 种数字化平台组织类型,并发现数字化平台组织与项目团队之间围绕所需要开展的项目自发演化形成了一种非线性动态的关系模式。这样的归纳是否深入全面还有待进一步研究,但是针对本书所关注的数字化平台组织与项目团队之间的内在逻辑关系这一问题还是具有一定普适性的。

　　第一,数字化平台组织与项目团队的关系是一种基于项目的多层联动关系,平台围绕具体的项目工作的具体要求,自上而下形成平台对团队的差别化项目控制与项目支持,并有条件地将外部资源赋予相应的团队,而项目团队根据项目进度自下而上形成对平台的定制化反馈回路;第二,数字化平台组织仅对项目团队的相关项目进行管控,对于项目团队自身与其他模块的协同与发展并不会进行管控;第三,数字化平台组织中项目团队以项目利益为核心进行开放性自治,形成符合项目要求的若干协作体。在此过程中同一平台中项目内的协作体往往呈现出依赖—角逐的二元对立关系,一方面不同的协作团队在项目内部互相依赖,彼此提供准确的信息,帮助项目顺利进行;另一方面项目内部不同的协作团队也会为了争夺平台资源而互相角逐,并在此过程中逐渐出现分化,发生项目内部的模块重组(见图 4.6)。

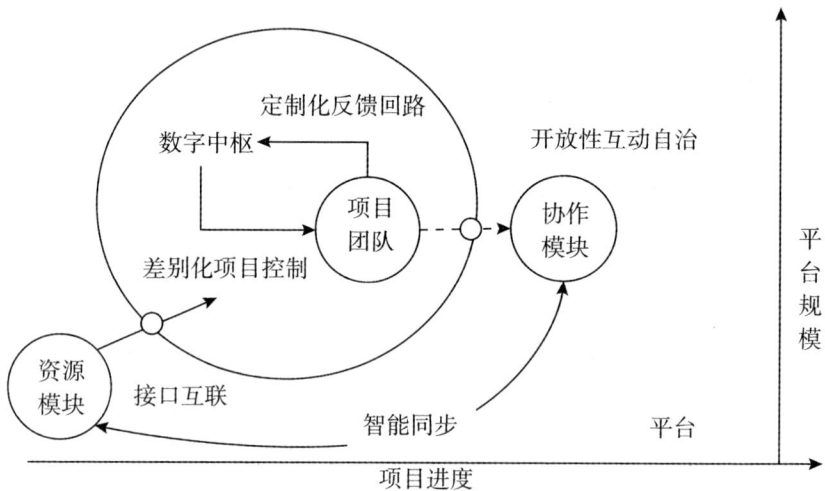

图 4.6 数字化平台组织中项目团队的项目协作关系

三、团队发展历程与工作绩效

(一)AS 团队发展历程与绩效

作为一个集产品、研发、销售于一体的项目团队,AS 团队整个发展历程一波三折。2011 年,A 公司出于业务发展的需要成立了独立运营的 AS 团队,指派何某为该团队的负责人。从 2011 年成立开始,来到杭州的 AS 团队经历了从成立之初的碰壁,到后来的奋起直追,再到踌躇满志三个阶段。

第一,碰壁阶段。

2011—2013 年是 AS 团队发展的初期阶段。到杭州之后,虽然团队的核心骨干都是之前的同事,且团队得到了公司 1000 万元的项目启动资金,但何某带领的团队却缺少有分量的项目。2012 年与 A 公司沟通之后,何某在公司的帮助下得到了一个项目机会,协作方希望 AS 团队能够协助他们做企业云平台方面的开发。虽然整个项目的体量非常可观,并且有公司作为信用背书,但 AS 团队此前并没有接触过这方面的项目工作。面对不熟悉的项目工作,起初何某非常犹豫,团队一方面遭遇无事可做的尴尬境地,另一方面直接上手完全陌生的项目对团队而言又是很大的挑战。陷入两难的 AS 团队经过讨论,认为团队才刚刚成立,非常需要有一定体量的业务作为日后发展的支撑,同时考虑到这个项目也是通过公司出面才争取到的,即使项目没有获得成功,AS 团队也可以帮助公司在新业务的转型方面积累一些经验。但 AS 团队还是低估了项目的难度与风险,团队接手了该项目之后在进展上严重不及预期,此外在已经完成的项目任务中也出现了许多质量问题,导致协作方对 AS 团队的表现非常失望。

第二,奋起直追阶段。

之前项目上的失败已经无法挽回,接下来的重点就是从零开始积累口碑与声誉。从 2013 年开始,面对业绩上的亏损以及公司、协作方的多重压力,团队决定转变模式,在内部主动进行业务与管理模式的全面变革。AS 团队认为之前失败的原因在于没有找到合适自己的项目团队。当时团队来到杭州之后没有主动地探索新市场中的项目机会,而是简单依赖于自己公司的存量资源,导致自己与项目协作方都陷入了困境当中,与自己不熟悉的团队进行非主营业务的协作导致了最终的失败。在上述总结的基础上,首先,AS 团队明确了团队定位,确保日后不再去涉足不熟悉的业务领域;其次,团队招募相关业务经理来配合技术人员进行项目协作,重金聘请了经验丰富的项目经理张某来负责业务对接。在张某的带领下,团队开始从小体量的项目进行跟进,这些项目虽然体量以及利润有限,但是项目周期较短,能够帮助团队在较短时间内适应项目的节奏;最后,团队从业务规模导向转为交付质量导向,把客户的口碑放在第一位,努力实现透明化的项目流程管理。

第三,踌躇满志阶段。

从 2014 年到 2016 年,变革取得了显著的成效,整个团队的业绩逐渐有了起色,凭借稳定增长的业绩,项目的完成率与交付质量都实现了大幅度的提升,相继得到了客户的认可,在得到新客户的同时还得到了知名机构的融资。2016 年,AS 团队凭借自己的专业水平重新赢得了客户的信任,在业务上团队也得到了新的发展资源,并实现了盈利。2017 年何某对团队内部进行了一次较大幅度的人员调整,辞退了 4 名不符合团队发展要求的成员,并重新在行业内招募具有丰富行业经验同时具有一定合作能力的成员,最终,团队销售业绩在 2017 年和 2018 年连续实现新高。

(二) CD 团队发展历程与绩效

CD 团队的发展历程与团队召集人吴某有着密切的联系。吴某 2010 年毕业于苏州某大专院校。在校期间,吴某与两位在校同学合伙开了童装淘宝店。2010 年大学毕业之后,吴某来到了一家位于南京的新媒体营销公司担任策划,并利用自己的闲暇时间继续经营着自己的淘宝店。通过在这家新媒体公司一年多时间的学习与实践,吴某积累了许多诸如公众号运营以及品牌营销的框架性知识与实战经验。一次偶然的机会,吴某认识了现在 C 公司的总经理章总。章总对吴某非常赏识,并邀请吴某到 C 公司工作,进入 C 公司之后,吴某利用两年时间完成了各个部门的轮岗实习,实现了自己的成长。2013 年 C 公司决定在现有电商产品体系的基础上继续进行开拓,成立了新的电商项目团队,负责 C 公司未来的电商业务的路径探索。

成立了新的项目团队之后,CD 团队经历了大起大落。CD 团队在 2013—2014 年经历了快速发展。当时团队业务重心聚焦在微信端的流量上,采用社交电商的运营框架与增长黑客(growth hacker)的实战模式,得到公司品牌授权的 CD 团队通过一系列文案推广与促销活动,积累了不同的顾客群体,团队的公众号上聚集的粉丝迅速增多,逐渐拥有了 10 个订阅量超过 5 万粉丝的公众号,成立第一年的销售额就超过 3000 万元。

CD 团队在 2014—2015 年出现了运营危机。当时团队决定加速业务扩张,增加新的供货商,依托公司品牌开发了全新产品,加大现有产品的采购量。不过由于不同的商品背后的供应体系存在非常明显的模式差异，铺货周期各不相同，导致 CD 团队内部经常会出现热销产品迟迟没有补货的情况，同时许多错过销售窗口期的产品由于前期采购量过大出现了滞销。面对成倍增加的协作网络，CD 团队逐渐招架不住。当时已经有协作方提出了这方面的问题，但吴某认为这属于发展过程当中的正常现象，没有太在意。久而久之，这方面的问题被逐渐放大，造成了团队在 2015 年末出现了现金流上的重大危机。

CD 团队 2016—2018 年及时调整，最终实现了转危为安。具体而言，CD 团队面对亏损及时吸取教训，积极响应协作方的建议，及时调整产品战略，主动精简门类，放慢发展脚步，并且确保每个品类下同时促销的最小库存单元（stock keeping unit，SKU）数量不超过 25，从而保证与供应商团队、仓储物流团队的沟通处于稳定的状态，最大可能地按照市场发展情况及时对相应产品种类进行动态调整，保持团队的敏捷性，获得更高的溢价能力。同时 CD 团队将业务逐步转型到电商视频直播领域。电商视频直播其实在 2015 年就已经兴起，在 CD 团队加入之前许多公司都通过视频直播的风口实现了快速的发展，CD 团队在 2015 年由于错误的战略决策失去了电商视频直播的先发优势。不过 CD 团队并没有灰心，而是吸取了之前的经验教训，选择主动与自己的多个项目协作方进行沟通，并在多方资源的共同作用下，成功实现"后来者突围"，帮助团队在业务上再一次获得快速增长。

（三）BX 团队发展历程与绩效

与 CD 团队一样，BX 团队的发展同样离不开团队负责人刘某的影响。BX 团队的负责人刘某曾在香港、深圳等地的多家机构担任投资经理，2012 年刘某出于家庭因素与职业转型的考虑回到上海工作。从业务专长上来看，刘某长期跟踪新能源汽车领域的投资机会，尤其是新能源汽车的产业发展，他认为中国的新能源汽车市场发展及其背后的产业链的生态布局将会有 5 年左右的窗口期。因此，2013 年刘某从 B 公司内部抽调经验丰富的成员组建独立项目团队，尝试进一步挖掘该领域当中的潜在机会。

在成立后的 5 年时间中，作为一个典型的私募基金管理团队，BX 团队在刘某的带领下取得了不错的成绩。具体发展历程可以简要概括为两个阶段:第一阶段是 2013—2015 年,这几年恰逢资本市场一片欣欣向荣,BX 团队在成立之初也借势获得了丰厚的收益;第二阶段是 2015—2018 年,随着行业出现由盛转衰的迹象,投资领域也面临着"资本寒冬",新能源汽车以及相关产业面临着重组与洗牌的挑战,BX 团队所负责的业务均出现了一定的停滞,不过相较于其他同行,BX团队的综合投资业绩以及收益的排名还是保持领先的位置。

需要指出的是,虽然 BX 团队的发展历程较为简单,但是在上述两个阶段的发展过程中有两个项目让 BX 团队印象深刻,在这两个项目的协作当中,团队遇到了来自其他协作团队的不当行为。

第一个项目发生在 2014 年,当时经由圈内知名机构引荐,BX 团队在一次行业会议中接洽了一个国外的创业公司,由于刘某与对方公司的 CEO 之前在其他场合也有过接触,彼此有许多共同的协作方,因此双方在许多方面都能快速产生共识,非常顺利地达成了进一步洽谈的意向。刘某随即带领团队成员前往这家公司进行调研,整个过程持续了半年多,最终也取得了令人满意的结果,就在双方决定签署投资条款清单(term sheet)的时候,国内的另一家投资公司的项目团队突然出现,表示希望能与 BX 合作共同投资这家国外企业,刘某起初婉言回绝了对方的请求。但这家同行没有放弃,进一步通过其他中间人来做工作。BX 团队经过调查发现,这家新成立的投资团队的母公司在过往的投资过程中参股了国内多家知名的汽车制造企业,在领域内也具有一定的影响力,考虑到对方较强的资金实力能够缓解资金成本压力,BX 团队最终同意让这个同行团队加入。但在合作过程中,BX 团队发现这个同行团队不但在项目信息的交流上刻意有所保留,在洽谈的过程中还多次绕开 BX 团队单方面联系对方公司。BX 团队为了避免自己在业务上的损失,经过慎重考虑,决定提前终止与该项目团队的合作。

第二个项目是在 2017 年,BX 团队当时得到了一批医药行业上市公司的完整的内部调研数据与会议纪要,想根据这些材料撰写出一份内部调研报告。由于对医药行业并不熟悉,BX 团队当时便找了另外一个团队,这个团队有着非常专业的数据分析能力和对医药行业多年的观察,两个团队曾经一起合作过许多项目,团队成员之间关系都非常融洽,因此 BX 团队希望能够与这个团队一起合作,发挥各自的优势,完成调研报告。当时刘某把部分数据发给了 BX 团队的成员,并抄送给另外一个公司专门跟踪医药行业的调研团队,然而在合作进行到一半的时候,其他公司的投资经理告诉刘某,当时这份还没有完成的调研报告当中的一些核心内容竟然出现在其他的公开渠道中。经过两个团队的多次交涉,最终发现是与 BX 团队合作的团队中一个新入职的员工无意之间将数据泄露出去的。面对这样的情况,虽然没有遭受特别重大的损失,但刘某也感到非常无奈,他认为,即便这是新加入的团队成员无意之中的过失,至少在团队管理上,合作团队也有很大的责任,这个合作团队的单方面行为确实给整个合作关系带来了很大的负面影响。

(四)DG 团队发展历程与绩效

DG 团队是 D 公司骨干员工倪某在 2012 年创立的,倪某大学本科毕业之后就加入了这家位于北京的网络游戏研发公司,在这家公司参与了多款游戏产品的策划与运营工作,拥有多年的互联网产品策划与运营经验。DG 团队的主要业务专长是游戏策划。为了更好地进行业务拓展,获得更加广阔的发展机会,DG 团队成立之后就从公司所在地北京搬到了杭州。

到了杭州之后,DG 团队进入业务磨合阶段。当时团队协助其他公司进行游戏策划工作,在此过程中不断积累游戏创意、设计流程等相关经验,有时为了获得锻炼的机会,DG 团队甚至会用接近免费的价格给游戏厂商做策划案。通过两年的初步磨合,2014 年 DG 团队以及倪某本人陆续得到了几个重要客户的信任,同时,之前与 DG 团队共事的三位外部资深顾问出于对倪某的认可,全职加盟了 DG 团队。2015 年,随着腾讯游戏出品的几款多人联机在线竞技游戏(MOBA)大获成功,DG 团队凭借自己在产品策划上的敏锐嗅觉与业务上的长期积累,果断将所有工作的重心转移到这个方向,在短时间内负责并完成了多款产品的策划,产品借势获得了优异表现。

在杭州站稳脚跟的 DG 团队迎来了项目丰收期,在此过程中,DG 团队参与了两个非常重要的项目。第一个重要项目是在 2016 年,当时 DG 团队应公司客户要求负责一项手机游戏的策划工作,他们的所有协作方都是公司外部的独立项目团队,产品上线之前,各个项目团队之间配合得都非常顺利,游戏的各项功能都快速完成了设计与测试并成功上线。可是产品上线之后,客户发现这款游戏表现整体低于预期,便召集包括 DG 团队在内的所有项目方,试图针对已经出现的问题来商讨可能的优化路径。项目各方随即在线上集中讨论解决问题的方法,线上沟通后大多数项目团队初步明确了自己的优化任务。DG 团队当时主要负责对游戏的一些剧情设定细节进行修改,增加全新的功能,当 DG 团队以最快的速度完成了修改工作之后,突然发现自己的工作在具体落地上受到了来自开发团队等其他团队的巨大阻碍,开发团队认为 DG 团队在方案设计上的调整明显加大了开发团队的任务量,需要与客户商量提高预算。面对协作方提出的问题,DG 团队选择在第一时间与运营团队进行协商,但协商之后依然没有办法解决。随后 DG 团队与客户进行了进一步的沟通,客户经过考虑决定重新招募合适的开发团队加入。两天之后新的开发团队到位,最终在 DG 团队和运营团队的协调下,团队之间互相配合,非常高效地完成了产品的迭代工作,完成更新之后的产品重新上线,各项数据指标都得到了有效的改善。

第二个重要项目是在 2017 年,团队中途接手了一个全新品类的游戏策划项目,在接手这个项目的起步阶段,DG 团队在完成自己项目分工的同时,还主动向其他协作方了解情况,并得知之前负责该工作的团队选择退出的原因在于团队自身的规模无法应对多个协作方的协调工作。由于这个项目的工程量相对较大,涉及 15 个左右的具体协作方,DG 团队认为这种问题随着项目工作的进一步推进大概率也会出现在自己团队身上,因此 DG 团队就在项目组内部提议协作方共同出资优化现有的项目协作系统,形成全新的项目工作界面,方便每一个项目中的团队及时了解最新的项目进度,同时对所有项目的信息流进行针对性处理,避免使其他团队在决策上出现信息过载的负担。面对这个提议,当时其他几个协作方认为没有必要。在种种质疑声中,DG 团队决定先搁置争议,自己出资进行小范围的初步尝试。经过半个月时间的探索,全新的协作系统逐渐取得了良好的效果,其他协作方也因此接受了 DG 团队的提议,加入进来一起对这个协作系统进行维护和优化,最终该项目取得圆满成功。

四、数字化情境特征分析

研究一对于数字化情境特征的归纳主要基于数字化平台组织展开。在对数字化情境特征的分析上，研究一首先采用 Yin(2014)开放式编码方法获得相应的范畴，具体操作上还参考了肖静华等(2018)的操作性建议，由笔者以及 3 位管理心理学领域的博士生组成编码小组。首先，每名编码人员独立对每一个案例中的关键信息进行客观的梳理，分阶段归纳出相应的数字化情境特征。其次，围绕主要的研究问题，4 名编码人员同时对案例原始资料中所涉及的数字化情境理论概念以及具体的数字化情境特征之间的逻辑关系进行识别，将原始引用语进行数据缩减并编码为对应范畴，完成数据成列。最后，当编码结果出现歧义时，需要进行数据验证，4 位编码人员将集中进行讨论，直到达成共识，以保证所得出的结果具有一定的客观性(潘绵臻等，2009)。部分编码示例如表 4.5 所示，其中引用语中第一个大写字母代表案例的序号，第二个小写字母代表数据的来源，"a"和"b"代表信息来源是一手数据，"c"代表信息来源是二手数据。例如，"Ba3"代表的是对 BX 案例进行第一轮访谈时所获得的材料。

表 4.5　数字化情境特征编码示例(部分)

关键证据：引用语举例	编码过程		
	条数	编码	范畴
现在的项目协作关系都是一环套一环的，任何一个环节出问题，整个项目就可能失败了(Ba1)	5	项目协作嵌套	团队互动
如果拿到一些大项目，我们会通过数据分析来对潜在的协作方进行协作优先级的排序，有时候可能还要考虑自己与某一协作方在其他项目上的协作对于现在这个项目的影响(Bc1)	4	协作关系耦合	团队互动
现在做事情只要思路对了，对我们这个行业来说，规模还是能够在比较短的时间里上来，但规模上来了，需要考虑的事情一下子就多了，主要是因为需要协调的事情一下子就多了(Ca3)	3	协作规模扩张	团队联盟
当时团队出现的问题其实对公司的影响也是很大的，因为公司的很多品牌都授权给他们团队在做了，一旦出现问题就是大问题，对公司的品牌声誉也有波及(Cb5)	4	互动关系网络	团队联盟
以前谈合作关键是项目内容是否靠谱，现在谈项目首先就会问这个项目到底有哪些协作方，这些协作方是什么背景，因为我们觉得没有靠谱的协作方，项目再好也没用(Ba1)	3	整体协作生态	团队联盟

续 表

关键证据:引用语举例	编码过程		
	条数	编码	范畴
现在所面临的项目很难去进行很细化的分工,哪怕是再细节的工作,想要做好,也可能需要不同团队来补位,因为总有我们不清楚的信息,总有我们不掌握的资源(Bc2)	5	项目分工模糊	价值差序
一开始我们真的低估了项目中有些工作的复杂度,这和我们之前理解的项目复杂不是一回事;不是说它有多困难,而是多种工作无序地叠加,导致我们都不知道从何处下手,也不知道怎么做才是对的(Aa2)	4	项目挑战分层	
现在很多项目工作的要求其实是超出我们现有积累的,许多要做的项目之前从来都没有遇到过,很多时候根本没有人知道到底应该怎么做,只能摸着石头过河(Ba3)	3	项目路径新颖	
以前项目的工作进度是最重要的一个因素,但是现在的项目工作有着太大的不确定性,所以我们对于项目进度的估计只能给出一个大致的时间范围(Da1)	4	项目进度未知	价值演进
不同协作方的协作关系转变主要是因为项目的要求变了,不同项目的项目要求是不同的,就算是同一个项目,不同项目阶段,要求也是不同的(Ca5)	3	项目要求转变	
我们一定要明确自己是处在项目价值链上的哪一环,只有找准自己在不同项目当中的定位才能充分发挥出自己团队的项目价值与意义(Ab1)	3	项目价值定位	

　　研究一通过对案例材料的编码得到了表 4.5 所示的四条与数字化情境相关的范畴。总体而言,数字化情境对于数字化平台组织以及组织中的项目团队的影响不是简单的、连续的、线性的,而是有层次的、系统的、非线性的。在案例编码的基础上,研究一结合 Nambisan(2017)以及郭海和韩佳平(2019)的相关研究中的观点进行再一次的概念化提炼。

　　我们认为,对于数字化平台组织中的项目团队而言,数字化情境首先带来了全新的项目特征。一方面,数字化情境下的团队所面临的任务往往是较为复杂且非结构化的任务,不同的项目之间具有非常强的关联性,需要针对项目的特征采用针对性的并行加工模式才能完成;另一方面,随着项目任务进度上的变化,项目团队的协作模式自然也会发生明显的变化,团队在协作模式上将会发展出高度动态的协同演化系统与高度创新的生态网络。由此研究一经过归纳得到了四种数字化情境特征,分别为价值差序、团队互动、团队联盟以及价值演进,这四种特征又可以进一步归纳为一组数字化项目特征和一组数字化协作特征。这两种类型的数字化情境特征也进一步印证了理论界团队多向性研究中关于项目任务取向—协作关系取向的分类（段光等，2018）。以下是对四种情境特征的进一步论述。

（一）数字化项目特征

团队在数字化情境下所面对的项目具体包括两方面特征，第一个是价值差序（value differential），差序一词源自社会学家费孝通所提出的差序格局这一经典概念，是中国本土社会文化特征的典型体现。研究一发现这种差序式结构同样可以用来表示数字化平台组织的项目，我们将其称为价值差序。例如案例中 AS 团队在访谈中多次提到，数字化情境下的项目往往是多个任务模块的无序叠加，项目任务的挑战逐渐呈现出分层的结构，必须花时间去反复尝试才能找到有效的实现路径；与此同时，BX 团队也提出数字化情境下的任务与传统项目任务相比，最大的差别在于数字化情境下的项目任务是系列任务而非单一任务，这种系列任务包含多方面的要求与限制，导致项目团队无法按照规定模式进行任务分解，传统的基于团队职能的项目分工已经不能使用，只能通过内外部不断的协作来进行层层补位。

数字化项目的第二个特征表现为价值演进（value progress），主要指项目随着时间的变化发生渐进或迅速、单向或多向的变化。数字化情境的到来离不开信息技术的快速发展，访谈过程中案例对象都提到数字化情境下团队所面临的项目具有动态演进的特征，这一点在电商行业中体现得尤为明显，如 CD 团队日常经营过程中会实时分析商品的相关数据，并基于数据反馈不断调整自己的任务方向。相比之下，传统项目任务的具体要求往往相对固定，并不会随着项目的进程发生变化。我们认为，数字化情境下，一方面，由于信息技术的不断完善，项目团队能够借助实时动态数据来对外部环境的细微变化进行感知，从而导致项目任务在项目的不同阶段发生变化；另一方面，相较于传统项目任务，数字化情境下的项目任务在项目要求、项目结构、项目重点等细节方面难以在短时间内被明确定义，甚至很多时候客户也不清楚整个项目到底需要实现一个怎样的价值，而这也给项目在不同阶段的发展营造了空间。

(二)数字化协作特征

数字化情境下,团队所面对的协作包括两方面特征,首先是团队互动(team interaction),此处的团队互动具体指项目团队在数字化情境下围绕项目的协作关系是从小到大、层层嵌套的,具体而言,团队互动能够激发项目中的不同协作方主动进行信息沟通、流程同步、反馈响应。在访谈过程中,案例对象都提到了数字化情境下项目团队之间的互动是涉及多个层面的。例如 BX 团队指出,数字化情境下金融行业当中逐渐出现了体量非常庞大的项目,而为了完成这一类项目,团队会自发形成纵向的、一环套一环的互动结构,这意味着团队在进行项目协作过程中,不同环节之间具有非常紧密的关系。

除了团队互动这一数字化协作特征之外,另一个数字化协作特征表现为团队联盟(team alliance)。如果说团队互动代表着数字化情境下项目团队的纵向协作特征,那么团队联盟便代表着数字化情境下项目团队的横向协作特征。在访谈过程中,案例对象都提到了数字化情境下,项目团队能够较以往时期产生更多的与外界发生联结的接口,更高效地与不同的协作方进行互动,形成协作的网络化生态模式。例如 DG 团队指出,在项目协作过程当中,团队通过与不同领域、不同专业背景的协作方的有效协作,实现了协作网络的扩张与团队互动界面的延伸。

五、数字化平台组织中的团队动力特征

在明确数字化情境特征之后,研究一的重点工作是基于既定分析框架,沿着从微观到中观的分析路线,结合数字化情境特征对数字化平台组织中的关键团队动力特征进行提炼,构建出相应的理论模型,完成数字化平台组织中项目团队的团队动力探索。

具体操作上,我们需要在微观层面完成案例对象的关键事件分析,并在中观层面进行多案例比较。所谓关键事件分析,是一种重要的质性研究工具,旨在通过真实案例故事帮助研究者更好地理解案例对象与研究问题之间的内在联系,增加案例叙述的厚度,从而更好地构建理论(Bott et al.,2016)。

在研究一中,数字化平台组织中的团队动力特征具体指中国企业组织在数字化发展和转型变革等宏观发展背景下所形成的一系列直接推动团队与组织发展

的关键要素或关键特征①。我们发现在数字化情境特征影响下,研究一的案例对象在发展过程中无论是取得重大成功还是遭遇重大失败,其背后的深层次原因都离不开一系列全新的关键团队动力特征的推动与制约。

经过进一步提炼总结,本书认为相比传统组织中的常规团队,这些全新团队的动力特征具体包括四个方面,分别是换位、链接、共生以及变迁。特别需要说明的是,本书所发现的团队动力特征是具有一定的方向性的,他们既可以对团队动力产生正向影响,也可以产生负向影响。例如当团队所接触的项目任务与协作关系完全陌生的时候,换位这一团队动力特征就会对团队产生负向影响。接下来本书将会逐一对这四个重要的团队动力特征进行重点论述。

(一)换位

第一个团队动力特征可以概括为换位(interchanging)。数字化情境下,组织中的团队在项目协作过程中需要根据团队自身能力专长负责其中一部分的项目任务。不过对于数字化平台组织中的项目团队而言,由于存在项目要求与团队能力背景、经验背景之间难以达成完美的匹配的问题,因此一些项目团队针对部分项目的实际需要,在任务跟进过程中时常会与不熟悉的协作方进行一些非自身业务专长的项目协作,完成项目角色与定位的转换。在实现转换的过程中,由于项目团队在很大程度上会对其中的一些工作感到陌生,需要一边跟进任务、一边学习技能、一边协调才能达到项目要求与团队发展的动态平衡(见表4.6)。

表 4.6　团队动力特征提炼:换位

主范畴		对应范畴	主范畴内涵
中观水平	换位 W	项目经验隔阂 A1	项目团队为了更好地完成全新的项目任务,主动转换自身角色定位,接受全新项目挑战,形成全新互动关系
		团队规模差距 C1	
		团队文化隔阂 B1	
		项目认知差距 D1	

①　具体内容参见王重鸣教授在 2017 年 3 月 15 日国家自然科学基金委"基于中国管理实践的理论创新研究"重点项目群 2016 年度检查交流会上的主题演讲。

续　表

范畴	关键事件举例
	项目经验隔阂 A1	事件1：2012年，AS团队在成立之初与不熟悉的协作方进行合作，勉强接手了完全不熟悉的业务，由于缺乏项目经验与相关能力，不了解合作团队的工作模式，依然沿用旧有思路，导致项目失败，团队信誉受到损失
微观水平	**团队规模差距 C1**	事件2：2016年，CD团队在开展全新的视频直播电商的项目当中，主动转变自己在项目组当中的角色，调整团队规模，从项目决策中枢转变为项目资源的节点，并主动接触新的工作内容，积极学习全新商业模式下的工作要求，加强与行业内其他优秀团队的交流，推进项目落地
	团队文化隔阂 B1	事件3：2014年，BX团队与不熟悉的项目协作方进行共同投资，虽然对方拥有强大的资源，但由于不同团队之间存在很大的利益冲突，且在同一个工作上两个团队工作流程差异巨大，导致项目推进出现重大阻力。面对着已经投下去的大额资金，团队面临着骑虎难下的窘境
	项目认知差距 D1	事件4：2016年，DG团队在跟进项目时发现项目中的许多任务条件已经发生了变化，几个项目团队之间必须要由一个团队进行统筹协调，此时团队主动调整自身角色定位与工作内容，承担起了这方面的工作，帮助项目顺利推进

换位这一团队动力特征在组织层面所对应的情境特征是价值差序，主要表现在数字化平台组织中团队与团队之间在不同的任务影响下会显示出多方面的差异性，进而形成项目内部不同团队在价值创造上的阶梯级序列式的复杂结构。

我们认为，数字化平台组织中项目团队与传统组织中的常规团队在价值差序这一情境特征上存在明显差异，在组织的文化价值方面，前者更多体现出了差序性，后者更多表现出了趋同性。进一步来看，在数字化平台组织中，高团队动力的项目团队与低团队动力的项目团队在换位这一团队动力特征上存在明显差异，前者在项目互动中表现出了更加明显的项目角色转换与项目工作内容转换，后者往往聚焦于团队自身的业务专长进行一些固定流程的协作。

（二）链接

第二个团队动力特征可以概括为链接（linking）。由于数字化平台组织中的项目团队需要面临更加迫切的创新挑战，因此在协作过程中不同项目团队需要围绕项目目标进行项目信息、项目资源等方面的准确同步，从而在最短的时间内找出项目中的潜在问题，全面提升项目效率。

链接这一团队动力特征在组织层面所对应的情境特征是团队互动。在团队互动作用下,组织中不同专业背景的项目团队互相牵引着其他协作方不断向前跟进项目(见表 4.7)。

表 4.7　团队动力特征提炼:链接

主范畴	对应范畴	主范畴内涵
中观 水平	链接 X	团队沟通失能 A2	项目当中不同团队围绕共同的项目目标产生想法 与资源上的联动,提高团队项目合作效率与推动 创新的动力特征
		专业协作支持 C2	
		信息快速同步 B2	
		工作精准同步 D2	

	范畴	关键事件举例
微观 水平	团队沟通失能 A2	事件 1:2013 年,AS 团队在第一个项目协作过程中遇到了许多的问题,其在项目信息获得的渠道上较为单一,项目沟通上较为被动,许多信息与项目最新情况都没有与其他协作方进行同步,所遇到的问题也没有及时反馈给合作团队,导致逐渐被其他项目协作方孤立
	专业协作支持 C2	事件 2:2015 年,在项目合作过程中,外部协作团队在第一时间指出了 CD 团队在经营上所出现的产品种类扩张过快所导致的运营问题,CD 团队在考虑是否需要听取合作团队的建议时,认为这只是暂时的现象,并认为协作方不了解他们的情况,因此就没有采纳协作方的建议,结果造成了重大损失
	信息快速同步 B2	事件 3:2017 年,在一项重大的调研项目任务跟进过程中,其他外部协作方给 BX 团队提供了一则重要的信息,团队马上开会进行讨论,认为这则消息是可靠的,从而立刻根据这一关键信息调整决策方案,最终避免了重大损失
	工作精准同步 D2	事件 4:2017 年,DG 团队中途接手了一个重要项目,通过与协作方的沟通,发现之前负责该工作的团队退出的主要原因在于无法应对项目中的多方协同,因此,团队提议在项目工作的同时开设多个工作界面,方便将一些针对性的信息抄送给指定的协作团队,避免其他团队在决策上出现信息过载的问题

　　我们认为,数字化平台组织中的项目团队与传统组织中的常规团队的主要区别体现在团队互动这一情境特征上。具体而言,在组织的内部专业团队的协作方面,前者相对更加积极,主动围绕项目要求,充分发挥团队自身的专业性优势展开多个方面的合作;后者相对形式单一,更多情况下是被动向其他团队输出价值;进一步来看,数字化平台组织中,高团队动力的项目团队与低团队动力的项目团队在团队动力特征上存在明显差异,前者表现出了更加明显的链接特征。正所谓创新的本质就是想法与资源的链接(Isaacson,2014),高团队动力的项目团队具有更

加强大的主动链接能力,实现想法与资源的有效联动,相比之下,低团队动力的项目团队往往是协作网络当中被链接的一方,缺少与其他协作方建立关系的能力。

(三)共生

第三个团队动力特征可以概括为共生(coexisting)。上述案例对象普遍认为项目当中的团队彼此之间需要在项目过程当中成为一个整体。项目中的每个项目团队需要将自己团队的目标、利益与项目整体的目标、利益进行绑定,将自己团队发展的资源与项目中的其他团队进行共享,实现项目与团队的共同成长(见表4.8)。

表 4.8 团队动力特征提炼:共生

	主范畴	对应范畴	主范畴内涵
中观水平	共生 Y	项目工作割裂 A3	团队将自己的目标、利益与项目目标、利益绑定,形成一个整体,共同推动项目工作更好发展的团队动力特征
		业务整体聚合 C3	
		团队深度信任 B3	
		持续高效投入 D3	
	范畴	关键事件举例	
微观水平	项目工作割裂 A3	事件1:在2017年,AS团队有4名成员被派往上海进行一个重点项目的跟进,团队在连续两次的项目检查过程中,发现这4名员工不断回避与其他业务团队进行工作合并。AS团队在第一时间进行了调整,对这4名员工进行了处理	
	业务整体聚合 C3	事件2:在2016年尝试进行全新的电商视频直播的项目中,CD团队面临很大的挑战,许多工作都需要从头摸索。面对这些困难,CD团队经过考虑,决定主动向其他协作方进行求助,正好这个问题在其他有经验的协作方眼里并不是什么很困难的事情,CD团队决定将这方面的业务与相关协作方的业务进行合并,双方共同出资推动项目落地	
	团队深度信任 B3	事件3:在2014年,BX团队在与同行团队进行项目合作的过程中,发现对方经常变卦与反悔,在谈判过程中始终刻意有所保留。BX团队认为对方并不信任自己,便终止了合作	
	持续高效投入 D3	事件4:在2014年,团队刚刚处于起步阶段,DG团队下重注,将所有的精力投入项目以及当时的项目合作方中,确保每一个项目协作方都能够在项目中步调一致,避免在项目推进过程中出现隔阂,确保不同团队采用同一种协作界面进行沟通,最终取得了很好的项目效果,团队在业界的口碑也得到了初步的建立	

共生这一团队动力特征在组织层面所对应的情境特征是团队联盟。团队联盟具体指数字化平台组织中的项目团队所形成的一种通过激发项目团队的集体意识实现的项目协作整体化,主要表现为不同的项目团队在项目任务当中淡化自我、利益共享、责任共担。此外,组织中的项目团队在跟进项目的过程中还表现出"我中有你、你中有我"的整体性格局,在团队联盟的正向推动下,项目团队的高阶动力特征被成功激发。

我们认为,数字化平台组织中的项目团队与传统组织中的常规团队的主要区别体现在团队联盟这一情境特征上。具体而言,在组织内部专业团队的构成关系上,前者相对更加密切,后者相对更加疏离;进一步来看,数字化平台组织中,高团队动力的项目团队与低团队动力的项目团队的主要区别体现在团队动力特征上,前者在保持自身独立性的基础上,还能够做到主动嵌入所参与的项目,将团队的责任、利益与项目的责任、利益合为一体,后者更多承担的是与自身专业相关的有限项目责任。

(四)变迁

第四个团队动力特征可以概括为变迁(moving)。在上述案例当中,所有案例对象都认为项目团队进行项目协作的协助网络以及协助系统并非一成不变,而是动态调整的。项目中的团队需要不断针对项目任务过程性要求、项目团队结构性配置进行整体性的优化(见表 4.9)。

表 4.9　团队动力特征提炼:变迁

	主范畴	对应范畴	主范畴内涵
中观水平	变迁 Z	项目驱动成长 A4	推动团队之间随着项目进度的变化而发生相对应改变的动力特征
		协作升级换代 C4	
		模式持续改进 B4	
		全面升级进化 D4	

续　表

	范畴	关键事件举例
微观水平	项目驱动成长 A4	事件 1:在 2014 年,虽然面临着项目上的重大失败以及团队可能解散的困境,AS 团队决定直面失败,并主动进行复盘,反思过往惨痛的教训。认真总结之前项目工作中所暴露出来的致命问题,并通过一系列有效的行动在业务流程与协作模式方面进行改进
	协作升级换代 C4	事件 2:在 2017 年,CD 团队面对自身之前盲目扩张所造成的困境,主动改变模式,提高与协作方之间的信息传递效率,突出协作方在自身团队发展当中的重要性
	模式持续改进 B4	事件 3:经历了 2014 年的项目经验教训之后,BX 团队更加清楚自己在未来项目协作上所需要做出的改变,在之后的项目当中,BX 团队决定优化对协作方的筛查机制,对于所有的协作方进行动态评估,如果在协作的过程当中出现损害自身利益的行为,团队会在未来断绝与他们的合作
	全面升级进化 D4	事件 4:在 2016 年,DG 团队发现项目在不同的阶段对于协作团队的要求是不同的,而身边的外部协作团队无法继续为项目输出价值,面对预算有限的刚性约束,团队决定在第一时间进行调整,自己贴钱来吸引新的项目团队加入

变迁这一团队动力特征在组织层面所对应的情境特征是价值演进。价值演进这一情境特征强调的是团队在项目协作当中是一个动态化的系统,这个系统无时无刻不在发生变化,而变化的方向与程度则与不同阶段的项目目标有关。在价值演进的正向持续推动下,数字化平台组织中的团队协作系统也将会表现出小步快走、持续升级、不断优化的特征。

我们认为,数字化平台组织中的项目团队与传统组织中的常规团队的主要区别体现在价值演进这一情境特征上。具体而言,在组织的价值方面,前者更多体现出了动态化的演进特征,后者更多表现出了稳态化的恒定特征;进一步来看,数字化平台组织中,高团队动力的项目团队与低团队动力的项目团队的区别体现在变迁这一团队动力特征上,前者能够在项目环境出现变化的情况下主动寻求演化与革新,从而更好地完成项目工作,相对来说后者虽然能够意识到项目环境的变化,但是却难以集中力量进行应对。

第四节　研究小结

研究一主要关注的是数字化情境特征以及数字化平台组织中的团队动力特征。首先通过对案例当中的材料进行开放式编码,得到了价值差序与价值演进这一组数字化项目特征以及团队互动与团队联盟这一组数字化协作特征,两组特征共同构成了数字化情境在数字化平台组织这一层面的主要特征。在此基础上,研究一沿着从微观到中观的分析路线,提炼出了换位、链接、共生、变迁四种团队动力特征。

我们发现数字化平台组织中的项目团队(简称数字化团队)与非数字化平台组织中的项目团队(简称常规团队)两者差异的主要来源是数字化情境特征;与此同时,数字化平台组织中高团队动力团队(简称高动力团队)与低团队动力团队(简称低动力团队)两者差异的主要来源是数字化情境特征下的团队动力特征(见表 4.10、表 4.11)。

表 4.10　数字化团队与非数字化团队区别

差异来源		数字化团队	常规团队
数字化情境特征	价值差序	多种文化共存	文化趋于统一
	团队互动	主动进行互动	被动等待安排
	团队联盟	紧密联合	互相疏离
	价值演进	动态变化	静态稳定

表 4.11　高动力团队与低动力团队区别

差异来源		高动力团队	低动力团队
团队动力特征	换位	围绕项目要求,主动完成角色转换,进行一些跨领域的、非专长性的项目任务	完成职责范围内的工作,进行组织规定范围内的协作
	链接	在项目过程中主动进行多种不同形式的资源信息互通,形成多接口工作界面	无论面对什么的工作任务,和固定少数几个团队进行协作
	共生	将团队利益与项目紧密联系在一起,形成资源共享、责任共担的项目共同体	独善其身,主动与其他项目协作方保持距离
	变迁	根据项目要求,不断调整团队互动关系,不断优化内外部协作环境	虽然已经意识到了环境与项目的变化,但难以进行应对

研究一进一步对上述两方面发现进行总结提炼,发现团队动力特征与情境特征是一种互相渗透的过程。团队动力要素与情境特征通过团队—组织界面相互渗透,影响了数字化平台组织中团队动力的整体模型的形成。此模型的核心是数字化平台组织中的团队动力,而这在一定程度上也呼应了王重鸣(2015)在创业能

力模型的维度模块与能力要素当中关于团队力的概念阐释。关于数字化平台组织中团队动力的具体内容示意详见图4.7。

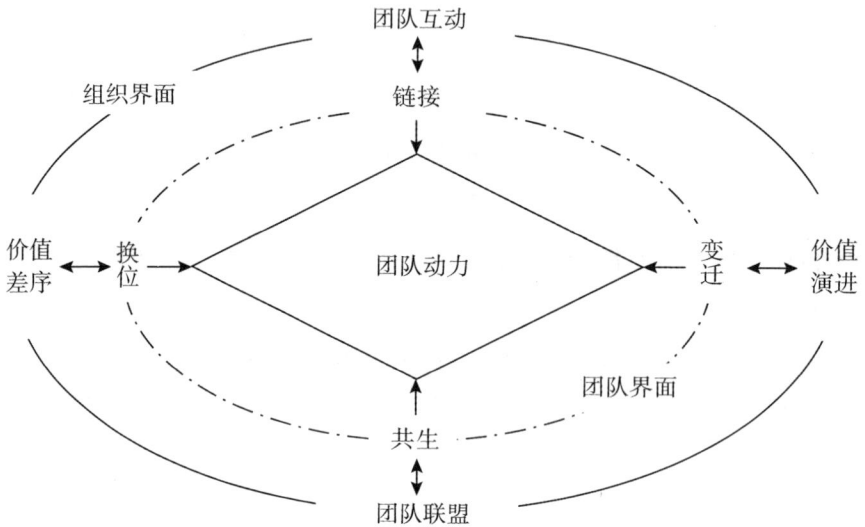

图 4.7　数字化平台组织的团队动力模型

综上所述，研究一围绕数字化平台组织的团队动力这一研究问题，通过对 AS 团队、CD 团队、BX 团队和 DG 团队的多案例分析，首先完成了数字化情境特征的归纳，得到了一组数字化项目特征以及一组数字化协作特征，在此基础上，研究一采用关键事件法，沿着微观—中观的分析路线，提炼得到了四个数字化平台组织中项目团队特有的团队动力特征，分别为换位、链接、共生、变迁。而这四个团队动力特征在组织界面上分别对应着价值差序、团队互动、团队联盟以及价值演进这四个情境特征。最后，团队动力要素与情境特征共同作用，形成了针对数字化平台组织中项目团队的团队动力模型。

由此，研究一正面回答了本书所提出的第一个理论问题，我们认为数字化情境下，数字化平台组织中的团队动力具体可以通过图4.7的模型来概括，即图4.7当中的四种团队动力要素可以看作是数字化平台组织中项目团队的四种重要的团队动力特征。这一模型也为接下来的团队化概念的维度研究奠定了坚实的基础，这方面工作将会在研究二当中开展。

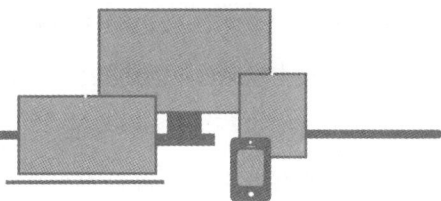

第五章　数字化情境影响和团队化构思维度分析

第一节　数字化情境效应与团队化维度

研究一围绕数字化平台组织中的团队动力问题完成了多案例研究,并得到了三点重要发现:一是明确了数字化情境特征;二是提炼出了项目团队的团队动力特征,并得到了数字化平台组织的团队动力模型;三是围绕团队动力特征与情境特征,初步总结了数字化平台组织中的项目团队和传统组织中的常规团队的区别以及数字化平台组织中高团队动力项目团队与低团队动力项目团队之间的区别。

接下来,研究二需要回答以下两方面问题:首先,基于数字化平台组织的团队动力特征,团队化这一概念具体有哪些维度?其次,数字化情境特征以及数字化平台组织团队动力特征会对团队化及其相应维度产生怎样的影响?围绕上述研究问题,需要进一步跟进以下四项工作,一是基于数字化平台组织的团队动力特征,提出全新的构思维度,明确团队化新的概念内涵,并对这一构思的有效性进行验证;二是完成团队化的测量工具的开发;三是探讨数字化情境对团队化的影响;四是完成数字化平台组织团队动力特征对于团队化影响的检验。

第二节　研究方法

一、数字化情境下团队化构思维度与调研取样

研究二首先基于数字化平台组织的团队动力特征提炼出团队化概念的具体维度,同时在 Edmondson 定义的基础上进一步明确团队化的概念内涵。考虑到

这种基于案例所提出的团队化构思维度从方法上来看具有一定的局限性,天然存在着样本量较小、概化效度不够理想等问题(Eisenhardt,1989),需要对团队化的具体维度进行确认,这方面工作主要参考王辉等(2008)的开放式问卷方法,邀请多位拥有数字化平台组织工作经验的被试进行行为事件回溯,收集被试对团队化概念的典型行为的描述,并将这些描述进行内容分析与归类,来对团队化构思维度进行确认。

二、不同测量方法与检验设计

在通过质性分析明确了团队化构思维度后,研究二将进行团队化的量表开发工作。此部分工作重点按照 Churchill Jr(1979)以及 Hinkin(1998)两位研究者所提出的流程进行,同时参考了其他学者的建议(Rossiter,2002;梁建等,2008;王重鸣,2000),通过对具体测量问项的产生过程的检验以及对测量问项的多轮次开发来保证其内在的有效性。具体流程包括以下 5 个步骤:第一步,通过对之前相关领域研究者的所取得的理论成果进行文献梳理,明确构思概念在理论方面的具体进展与重要研究成果,在文献归纳的基础上结合半结构深度访谈、焦点小组讨论等常见的方法,采集并整理多方面信息资料,尝试总结出初步的测量构思问项。第二步,邀请 5 位领域内专业人士(3 名具有丰富人力资源咨询项目经验的高级咨询师,2 名拥有多次量表开发经验的管理心理学领域博士研究生)分两次召开焦点小组讨论,针对每一个问项围绕含义表达、逻辑关系、语言准确程度 3 个方面进行评价,得到初步优化的问项。第三步,将经过讨论的问项编制成完整的征求意见表,通过问卷发放进行小范围的试测,主要是以电子邮件的形式提交给商业实践方面与理论研究领域的专家与学者,让他们进一步提出修改建议,使相关的问项能够更加具有理论性且贴近数字化平台组织。第四步,大范围发放问卷,通过对回收的问卷进行探索性因素分析,将其中一些因素载荷过低的题目删除,保证问项的结构。第五步,进行第二次的大规模问卷发放,对回收的问卷进行验证性因素分析以保证量表的构思效度,对概念的聚合效度以及区分效度进行检验。

在完成团队化概念量表开发工作之后,研究二将利用此量表开展数字化情境特征对团队化的定量分析,这部分工作主要采用的是回归分析的方法;与此同时,研究二还将进一步分析团队动力特征对于团队化的影响,这部分工作主要是通过对样本团队的团队动力特征进行区分,得到数字化平台组织中的高团队动力的项目团队(简称高动力团队)与低团队动力的项目团队(简称低动力团队),以及数字化平台组织中的项目团队(简称数字化团队)与传统组织中的常规团队(简称常规团队)四种类型的团队,采用方差分析的方法,探索不同类型团队的团队化水平差异。

第三节　团队化构思维度分析

一、数字化情境下团队化维度提出

团队化维度一:互补。在数字化平台组织的团队动力特征中,第一个团队动力特征是换位,而换位这一团队动力特征从团队化概念角度来看,其本质目的是使项目团队与项目之间,以及团队与团队之间能够通过一定的换位形成平衡。通过对 AS 团队在发展初期的关键事件进行分析,可以发现团队当时无法应对外部的种种困境与挑战的本质原因就是团队自身的专业能力、项目经验、工作模式与所参与的项目之间没有交集,导致团队无论怎样努力都无法与项目之间形成互为支持的平衡状态,给团队动力带来了负面影响。为了更好地帮助数字化平台组织中的项目团队提升团队动力,我们将团队化的一个维度命名为互补(complementation)。

团队化维度二:协同。在数字化平台组织的团队动力特征中,第二个团队动力特征是链接,而链接这一团队动力特征从团队化概念角度来看,其本质目的是让项目团队针对所有协作网络节点,实现信息与资源的快速、准确同步,使得项目中的所有团队能够保持在同一个信息频道当中。通过对 CD 团队的发展历程进行关键事件分析,可以发现 CD 团队虽然在成立伊始发展迅速,但是随着自身协作网络的不断扩大,团队在产品的质量控制、运营推广、仓储物流、售后服务等各项工作上严重缺乏同步,导致许多项目工作的效率在短时间内出现了大幅下降。造成这一问题的关键在于 CD 团队在项目跟进过程当中失去了与其他团队的有效链接,无法与其他协作方进行信息的快速准确同步,出现了"协而不同"的问题。

为了更好地帮助数字化平台组织中的项目团队提升团队动力,我们将团队化的第二个维度命名为协同(synergy)。

团队化维度三:整合。在数字化平台组织的团队动力特征中,第三个团队动力特征是共生,而共生这一团队动力特征从团队化概念角度来看,其本质目的是让项目团队在协作过程中做到与其他协作方一起化整为零。通过对 BX 团队在项目合作中所遇到的一系列关键事件进行总结,可以发现项目中不同团队有效进行合作的关键在于利益共享、责任共担,用整体性的思路来看待项目任务,这就要求所有项目团队有共同的工作目标、共同的规则约束、共同的利益导向与共同的价值追求,不能为了自己小团队的利益伤害其他项目团队甚至整个项目的利益。为了更好地帮助数字化平台组织中的项目团队提升团队动力,我们将团队化的第三个维度命名为整合(integration)。

团队化维度四:迭代。在数字化平台组织的团队动力特征中,第四个团队动力特征是变迁,而变迁这一团队动力特征从团队化概念角度来看,其本质目的是让项目团队在协作过程中围绕项目要求不断进行调整优化,随时打破既有的平衡状态,快速进行变革试错,动态演化出新的平衡状态。通过总结 DG 团队在项目当中的关键事件,可以发现 DG 团队能够随着项目进程的变化主动进行调整,不断尝试进行协作系统的优化。为了更好地帮助数字化平台组织中的项目团队提升团队动力,我们将团队化的第四个维度定义为迭代(iteration)。

二、数字化情境下团队化维度确认

此部分研究的被试均来自浙江省杭州市的 3 家典型的平台型互联网企业管理岗位的求职者。在 3 家企业的人力资源部的配合下,通过简历筛查一共找到了 34 名符合要求且自愿参加研究的被试。被试中 79.41% 为男性,20.59% 为女性,平均年龄值为 31.24 岁,平均年限值为 4.71 年,且所有被试工作年限都在 2 年以上。34 名被试在之前公司均为项目团队管理者,其中 88.24% 的被试拥有 3 年以上项目合作的经验,73.53% 的被试此前所任职的公司具有平台型组织的特征,35.29% 的被试在此前的工作担任过 2 个以上项目团队的团队领导。在被试面试的过程中,首先由面试官给出团队化的概念定义,被试需要根据自己在团队管理工作中的实际情况以及之前所在项目协作过程中的典型表现,尽可能多地罗列出团队化的关键行为表现。经过初步统计,34 名被试一共列出了 257 条描述。我们借鉴 Law 等(2001)所采用的内容分析的方法,采用归纳总结的思路确定数字化平台组织中项目团队的关键行为与关键表现。

根据被试在开放式问卷当中所列举的关键描述,邀请 2 位管理心理学领域的专家随机挑选出 90 条描述进行内容编码与内容归类,建立相应的维度标签与具体的定义,以便接下来的逐条归类工作能够顺利进行。接下来,由 3 名管理心理学领域的博士研究生将所有的条目按照之前已经建立的维度标签逐一进行编码与归类。在此过程中,3 名编码人员都需要对 257 条描述进行独立理解,并将描述的信息按照之前专家的逻辑进行归类,在归类过程中,编码人员可以与上述两位专家共同商讨创建新的维度,也可根据实际情况对原有维度进行修改,从而最终实现维度的一致。为了保证编码工作过程的独立性,笔者以及参与研究一编码工作的其他人员均不参与此部分研究的编码工作。经过专家小组的编码,一共得到了 6 个维度的共计 197 条的关键描述,数量上与最初的 257 条描述存在差异的原因主要是经过讨论发现不同条目之间存在着表述上的重叠性,且部分条目可以被归纳到多个维度之下,具体内容见表 5.1。

表 5.1　团队化维度归类分析结果

维度	内容	条目数	占比/%
维度 1	参与协作的团队需要有完成共同目标的能力与动机	45	22.84
维度 2	参与协作的团队需要拥有独特的资源或能力	25	12.69
维度 3	协作团队彼此需要构建一个开放、透明的沟通环境	25	12.69
维度 4	团队协作将会随着项目要求的变化而变化	39	19.80
维度 5	参与协作的团队需要在任务各阶段进行复盘总结	41	20.81
维度 6	不但要做好自己的任务,还要给其他团队提供支持	22	11.17
合计		197	100

为了将上述维度归纳结果与先前的结果进行比较,笔者召集了研究一与研究二中参与编码工作的专家,邀请他们共同对两部分的研究结果进行比较。经过讨论,可以发现针对团队化的理论探索已经初步实现了理论饱和,与之前从数字化

平台组织团队动力特征中提炼的结果相比,此部分研究并没有得到全新的概念维度。进一步来看,通过开放式问卷得到的维度2的本质是表达团队需要通过发挥自身的独特优势与其他项目协作方形成多重互构状态;维度1和维度6的本质是表达团队在项目任务过程中需要完成不同资源、能力的多方面整体化布局;维度3的本质都是在表达不同团队在项目任务跟进的过程当中需要通过沟通界面的营造实现信息的同步;维度4和维度5的本质是在表达团队之间的协作需要随着项目任务的变化而不断进行调整与优化。由此我们认为基于数字化平台组织的团队动力特征所提炼的四个团队化维度得到了验证。因此本书正式将团队化的四个维度确定为:互补、协同、整合以及迭代(见图5.1)。

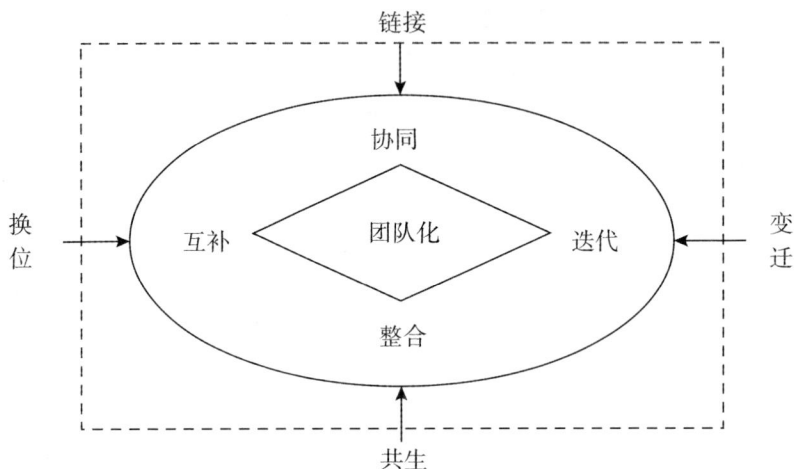

图 5.1　团队化概念

结合研究一案例部分对于团队动力的探索与研究二当中对于团队化构思维度的提出与验证,本书关于团队化这一概念的内涵与维度得到了进一步的明确。在 Edmondson(2012)所提出的定义基础上,本书围绕数字化情境与数字化平台组织进一步对团队化作如下定义:团队化是指数字化平台组织中,项目团队为更好地提升团队动力,实现团队内外融合所形成的全新项目协作过程,这一过程中包含了一系列诸如开诚布公、资源互通、能力共享、动态调整等全新团队实践。团队化本质不是一系列简单的团队内协作与团队间协作行为,而是一个过程,其关键特征在于帮助项目团队更好地进行多任务交叉协作,从而实现项目价值最大化与项目创新。

具体而言,本书在 Edmondson(2012)的基础上,对团队化这一概念作了以下延伸:(1)本书关于团队化的概念内涵以及构思维度的提出都是围绕数字化情境下的数字化平台组织展开的。(2)本书进一步从团队动力的角度对团队化这一概念内涵进行补充。我们认为团队化与团队动力之间存在着紧密的联系,团队化当中的四个维度都是基于数字化平台组织的团队动力特征提出的,团队化概念中的每一个维度分别对应模型当中的一个团队动力特征,之所以在完成团队动力的探索后开展团队化构思维度的研究,主要原因在于根据 Lewin 的场域理论,本书在研究一当中所提出的模型也是一个不断变化的动态场域,场域当中的团队与组织界面的动力要素也同时存在着正向动力与负向阻力两种状态,相对而言难以直接进行观察。为了更好地借助此模型帮助数字化平台组织中的项目团队实现团队动力的提升,本书必须要根据这一模型找到更加细化且更具针对性的概念,而这一概念就是团队化。(3)本书将团队化这一概念的理论核心进一步明确为经典的群体动力理论。通过对团队化概念的界定也实现了经典的群体动力理论在数字化平台组织项目团队中的延伸。在厘清数字化平台组织的团队动力与团队化之间的理论关系后,本书接下来将会围绕团队化进行展开。

第四节 团队化构思的探索性因素分析

在明确了团队化的概念内涵与构思维度之后,研究二接下来进行团队化的量表开发。在文献总结与多案例研究的基础上,量表开发阶段的首要工作是提出具有一定理论意义的框架,并围绕该参考框架设计相对应的问项。结合研究一已经完成的案例研究,按照所提出的团队化的四大维度对团队化量表的具体内容进行设计。由于团队化这一概念本身并没有完全成熟的理论以及量表得以参考,需要分别对互补、协同、整合以及迭代四个维度所表达的含义进行针对性的文献与量表检索,同时参考以往对于团队动力与团队协作相关概念量表开发的底层逻辑,采用演绎与归纳相结合的思路进行问项的开发。

具体操作上,主要通过文献回顾、现有量表梳理和实地调研的方式来进行问项的开发。文献回顾部分主要聚焦于以往研究当中有关团队管理和团队协作方面的概念描述搭建初步的理论框架,一方面需要考虑到文献的时效性,主要选取近5年公开发表的文章;另一方面考虑到文献的代表性,主要选取在管理心理学、组织行为与团队管理等方面的权威期刊中被多次引用的文献。通过对上述两方面理论文献的阅读与总结,我们初步确定了与团队化概念较为相似的部分问项,并尝试对其中文字表述进行提炼与整合,从而更好地体现开发团队化量表的目的。按照同样的逻辑,我们还对上述文献中的相关量表进行了系统梳理,首先是将现有已经公开发表的相关量表进行归类,对每一个问项进行文本分析,在此基础上进一步查阅量表工具手册,总共得到了2个相关量表。在完成文献与量表两部分的梳理之后摘取出其中的关键信息,进行初步的加工与提炼,共计得到了11个问项。

除了文献上的工作之外,问项开发工作还进行了实地的调研与半结构深度访谈,进而对先前的文献查阅工作进行了印证与补充。具体操作上,研究二参照之前研究一中对数字化平台组织以及项目团队的筛选标准,先后选取了6家数字化平台组织中的18位项目团队领导或核心成员进行了一对一半结构深度访谈。需要说明的是,为了保证调研取样效果,所选的调研企业并非之前案例研究当中的企业,具体调研企业以及访谈人员的背景信息见表5.2。

表5.2 团队化初始问项开发的样本信息

企业	成立时间	组织平台性特征	具体调研团队	访谈人数/人
德信控股集团有限公司	2003年	住宅中心、产业中心、购物中心与生活中心立体共建平台	金融板块业务团队	2
新华三集团	2016年	行业领先的数字化解决方案的供应平台	售前顾问团队	3
浙大网新集团	2001年	产学研转化平台以及政企合作的重要支撑平台	众创空间运营团队	4
杭州市金融投资集团	2012年	金融＋实体＋互联网、大数据的平台式架构	市民卡业务团队	4
银江孵化器股份有限公司	2007年	全方位纵向一体化创业服务平台	海创园运营团队	3
浙江华业控股集团	2001年	房产开发＋高科技产业园＋创业投资横向一体化平台	创业投资业务团队	2

为了确保访谈所得到结果的可靠性,实际调研与访谈中并没有刻意强调先前在案例研究中所发现的关于团队化的概念结构,而是针对企业内部团队围绕多个

项目进行多团队协作过程中的一些关键挑战与举措整理了一系列的开放式问题。在调研对象的具体构成上，接受此次访谈的 6 家调研对象主要位于杭州，所调研的企业普遍采用的是平台化业务模式，并通过多年的探索与发展，形成了以项目为中心的资源平台。调研形式主要是实地走访与线上电话会议。笔者会在调研之前与上述企业进行详细沟通，并提前将访谈提纲和保密协议以邮件的形式发送给对方企业的联络人，每位受访者接受访谈时间控制在 35—60 分钟，在征得访谈对象同意之后由访谈工作的联络人进行全程录音，针对一些在访谈中没有得到有效信息的问题，会在约定时间利用公司电话会议的机会进行追问。完成上述部分调研访谈之后，经过整理得到了 10 个问项，加上之前基于文献所提炼出的 11 个问项，一共得到了 21 个测量问项。

在接下来专家评价的过程中，笔者邀请两位管理心理学方向的博士后和两位人事测评领域的专业咨询师对测量问项进行初步的筛选，筛选的原则主要参考 Schriesheim 等（1999）提出的量表优化的方式，进而提升量表的内容效度。具体的筛选与修订标准主要包括以下几个方面：（1）对于一些从国外成熟量表翻译成中文的问项，需要进行反复阅读，对其中语义表达生硬的描述进行修改，将生僻搭配换成常见搭配，将复合从句拆成简单句，确保问项在表达上符合中文回答者的阅读习惯；（2）将一些表达多种含义的问项进行拆分，确保每个问项都只表达一种特定的含义；（3）删去一些容易对数字化情境造成误解的问项。完成上述修改之后，研究者再次邀请上述四位专家进行复查。在每一个问项都逐一得到确认之后，最后进行外部专家审议，将已经讨论的问项编制成征求意见表，在经过事先联系之后，分别以电子邮件的形式给浙江某高校相关领域的两位研究人员和浙江某知名企业人力资源咨询公司的两位高级咨询师，让他们分别从理论角度与实践角度针对问项内容提出修改建议，对问项进行再一次的优化，结合上述一系列内部以及外部专家评定与优化过程，经过修订最终得到了由 18 道问项组成的初始问项池，具体内容见表 5.3。

表 5.3　团队化初始问项池构成

题目	编号	资料来源	
		文献资料	访谈资料
我们的业务能力符合其他团队的要求	M1	Harold et al.,2016	1,2,6
我们的价值观是其他团队能够完全接受的	M2	/	全部样本
我们的发展目标与其他团队是高度相关的	M3	Harold et al.,2016	2,4,5
我们的工作经验符合其他团队的要求	M4	Harold et al.,2016	全部样本
我们和其他团队之间有着非常深厚的感情	M5	Harold et al.,2016	全部样本
当我们需要协助时,其他团队能够及时响应	O1	/	全部样本
我们会及时向其他团队同步自己的工作进度	O2	Callister et al.,1999	2,3,4
我们会及时向其他团队同步与任务相关的信息	O3	Callister et al.,1999	2,3,6
我们在与其他团队交流工作的时候可以直言不讳	O4	Callister et al.,1999	全部样本
我们会主动关注其他团队在项目当中的情况	O5	/	1,2,3
在项目当中,我们与其他团队组成了一个整体	F1	/	全部样本
任何团队都不会在项目任务中单打独斗	F2	Chuang et al.,2016	1,3,4,5,6
我们与其他团队之间不会出现明显的利益冲突	F3	Chuang et al.,2016	全部样本
我们团队与其他团队之间的往来没有隔阂	F4	Chuang et al.,2016	2,3,5,6
面对外部情境的变化,我们会及时更换合作伙伴	I1	/	全部样本
我们会不断尝试利用不同的方法来提高工作效率	I2	Ries,2011	1,2,3,4,5
我们会根据以往任务中的经验不断调整工作流程	I3	Ries,2011	全部样本
我们会根据任务需要不断整合新的资源	I4	Ries,2011	3,4,5,6

　　在完成初始问项池的开发后,接下来通过线上与线下两种方式进行数据收集来对团队化初始问项进行探索性因素分析。具体通过两种方式来联系企业,一是联系作者所在研究单位的项目合作企业,邀请对方参与调查;二是通过上述 4 位内部专家以及 4 位外部专家的介绍,在出具所在研究单位电子版介绍信与保密协议的前提下向目标企业发出正式调研申请,待对方单位同意之后前往企业进行实地调研。需要说明的是,此部分问卷邀请的是受访企业中拥有 20 个月以上团队管理经验的项目团队领导来填写,以确保他们对问卷当中团队所涉及的协作互动问题有一定的体会。在数据的收集与分析过程中,主要参考以往研究中的做法,每个团队领导的数据代表一个项目团队的样本。

　　在整理得到调研企业名单之后,我们依据企业的所在地进行分类调研,如果受访企业位于江浙沪一带,则选择自行前往受访企业进行实地调研并在企业现场发放问卷;如果受访企业所在地位于江浙沪以外的地方,则选择用线上数据采集的方式进行,线上数据采集所用的工具是问卷星,研究者在问卷星平台上按照与纸质问卷相同的格式设计问卷,通过邮件的形式发送给受访企业。为保证线上问卷填写质量,在线上问卷发放之前,研究者逐一与受访企业取得联系,向每一位参加问卷填写的项目团队领导表明调研目的,并对问卷的问项进行必要的描述。

　　研究者按照上述方式依次向浙江、上海、江苏、北京、广东、山东等地的 65 家企业发放共计 307 份问卷,其中线上电子版填写问卷 182 份,线下纸质版填写问卷 125 份。经过 20 天的联系与跟踪,共计回收了 251 份问卷,其中线上问卷回收 140 份,线下问卷回收 111 份。笔者对问卷的填写质量进行了初步筛查,删除了存在大量作答内容空缺以及没有通过陷阱题筛查的问卷,最后得到了来自 44 家企业的有效问卷 230 份,其中线上有效问卷 129 份,线下有效问卷 101 份。团队领导层面有效问卷回收率为 74.91%,企业层面的有效回收率为 67.69%,样本基本情况如表 5.4 所示。

表 5.4 探索性因素分析项目团队基本情况

背景信息	特征标签	频次	频率/%
团队所在地	杭州	87	38
	嘉兴	30	13
	上海	27	12
	苏州	25	11
	南京	20	9
	广州	20	9
	北京	15	7
	其他	6	3
团队成立时间	1 年以内	73	32
	1—3 年	88	38
	3 年以上	69	30
团队所在行业	科技金融	36	16
	先进制造	32	14
	信息服务	27	12
	电子商务	22	10
	文化娱乐	19	8

注：$N=230$,题项均为单选题。百分比数据经四舍五入处理,和不一定为 100%,下同。

除了在表 5.4 中体现的团队层面的信息之外,在项目团队所在企业的性质上,发现民营企业的比例最高,占比为 61.36%,国有企业占比则为 20.45%,外资与合资企业占比为 20.45%;从企业发展阶段来看,发现处于转型变革时期的企业比重最高,占比为 63.63%,占比第二高的企业是处于快速发展阶段的企业,占比为 29.55%;在行业分布上较为分散,整体上来看金融行业比例最高,占比为 15.91%。在问卷填写人的背景信息上(见表 5.5),男女比例分别为 59% 和 41%,在填写人的教育程度上,大部分(84.78%)参加问卷填写的参与者都为本科及以上学历,平均年龄值为 32.17 岁,参加工作年限值为 6.45 年,在企业当前部门的平均年限值为 2.52 年。接下来通过 SPSS24.0 软件对团队化这一概念进行探索性因素分析,通过检验所有问项在不同因子上的载荷,检验先前所测量的问项是否能够代表潜在的构思(见表5.6)。

表 5.5　探索性因素分析问卷填写人员基本情况

背景信息	特征标签	频次	频率/%
性别	男	136	59
	女	94	41
年龄	25 岁以下	18	8
	25—35 岁	117	51
	36—45 岁	58	25
	45 岁以上	37	16
学历	大专以下	41	18
	大专及本科	110	48
	硕士研究生	67	29
	博士研究生	12	5
参加工作年限	1 年以内	38	17
	1—3 年	144	62
	3 年以上	48	21

注:$N=230$,题项均为单选题。

表 5.6　团队化探索性因素分析初步结果

编号	问项内容	因子 1	因子 2	因子 3	因子 4
M1	团队的业务能力符合其他团队的要求	0.480	0.295	0.137	0.128
M2	团队的价值观是其他团队能够完全接受的	0.800	0.156	0.049	−0.054
M3	团队的发展目标与其他团队是高度相关的	0.796	0.046	−0.009	0.035
M4	我们团队的工作经验符合其他团队的要求	0.018	0.060	0.248	0.141
M5	我们和其他团队之间有着非常深厚的感情	0.201	0.012	0.003	0.052
O1	当我们需要协助时,其他团队能够及时响应	0.018	0.600	0.248	0.141
O2	我们会及时向其他团队同步自己的工作进展	0.132	0.748	−0.030	−0.093

续　表

编号	问项内容	因子1	因子2	因子3	因子4
O3	我们会准确向其他团队同步与任务相关的信息	0.142	0.700	−0.171	−0.031
O4	我们在与其他团队交流工作时可以直言不讳	0.008	0.768	0.043	0.162
O5	我们会主动关注其他团队在项目当中的情况	0.420	0.450	0.009	0.027
F1	在项目当中,我们与其他团队之间是一个整体	0.006	0.163	0.710	−0.035
F2	任何团队都不会在项目任务中单打独斗	0.099	−0.251	0.810	0.040
F3	我们与其他团队之间不会出现明显的利益冲突	0.030	−0.147	0.679	0.082
F4	我们团队与其他团队之间的往来没有隔阂	−0.156	0.501	0.413	0.060
I1	面对外部情境的变化,团队会调整工作方向	−0.213	0.135	0.012	0.523
I2	团队会尝试利用不同的方法来提高工作效率	0.078	−0.190	0.125	0.753
I3	团队会根据以往任务中的经验调整工作流程	0.202	−0.030	0.095	0.687
I4	我们团队会根据任务需要不断整合新的资源	0.004	0.012	0.470	0.551

结果显示,KMO的检验结果为0.78,高于临界值0.70。Bartlett球型检验的近似卡方值为410.99,自由度为91,达到了显著水平($P<0.01$),这表明数据适合进行探索性因素分析。接下来研究采用主成分分析法对方差进行提取,得到四个因子,相应的问项与载荷信息如表5.7所示。

表5.7　团队化探索性因素分析的最终结果

编号	问项内容	因子1	因子2	因子3	因子4
M1	团队的业务方向符合其他团队的要求	0.478	0.301	0.128	0.134
M2	团队的价值观是其他团队能够完全接受的	0.798	0.159	0.053	−0.048
M3	团队的发展目标与其他团队是高度相关的	0.800	0.040	−0.023	0.028

编号	问项内容	因子1	因子2	因子3	因子4
O1	当我们需要协助时,其他团队能够及时响应	0.123	0.664	0.037	−0.071
O2	我们会及时向其他团队同步自己的工作进展	0.008	0.707	0.184	−0.009
O3	我们会准确向其他团队同步与任务相关的信息	0.101	0.815	−0.227	0.070
O4	我们在与其他团队交流工作时可以直言不讳	0.024	0.696	−0.118	0.117
F1	在项目当中,我们与其他团队之间是一个整体	0.136	−0.055	0.743	−0.102
F2	任何团队都不会在项目任务中单打独斗	0.143	−0.194	0.693	−0.043
F3	我们与其他团队之间不会出现明显的利益冲突	0.143	−0.194	0.693	−0.043
I1	面对外部情境的变化,团队会调整工作方向	−0.215	0.142	−0.004	0.526
I2	团队会尝试利用不同的方法来提高工作效率	0.078	−0.182	0.104	0.759
I3	团队会根据以往任务中的经验调整工作流程	0.200	−0.021	0.078	0.694

在现有研究中对于因素载荷的判定要求问项所对应的因素需要有超过0.40以上的载荷,同时每一个问项在交叉载荷的因素上不能超过0.40。根据上表所示,探索性因素分析一共抽取出了4个因素,累积的方差解释量为51.28%,在具体的问项当中,除了M4与M5之外,其他问项的因子载荷至少有一项大于0.40,而O5、F4与I4这3个问项之间存在交叉载荷的情况,因此,决定将M4、M5、O5、F4与I4这5个不理想的问项进行删除,并对剩下的13题重新进行探索性因素分析,得到的结果显示,所有问项所对应的因素载荷都大于0.40,总体方差解释量为55.56%,上述指标都显示出量表具有较好的因素结构。

团队化主要包括4个因素,其中因素一(M)包括3个问项,包括"团队的业务方向符合其他团队的要求","团队的价值观是其他团队能够完全接受的","团队的发展目标与其他团队是高度相关的",这3个问项所描述的是在数字化平台组织中项目团队进行项目协作时判断其他团队是否符合自己的团队,研究二将这一维度称作为互补;因素二(O)由 4 道题组成,包括"当我们需要协助时,其他团队能够及时响应","我们会及时向其他团队同步自己的工作进展","我们会准确向其他团队同步与任务相关的信息","我们在与其他团队交流工作时可以直言不讳",这 4 个问项描述的是在数字化平台组织中项目团队进行项目协作时能否与其他团队保持一定的信息、工作上的同步,研究二将这一维度称作为协同;因素三(F)由 3 道题组成,包括"在项目当中,我们与其他团队之间是一个整体","任何团队都不会在项目任务中单打独斗","我们与其他团队之间不会出现明显的利益冲突",这 3 个问项描述的是数字化平台组织中项目团队进行项目协作时是否具有一定的整体性,研究二将这一维度称为整合;因素四(I)则由 3 道题组成,包括"面对外部情境的变化,团队会调整工作方向","团队会利用不同的方法来提高工作效率","团队会根据以往任务中的经验来调整工作流程",这 3 个问项描述的是数字化平台组织中团队进行项目协作时能够及时地优化自身的能力,研究二将这一维度称为迭代。

第五节　团队化构思的验证性因素分析

研究二进一步通过验证性因素分析来对模型的构思效度进行检验。为此进行了第二轮的问卷发放,第二轮的问卷内容主要包括之前完成修订的 13 问项的团队化的问卷,以及相关变量的成熟量表。参与第二轮问卷调查的企业管理人员主要来自浙江大学、浙江工商大学、浙江财经大学三所高校的全日制 MBA 在读学员,他们分别来自浙江、山东、湖南等地,都是当地企业的中层管理人员,通过对 240 名学员进行纸质版问卷的发放,实际回收 227 份问卷,剔除存在大量数据缺失或明显填写不认真的问卷 12 份,最终得到有效问卷 215 份,有效回收率为 89.58%,经统计,问卷来自 41 家企业。表 5.8 显示的是参与问卷调查者的相关信息。除了表 5.8 展示的信息外,从企业的性质上来看,民营企业的比例最高,占比为 65.85%,国有企业占比为 19.51%,外资与合资企业占比为 14.63%;从企业发展阶段来看,处于转型变革时期的企业比重最高,占比为 65.85%;在行业分类上,与互联网相关的数字化信息服务行业比例最高,占比为 24.39%。

表 5.8　验证性因素分析样本企业基本情况

背景信息	特征标签	频率	频次/%
团队所在地	杭州	102	47
	上海	42	20
	苏州	27	12
	广州	25	11
	北京	19	8
团队成立时间	1 年以内	103	48
	1—3 年	67	31
	3 年以上	45	21
团队所在行业	信息服务	119	52
	科技金融	47	22
	电子商务	23	11
	先进制造	15	7
	零售百货	11	5

注：$N=215$，题项均为单选题。

如表 5.9 所示，在问卷填写人的背景信息上，男女比例分别为 52% 和 48%，在问卷填写人的教育程度上，绝大部分参加问卷填写的参与者拥有大专及以上学历（85%），平均年龄值为 37.02 岁，在当前企业参加工作平均年限值为 4.03 年，在当前部门（团队）的平均年限值为 3.02 年。绝大部分问卷填写人表示自己所在企业正在进行相关的数字化业务（93.95%）。

表 5.9　验证性因素分析问卷填写人员基本情况

背景信息	特征标签	频次	频率/%
性别	男	112	52
	女	103	48
年龄	25 岁以下	30	14
	25—35 岁	62	29
	36—45 岁	97	45
	45 岁以上	26	12

续 表

背景信息	特征标签	频次	频率/%
学历	大专以下	32	15
	大专及本科	125	58
	硕士研究生	47	22
	博士研究生	11	5
在当前企业参加工作年限	1年以内	95	44
	1—3年	69	32
	3年以上	52	24

注:$N=215$,题项均为单选题。

在模型检验的具体操作上,研究二首先对团队化这一核心概念的具体结构搭建假设模型与备择模型。模型1(M1)所表示的是将所有的问项都聚合在同一个因素上,成为一个整体性的团队化概念;模型2(M2)所表示的是将互补、迭代维度中的所有问项聚合在一个因素上,将协同与整合维度中的所有问项聚合在一个因素上,成为一个由两因素所构成的概念;模型3(M3)所表示的是将协同以及迭代维度中的所有问项聚集在同个维度上,成为一个由三因素所构成的概念;模型4(M4)表示的是研究中基于探索性因素分析结果所提出的假设模型,将互补、协同、整合以及迭代四个方面的问项都聚合到相应的问项上,成为一个由四因素构成的概念(见图5.2)。

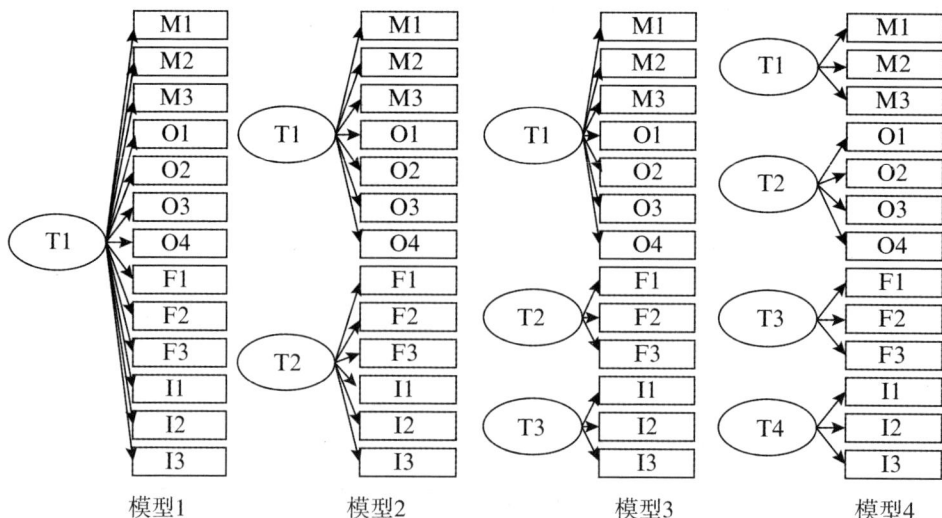

图 5.2 团队化的假设模型和备择模型

　　研究二采用 AMOS 22.0 软件来进行验证性因素分析,选择最常用的五个分析指标来测量模型的拟合程度,分别是卡方与自由度比值(χ^2/df)、近似误差均方根(RMSEA)、标准残差均方根(SRMR)、Tucker-Lewis 指数以及比较拟合指数(comparative fit index)。根据以往研究建议,对上述指标的临界值取值的界定如下,卡方与自由度比值需要小于 3,近似误差均方根与标准残差均方根分别不大于 0.08 与 0.10,Tucker-Lewis 指数与比较拟合指数均不小于 0.90。

　　针对上述不同模型的验证结果如表 5.10 所示,从中可以看出,模型 1、模型 2、模型 3 在指标拟合上总体没有达到标准,而模型 4 则显著优于前面三个模型,因此选择模型四作为团队化概念的最终测量模型(见图 5.3)。

表 5.10　相关备择模型验证性因素分析的拟合指标比较

备择模型	χ^2/df	CFI	TLI	RMSEA	SRMR
M1	11.15	0.42	0.30	0.21	0.18
M2	8.281	0.59	0.50	0.18	0.17
M3	4.849	0.80	0.73	0.13	0.13
M4	1.765	0.96	0.95	0.06	0.05

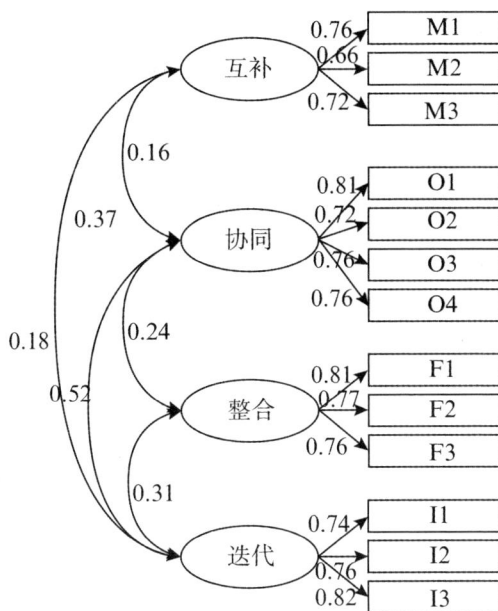

图 5.3　团队化验证性因素分析最终模型

第六节　团队化及其各维度信效度检验

一、聚合效度和区分效度的检验

通过探索性因素分析与验证性因素分析,初步得到了一个由 13 题组成的团队化的量表,经验证此量表有良好的构思效度。研究二将分析聚合效度、区分效度以及效标关联效度。聚合效度主要指不同的测量方法在对同一个构念的测量结果上是否具有相似性,具体可以从因素载荷、平均方差提取值以及组合信度三个指标进行判断。在指标判定上,因素载荷的路径系数需要高于 0.50(吴明隆,2009)。通过验证性因素分析发现,团队化的量表所有问项的标准化载荷都在 0.60 以上,除了 M3 的路径系数为 0.66 之外,其他的路径系数均在 0.70 以上,达到理想水平。平均方差提取值以及组合信度的取值一般情况下要求分别大于 0.50 与 0.60,而团队化的量表所包含的四个维度都达到了最低临界值的要求,因此具有良好的聚合效度。在区分效度的检验上,研究二将不同构思的变量合并形成一个潜在构思的指标变量并与其他不同构思的观察变量进行聚合的模型进行比较,判断彼此之间模型拟合的水平,分析发现具有不同可能性的备择模型在具体的拟合指标上都显著低于假设模型。接下来比较不同因素的平均方差提取值和它们彼此间相关系数的平方来进一步检验区分效度。通过计算,互补维度的平均方差提取值为 0.51;协同维度的平均方差提取值为 0.58;整合维度的平均方差提取值为 0.61;迭代维度的平均方差提取值为 0.60。四个维度的平均方差提取值都明显大于它们之间相关系数的平方,因此在区分效度上具有良好的表现(见表5.11)。

表 5.11　各个维度的平均方差提取值和组合信度

维度	平均方差提取值	组合信度
互补	0.51	0.76
协同	0.58	0.85
整合	0.61	0.61
迭代	0.60	0.82

二、效标关联效度的分析

效标关联效度所检验的是团队化概念与效标之间的关系,如果存在符合逻辑推导的相关关系,则说明团队化量表具有良好的效标关联效度,具体类型上效标关联效度包括了预测效度与同时效度两种类型,其中预测效度主要是指团队化的测量工具对于相应结果变量的预测效应,同时效度主要是指团队化的测量工具与理论界现有指标之间的关系与联系,相比较而言,同时效度具有更强的操作性(王重鸣,2000)。

考虑到研究二所关注的重点是团队化这一团队层面的概念,因此需要选择两个在团队层面上可能有效的变量作为检验团队化的效标关联效度的具体指标,这两个变量分别是团队凝聚力和多团队互异性。现有研究指出,团队凝聚力的提升将会对团队的互动形成积极的影响(解学梅等,2013),而在团队层面上,不同团队之间的良好稳定关系也将会进一步提升团队的团队化水平(许科等,2016)。对于这两个概念,研究二均选择现有成熟量表并在其基础上进行改编,其中团队凝聚力量表所选取的是 Henry 等(1999)所开发的 9 道题版本的单维度量表,要求受访者对自己所在团队的团队凝聚力进行评价,而团队互异性量表选择的是 Van Der Vegt 等(2000)开发的成熟量表,该量表包括任务互依性与目标互依性两个维度,一共 7 道题项,要求受访者对自己所在团队的任务工作与目标情况进行评价。

研究者采用了相关分析进行了检验,从表 5.12 的结果中可以看出,团队化($r=0.11$)及其四个维度互补($r=0.07$)、协同($r=0.06$)、整合($r=0.06$)和迭代($r=0.10$)与团队凝聚力之间并没有出现显著的相关关系,而多团队互依性则与团队化($r=0.37,P<0.01$)及其四个维度互补($r=0.21,P<0.01$)、协同($r=0.30,P<0.01$)、整合($r=0.23,P<0.01$)、迭代($r=0.21,P<0.01$)表现出显著的相关性。上述研究结果与理论假设之间存在一定的差异,造成团队凝聚力与团队化之间相关程度较低的原因可能是理论界现有关于团队凝聚力的关注都是基于团队内部的视角,而非团队内与团队间的整合视角。虽然团队内凝聚力对于团队间协同与互动并没有显著的正向影响,但多团队互依性这一概念在理论上与团

队化有着类似的出发点,在数据结果上也呈现出了显著的相关性。因此,研究二依然可以认为团队化具有一定的效标关联效度。此外,数据分析也对团队化以及相应的四个维度进行了信度检验,可以看出团队化整体的概念信度为 0.81,各个维度的信度指标也都在理想取值范围之内,说明团队化的量表具有一定的信度水平。

表 5.12　效标关联效度分析中变量的均值、标准差和相关系数

变量	M	SD	1	2	3	4	5	6	7
团队化	3.96	0.40	**0.81**						
互补	3.98	0.53	0.63**	**0.76**					
协同	3.82	0.58	0.61**	0.13*	**0.85**				
整合	4.19	0.63	0.69**	0.18**	0.30**	**0.82**			
迭代	3.85	0.58	0.69**	0.41**	0.16*	0.25**	**0.81**		
团队凝聚力	3.52	0.60	0.11	0.07	0.06	0.07	0.10	**0.89**	
团队互依性	3.86	0.52	0.37**	0.21**	0.30**	0.23**	0.21**	0.13	**0.70**

注:$N=215$;* $P<0.05$;** $P<0.01$;加粗的数字表示相应的 Cronbach's α 系数。

三、其他旁证分析

团队化涉及团队间协同过程中的一系列行动,因此在旁证分析部分,研究二也试图对现有关于行为以及行动的成熟量表进行分析来进一步验证团队化这一概念在理论上的合理性。研究二选取团队跨界行为作为目标变量,主要原因是数字化平台组织中项目团队所面临的最重要的工作就是从外界获取资源,而如何从外界获取资源则取决于团队跨界行为,同时,相比其他的团队互动行为,团队跨界行为更加聚焦于外部主体的作用,即团队跨界行为更多的是一种基于团队间协作的理论概念。在团队跨界行为的测量方面,研究二邀请了参加问卷调查的受试者对自己所在团队的团队化与跨界行为进行评价,量表选取的是 Ancona 和 Caldwell(1992)所开发的 10 道题版本的量表,该量表共计三个维度,分别是使节活动、协调活动以及信息搜索活动。

数据分析结果如表 5.13 所示,团队跨界行为则与团队化($r=0.47,P<0.01$)及其四个维度互补($r=0.33,P<0.01$)、协同($r=0.33,P<0.01$)、整合($r=0.33,P<$

0.01)、迭代($r=0.24$,$P<0.01$)存在显著正相关关系,而团队跨界行为的三个维度与团队化及其相应子维度也存在正相关关系。这一结果说明,团队化及其四个维度确实与团队跨界行为及其三个子维度在一定程度上存在互相关联。

表 5.13　旁证分析中变量的均值、标准差和相关系数

变量	M	SD	1	2	3	4	5	6	7	8
团队化	3.96	0.40								
互补	3.98	0.53	0.63**							
协同	3.82	0.58	0.61**	0.13*						
整合	4.19	0.63	0.69**	0.18**	0.30**					
迭代	3.85	0.58	0.69**	0.41**	0.16*	0.25**				
团队跨界行为	3.97	0.38	0.47**	0.33**	0.33**	0.33**	0.24**			
使节活动	3.81	0.53	0.32**	0.22**	0.29**	0.16*	74**	0.17**		
协调活动	3.96	0.49	0.35**	0.33**	0.22**	0.21**	75**	0.16*	0.31**	
信息搜索活动	4.14	0.50	0.38**	0.19**	0.22**	0.37**	76**	0.21**	0.32**	0.40**

注:$N=215$;*$P<0.05$;**$P<0.01$。

第七节　数字化情境对团队化影响的分析

在研究二团队化构思维度分析部分当中,我们反复强调团队化概念的新内涵是基于数字化情境而产生的,因此在明确了团队化的构思维度并完成了团队化量表开发工作之后,我们还需要利用此量表进行数字化情境对团队化影响的分析,从而对团队化这一概念及其相应维度的情景化属性进行检验,并为接下来团队化形成机制的实证研究做好铺垫。

整个分析工作具体包括两个部分,一是检验数字化情境特征对团队化及其相应维度的影响分析,二是检验数字化平台组织团队动力特征及其相应维度对团队化的影响分析。基于研究一当中的系统论述与研究二中对于团队化概念的系统论述,我们认为数字化情境特征以及数字化平台组织团队动力特征都会正向促进团队化的形成,出于篇幅考虑,此部分不对此进行展开。

一、理论假设与方法

(一)理论假设

假设1:数字化情境下所表现出的数字化项目特征将会正向促进项目团队的团队化形成。具体而言,项目团队所面临的价值差序性越高,则团队化水平越高,这意味着价值差序与团队化中四个维度——(a)互补、(b)协同、(c)整合、(d)迭代——都存在正向关系。

假设2:数字化情境下所表现出的数字化项目特征将会正向促进项目团队的团队化形成。具体而言,项目团队所面临的价值演进性越高,则团队化水平越高,这也意味着价值演进与团队化的四个维度——(a)互补、(b)协同、(c)整合、(d)迭代——都存在正向关系。

假设3:数字化情境下所表现出的数字化协作特征将会正向促进项目团队的团队化形成。具体而言,项目团队的团队互动性越高,则团队化水平越高,这意味着团队互动与团队化的四个维度——(a)互补、(b)协同、(c)整合、(d)迭代——都存在正向关系。

假设4:数字化情境下所表现出的数字化协作特征将会正向促进项目团队的团队化形成。具体而言,项目团队的团队联盟性越高,则团队化水平越高,这也意味着团队联盟与团队化的四个维度——(a)互补、(b)协同、(c)整合、(d)迭代——都存在正向关系。

假设5:数字化平台组织中项目团队(简称数字化团队)的团队化水平将显著高于传统组织中常规团队(简称常规团队)的团队化水平,这也意味着数字化团队在(a)互补、(b)协同、(c)整合、(d)迭代这四个维度上的表现都要高于常规团队。

假设6:数字化平台组织中,高动力团队的团队化水平将显著高于低动力团队的团队化水平,这也意味着高动力团队在(a)互补、(b)协同、(c)整合、(d)迭代这四个维度上的表现都要高于低动力团队。

(二)研究方法

1.样本

研究二采用配套问卷的形式进行调研,向符合要求的企业团队领导与员工同时发放问卷。其中,领导版问卷由企业相关团队或部门的主要负责人进行填写,员工版问卷则由该领导的直接下属进行填写。在样本选择上,研究二首先通过浙江大学、浙江工商大学两所高校校友会介绍,联系北京、深圳、上海、杭州等数字经济相对发达城市的校友企业,经过多方面接洽与沟通之后发出调研申请。如果受访企业位于江浙沪一带,笔者选择自行前往企业进行实地调研并现场发放问卷,如果受访企业所在地位于江浙沪之外的其他城市,则选择进行线上数据采集。为了在短时间内有效扩大样本数量,在实际问卷发放的过程中也结合了滚雪球的调研思路,即委托受访企业的负责人继续帮助寻找新的符合要求的企业与团队,虽然这是一种非概率性的取样方法,但只要找到的企业与团队符合样本要求,依然可以将其作为有效样本用于接下来的研究,并不会对研究的样本质量产生影响(潘绥铭等,2010)。

为尽可能减少因为操作模式的不同而产生的内部效度下降的影响,研究二对上述三种渠道得到的样本均采用同样的说明流程来指导他们进行问卷的填写。笔者从 2018 年 7 月份开始进行问卷的发放工作,通过上述三种调研渠道,累计与88 家企业的 142 位团队领导进行对接(每个团队领导分别对应一个团队),经过充分的沟通与交流之后,有来自 65 家企业的 117 位团队领导愿意填写此次调研问卷。经过历时两个多月的反复联系与提醒,一共回收了 52 家企业中的 108 个团队的问卷,剔除填写不认真的问卷之后,最终获得了来自 46 家企业的 75 个团队、共计 253 人的问卷数据。企业层面的问卷回收率为 52.27%,团队层面的问卷有效回收率为 52.82%。除了表 5.14 体现的信息之外,在企业性质方面,民营企业的比例最高,占比为 56.52%;在行业方面,电子商务行业的占比最高,占比为 39.13%,上述企业都符合一种以上的数字化平台组织特征。在问卷填写人背景信息方面,男性占到了绝大多数(71%),同时,绝大多数受访者有大专及以上学历(90%)(见表 5.15)。

表 5.14 样本团队背景信息

背景信息	特征标签	频次	频率/%
团队规模	5 人以内	35	47
	5—10 人	26	35
	11—20 人	10	13
	20 人以上	4	5
项目工作特征	多项目交叉	51	68
	独立决策权	19	25
	多线程沟通	47	63
	多渠道资源	40	53
	跨职能协作	41	55
	多指标考核	45	60
行业数字化特征	数字化服务	46	61
	数字化运营	69	92
	数字化生态	17	23
	数字化创新	22	29
团队类型	运营业务团队	15	20
	营销业务团队	17	23
	产品业务团队	19	25
	工程业务团队	11	15
	其他业务团队	13	17

注:$N=75$。项目工作特征与行业数字化特征为多选题。

表 5.15 问卷填写人员基本情况

背景信息	特征标签	频次	频率/%
性别	男	180	71
	女	73	29

背景信息	特征标签	频次	频率/%
年龄	24 岁以下	20	8
	25—35 岁	99	39
	36—45 岁	81	32
	46 岁以上	53	21
学历	大专以下	24	10
	大专及本科	185	73
	研究生	44	17
团队工作年限	1 年以内	76	30
	1—3 年	104	41
	3 年以上	73	29
企业工作年限	1 年以内	61	24
	1—3 年	99	39
	3 年以上	94	37

注:$N=253$。上述分类变量当中个别数据存在缺失,由于篇幅限制,没有在表格当中显示。

2.测量工具

研究二所有采用的量表包括两个部分,分别是研究二中开发的团队化量表以及现有成熟量表,这些研究量表均为 Likert 5 点量表,在计分方法上遵照"1 代表完全不符合,5 代表完全符合"的固定模式。考虑到其他成熟量表均为英文量表,在使用过程中涉及翻译工作,笔者首先邀请两位英语专业的硕士研究生将量表中的英文问项翻译成中文问项,再邀请两位管理学专业、中英文水平较高的硕士研究生将所翻译成的中文问项再翻译回英文问项,经比对发现两者差异不大之后,再对所翻译的量表进行使用。

团队化:采用研究二中所开发的量表,信度系数为 0.82,该量表一共包含 4 个维度,共计 13 个问项。维度一是互补,一共包含 3 道问项,典型的测量问项包括"团队的业务方向符合其他团队的要求",信度系数为 0.60;维度二是协同,一共包含 4 道问项,典型的测量问项包括"当我们需要协助时,其他团队能够及时响应"，信度系数为 0.70；维度三是整合，一共包含 3 道问项，典型的测量问项包括"在项目当中，我们与其他团队之间是一个整体"，信度系数为 0.61；维度四是迭代，一共包含 3 道问项，典型的测量问项包括"面对外部情境的变化，团队会调整工作方向"，信度系数为 0.62。实际测量过程中由团队领导与团队成员共同进行评价。

价值差序：本书所指的价值差序更多聚焦于项目特征而非组织内部的人际关系，因此有关价值差序的量表主要参考 Sharma 和 Yetton(2003)关于复杂关系导向下的互依性概念定义与量表，信度系数为 0.73，该量表一共包括 3 道问项，研究二结合数字化情境的具体特征进行修订，典型的问项包括"为了完成所在团队的任务，需要其他团队的配合"。实际测量过程中由团队领导进行评价。

价值演进：参考 Lu 和 Yang(2004)的环境不确定性的定义与测量工具，该量表包含两个子维度，分别为技术不确定性与市场不确定性，共计 5 道问项，信度系数为 0.61，研究二结合数字化情境的具体特征进行修订，典型的测量问项为"外部环境的不断变化让我们很难了解客户的真实需求"，实际测量中由团队领导进行评价。

团队互动：参考 Joshi 和 Roh(2009)的研究，从路径结果以及路径过程的角度对嵌套性进行测量，信度系数为 0.63，共计 7 道问项，研究二结合数字化情境的具体特征进行修订，典型的测量问项为"我们有多种路径来与项目协作方进行互动"，实际测量中由团队领导进行评价。

团队联盟：在参考 Dubini 和 Aldrich (1991)以及 Park 和 Luo(2001)所提出的创业关系网络强度的问项基础上修订而成，信度系数为 0.78，量表共计 7 道问项，研究二结合数字化情境的具体特征进行修订，典型的测量问项为"我们团队的重要合作伙伴对公司的业务发展提供了很大的帮助"，"协作方对团队的发展起到了重要的作用"，实际测量中，由团队领导进行评价。

数字化平台组织团队动力特征：研究二通过对样本团队进行两阶段分类的操作来验证数字化平台组织情境特征与团队化之间的关系。首先根据研究一所提出的数字化情境特征，我们将样本团队分为数字化团队与常规团队，在此基础上根据团队动力特征，将数字化团队又进一步分为高团队动力团队和低团队动力团队。数字化团队与常规团队的分类操作主要是让团队领导与团队成员对项目工作特征与所在行业数字化特征这两个多选题项进行选择,根据平均勾选的总特征数将样本团队分为数字化团队和常规团队,其中组织项目工作特征主要基于研究一的案例提炼,分为多项目交叉、独立决策权、多线程沟通、多渠道资源、跨职能协作、多指标考核这 6 个选项;行业数字化特征主要参考《华为:2019 行业数字化转型方法论白皮书》中所提炼的 4 个方面,分别为数字化服务、数字化运营、数字化生态、数字化创新这四个可选项。接下来,我们通过设置以下 4 个问项将数字化团队进一步分为高动力团队与低动力团队两类。这些问项分别对应换位、链接、共生以及变迁四个团队动力特征,其中换位对应的问项为,"团队在跟进项目的过程中是否需要经常负责一些非业务专长的工作",该问项为单选题;链接对应的问项为"团队在跟进项目的过程中,需要与多少个项目协作方进行协同",该问项为单选题;共生对应的问项为"跟进项目的过程中,团队与团队之间是否是高度互相依赖的",该问项为单选题;变迁对应的问项为"项目跟进的过程中,因项目需要会频繁调整项目协作方",该问项为单选题。

控制变量:控制变量的选择参考管理心理学领域内关于团队层面的现有研究,采用团队性质以及团队规模作为控制变量,团队性质分为:1 代表半独立型项目团队,2 代表非独立的项目团队,3 代表独立的项目团队。团队规模由团队全职人数来反映,为分类变量,1 代表 10 人以内,2 代表 10—30 人,3 代表 31—50 人,4 代表 50 人以上。

二、数据分析

由于研究二所涉及的变量是团队层面的变量,数据来源包括团队的领导以及团队成员,因此在进行回归分析之前,首先需要将原始数据聚合到团队层面,而在聚合过程中需要计算相应的指标来判断需要聚合的变量是否符合聚合的要求。参考理论界相关学者提出的建议,采用以下三个指标来进行判断:组内一致性(within-group agreement,rwg),组内相关系数(1)[intra-class correlation 1,$ICC(1)$]以及组内相关系数(2)[intra-class correlation 2,$ICC(2)$]。其中 rwg 可以看作是"变量的真实方差"与"理论的随机最大方差"的比值(罗胜强等,2014)。现有

研究认为 rwg 的均值或者中位数需要大于 0.70；$ICC(1)$ 与 $ICC(2)$ 可以看作是真实表现的方差与观察到的总方差的比率以及团队的平均打分信度值，现有研究建议 $ICC(1)$ 与 $ICC(2)$ 分别大于 0.10 和 0.70。但需要指出的是，$ICC(2)$ 对团队成员的数量变化十分敏感，随着团队成员的数量增多，$ICC(2)$ 也将会增大。因此研究二主要参考 Chen 和 Bliese(2002) 的建议，即判断变量能否进行聚合需要考虑多方面因素的共同作用，如果变量的聚合具有一定理论依据并且具有显著的组间方差，即使 $ICC(2)$ 没有达到理论要求，也依然可以对变量进行聚合。

(一)聚合指标结果与描述性统计

首先对团队化的聚合情况进行检验，运算结果显示，团队化的 rwg 均值为 0.98，$ICC(1)$ 为 0.39，$ICC(2)$ 为 0.68，组间方差显著（$F=2.91$，$P<0.01$）。在团队化的四个维度当中，维度一互补的 rwg 均值为 0.93，$ICC(1)$ 为 0.28，$ICC(2)$ 为 0.56，组间方差显著（$F=2.30$，$P<0.05$）；维度二协同的 rwg 均值为 0.96，$ICC(1)$ 为 0.46，$ICC(2)$ 为 0.75，组间方差显著（$F=3.92$，$P<0.01$）；维度三整合的 rwg 均值为 0.94，$ICC(1)$ 为 0.30，$ICC(2)$ 为 0.60，组间方差显著（$F=2.51$，$P<0.05$）；维度四迭代的 rwg 均值为 0.93，$ICC(1)$ 为 0.23，$ICC(2)$ 为 0.52，组间方差显著（$F=3.15$，$P<0.01$）。由于价值差序、团队互动、团队联盟以及价值演进这4个变量在测量中均由团队领导进行打分，在数据处理上直接用团队领导的打分代表团队得分，因此上述变量可以聚合到团队层面进行分析。

接下来对数字化情境的内部外部情境变量进行均值、标准差、信度系数以及相关系数的计算，发现不同的变量之间都具有显著的相关关系，并且各个变量的信度系数都在 0.60 以上，为接下来的实证分析提供了有效的测量基础。

表 5.16　研究变量的均值、标准差和相关系数

变量	M	SD	1	2	3	4	5	6	7	8	9
团队化	4.11	0.57	**0.82**								
互补	4.15	0.58	0.85**	**0.60**							
协同	4.08	0.68	0.82**	0.61**	**0.70**						
整合	4.07	0.57	0.83**	0.57**	0.53**	**0.61**					

变量	M	SD	1	2	3	4	5	6	7	8	9
迭代	4.14	0.58	0.86**	0.71**	0.48**	0.78**	**0.62**				
团队互动	4.00	0.50	0.35**	0.28*	0.30**	0.28*	0.31**	**0.61**			
团队联盟	4.04	0.55	0.35**	0.26*	0.35**	0.26*	0.29*	0.48**	**0.78**		
价值差序	3.98	0.53	0.46**	0.36**	0.39**	0.41**	0.37**	0.49**	0.49**	**0.63**	
价值演进	4.02	0.70	0.33**	0.33**	0.18	0.31**	0.31**	0.52**	0.17	0.43**	**0.73**

注:$N = 75$;* $P < 0.05$;** $P < 0.01$;加粗的数字表示相应的 Cronbach's α 系数。

(二)数字化项目特征对团队化的影响

表 5.17 显示价值差序对团队化存在显著正向促进作用($\beta = 0.44, P < 0.01$)。进一步从团队化的四个维度来看,首先,价值差序对团队化的互补维度存在显著正向促进作用($\beta = 0.38, P < 0.01$);第二,价值差序对团队化的协同维度存在显著正向促进作用($\beta = 0.25, P < 0.05$);第三,价值差序对团队化的整合维度存在显著正向促进作用($\beta = 0.43, P < 0.01$);最后,价值差序对团队化的迭代维度显著存在正向促进作用($\beta = 0.46, P < 0.01$)。因此,假设 1 得到验证。

表 5.17 还显示价值演进对于团队化存在显著正向促进作用($\beta = 0.43, P < 0.01$)。进一步从团队化的四个维度来看,第一,价值演进对于团队化的互补维度存在显著正向促进作用($\beta = 0.31, P < 0.01$);第二,价值演进对于团队化的协同维度存在显著正向促进作用($\beta = 0.29, P < 0.05$);第三,价值演进对于团队化的整合维度存在显著正向促进作用($\beta = 0.43, P < 0.01$);最后,价值演进对于团队化的迭代维度同样显著存在正向促进作用($\beta = 0.44, P < 0.01$)。因此,假设 2 得到验证。

表 5.17　数字化项目特征对团队化及其具体维度的回归分析

因变量	团队化		互补		协同		整合		迭代	
模型	1a	1b	2a	2b	3a	3b	4a	4b	5a	5b
控制变量										
团队类型1	0.08	0.08	0.22	0.17	0.06	0.07	0.28	0.30	0.19	0.21
团队类型2	0.03	0.03	−0.15	−0.15	−0.00	0.01	0.24	0.27	0.00	0.03
团队类型3	0.04	0.04	−0.19	−0.23	−0.07	−0.01	−0.01	0.10	−0.17	−0.04
团队规模	0.13	0.13	−0.08	−0.07	0.06	0.10	0.02	0.09	−0.09	−0.01
自变量										
行业数字化	0.36**	0.34**	0.40**	0.41**	0.36**	0.34**	0.17	0.15	0.23*	0.21
价值演进		0.43**		0.31**		0.29*		0.43**		0.44**
价值差序	0.44**		0.38**		0.25*		0.43**		0.46**	
模型拟合度										
F	20.74**	22.47**	21.19**	19.16**	10.95**	12.53**	9.89**	11.59**	13.01**	13.96**
ΔR^2	0.37**	0.39**	0.36**	0.34**	0.24**	0.26**	0.22**	0.25**	0.28**	0.29**

注：$^*P<0.05$；$^{**}P<0.01$。

（三）数字化协作特征对团队化的影响

表 5.18 显示，团队互动对于团队化存在显著正向的促进作用（$\beta=0.30, P<0.01$）。进一步从团队化的四个维度来看，第一，团队互动对于团队化的互补维度存在显著正向的促进作用（$\beta=0.24, P<0.05$）；第二，团队互动对于团队化的协同维度的正向促进作用并不显著（$\beta=0.14$）；第三，团队互动对于团队化的整合维度同样存在显著正向促进作用（$\beta=0.30, P<0.05$）；第四，团队互动对于团队化的迭代维度同样存在显著正向促进作用（$\beta=0.38, P<0.01$）。因此，研究二的假设 3 得到部分验证。

表 5.18 显示,团队联盟对于团队化存在显著正向的促进作用($\beta=0.28$,$P<0.05$)。进一步从团队化的四个维度来看,第一,团队联盟对于团队化的互补维度不存在显著正向促进作用($\beta=0.14$);第二,团队联盟对于团队化的协同维度的正向促进作用并不显著($\beta=0.21$);第三,团队联盟对于团队化的整合维度的正向促进作用显著($\beta=0.32$,$P<0.01$);第四,团队联盟对于团队化的迭代维度同样存在显著正向促进作用($\beta=0.30$,$P<0.01$)。

因此,研究二假设 4 得到部分验证。其中需要注意的是,团队互动与团队联盟这两方面数字化协作特征与团队化协同维度之间的关系虽然是正向的,但是并不显著,造成这一结果的原因可能是团队互动与团队联盟两方面虽然激发了数字化平台组织中项目团队与项目之间形成的有效联结,但是有效的联结并没有形成有效的同步,造成了"协"而不"同"的现象。诚然,假设 4 并没有得到完全的验证,但是数字化情境特征对于团队化及其四个维度的正向影响作用这一研究结果还是成立的。

表 5.18　数字化协作特征对团队化及其具体维度的回归分析

因变量	团队化		互补		协同		整合		迭代	
模型	1a	1b	2a	2b	3a	3b	4a	4b	5a	5b
控制变量										
团队类型1	0.24	0.23	0.22	0.24	0.9	0.07	0.32	0.30	0.22	0.23
团队类型2	0.08	0.11	−0.11	−0.08	0.40	0.04	0.31	0.33	0.07	0.012
团队类型3	0.02	0.02	−0.06	−0.06	0.01	0.02	0.13	0.14	−0.01	−0.01
团队规模	0.07	0.06	−0.00	−0.02	0.11	0.10	0.10	0.09	0.00	−0.01
自变量										
行业数字化	0.44**	0.41**	0.50**	0.45**	0.41**	0.40**	0.25*	0.22	0.31**	0.25*
团队互动		0.30**		0.24*		0.14		0.30*		0.38**

续　表

因变量	团队化		互补		协同		整合		迭代	
模型	1a	1b	2a	2b	3a	3b	4a	4b	5a	5b
团队联盟	0.28^*		0.144		0.21		0.32^{**}		0.30^{**}	
模型拟合度										
F	16.08^{**}	16.24^{**}	14.55^{**}	16.67^{**}	10.67^{**}	9.35^{**}	8.16^{**}	7.17^{**}	9.43^{**}	11.68^{**}
ΔR^2	0.32^{**}	0.32^{**}	0.29^{**}	0.31^{**}	0.23^{**}	0.21^{**}	0.19^{**}	0.17^{**}	0.22^{**}	0.25^{**}

注：$^*P<0.05$；$^{**}P<0.01$。

（四）团队动力特征对团队化的影响

在完成数字化情境特征对团队化影响的分析之后，研究二通过对不同团队动力特征下团队的团队化水平的分析来检验数字化平台组织团队动力对团队化的影响。

首先检验数字化团队组与常规团队组两者的团队化水平，研究二以样本团队的项目工作特征以及行业数字化特征作为具体的分类依据。问卷中这两道多选题总共包含 10 个选项的特征，我们将平均下来符合多于 6 项特征的团队归入数字化团队组，将特征总数低于 4 项的团队归入非数字化组，现有样本中一共有 56 个团队符合分类要求，为了保证样本数量，我们按照同样的取样程序继续进行数据收集并最终又获得了 13 个团队数据。通过进一步的交叉项目分析，我们发现 45 个数字化团队与 24 个常规团队两者在行业分布上表现出了明显的差异，前者所在的行业主要集中在互联网信息、建筑装饰、综合零售、文化娱乐等；后者所在的行业主要集中在农畜产品、化工产品、家具制品、合成材料等。具体内容见图 5.4。

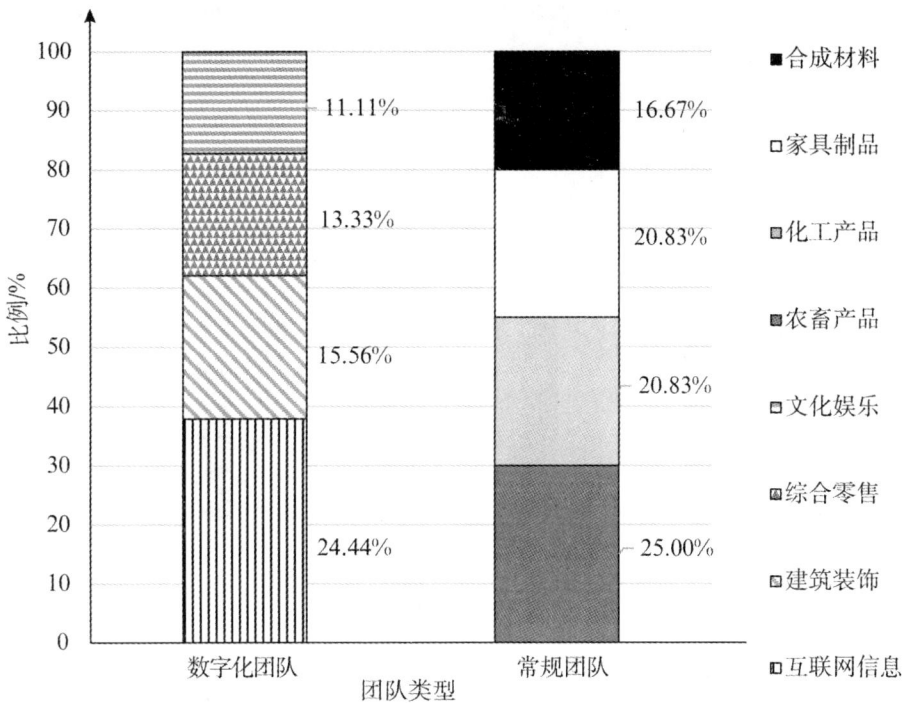

图 5.4　数字化团队与常规团队行业分布

接下来,我们针对数字化团队组和常规团队组,以团队化为因变量进行单因素方差分析,发现主效应显著($F=9.21,P<0.01$),说明数字化团队组的团队化水平显著高于常规团队组(见图 5.5)。

我们针对数字化团队组和常规团队组,以团队化中的互补维度为因变量进行单因素方差分析,发现主效应显著($F=6.79,P<0.05$),说明数字化团队组的互补维度水平显著高于常规团队组。

我们针对数字化团队组和常规团队组,以团队化中的协同维度为因变量进行单因素方差分析,发现主效应显著($F=4.78,P<0.05$),说明数字化团队组的协同维度水平显著高于常规团队组。

我们针对数字化团队组和常规团队组,以团队化中的整合维度为因变量进行单因素方差分析,发现主效应显著($F=11.12,P<0.01$),说明数字化团队组的整合维度水平显著高于常规团队组。

我们针对数字化团队组和常规团队组,以团队化中的迭代维度为因变量进行单因素方差分析,发现主效应显著($F=5.17$, $P<0.01$),说明数字化团队组的迭代维度水平显著高于常规团队组。

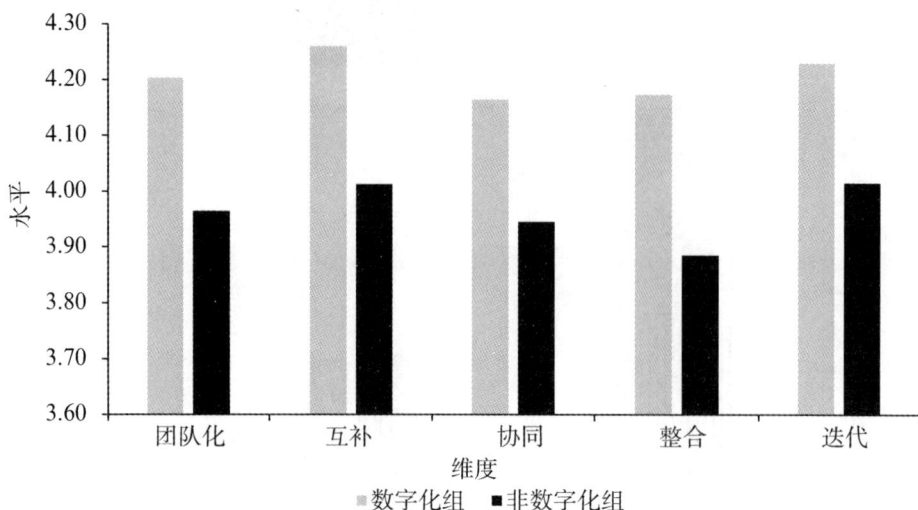

图 5.5　数字化组与非数字化组在团队化及各维度上的差异

在揭示出数字化组与非数字化组在团队化表现上的差异之后,研究二将基于样本团队在问卷当中问项的回答,对数字化组进行更加细化的分类,具体而言,在"团队在跟进项目的过程中是否需要经常负责一些非业务专长的工作"这一问项中,样本团队如果回答"是",则可以判定该团队具有换位这一团队动力特征;在"团队在跟进项目的过程中,需要与多少个项目协作方进行协同"这一问项中,样本团队如果回答"5—10 个"或"10 个以上",则可以判定该团队具有链接这一团队动力特征;在"跟进项目的过程中,团队与团队之间是否是高度互相依赖的"这一问项中,样本团队如果回答"是",则可以判定该团队具有共生这一团队动力特征;在"项目跟进的过程中,因项目需要会频繁更换项目协作方"这一问项中,样本团队如果回答"是",则可以判定该团队具有变迁这一团队动力特征。由于数字化平台组织的团队动力一共有四个特征,因此将符合两项以上特征的样本团队进一步归类为高团队动力组,将符合两项及以下特征的样本团队进一步归类为低团队动力组。经过筛选,我们将数字化团队组的 45 个样本团队进一步分成由 24 个样本团队组成的低团队动力组和由 21 个样本团队组成的高团队动力组。通过对两组样本团队进行特征比对,发现两组样本团队在问卷作答中最大的差异体现在高动力组中有91.67%的团队表示自己所在的组织具有多项目交叉的特征,而低动力组只有61.90%的团队认为自己所在的组织具有多项目交叉的特征。具体特征差异见图5.6。

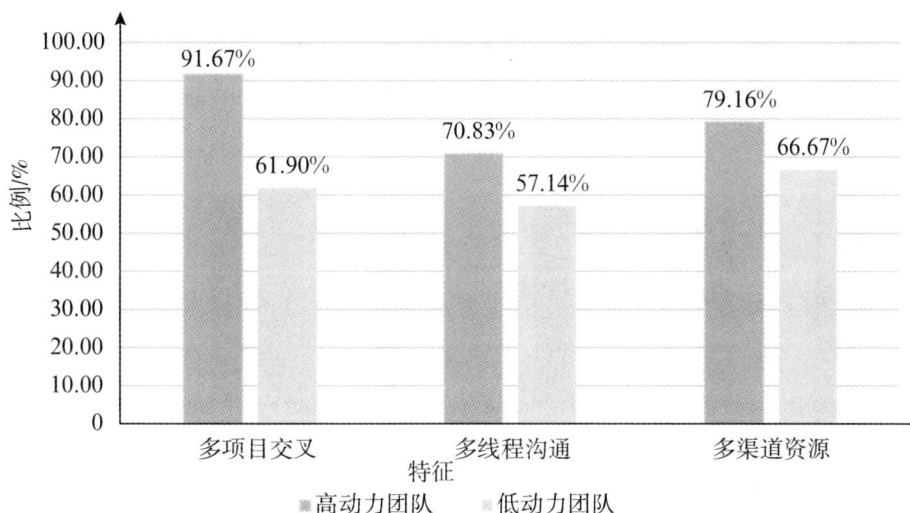

图 5.6 高动力团队与低动力团队特征差异

我们针对高团队动力组和低团队动力组,以团队化为因变量,进行单因素方差分析,发现主效应显著($F=15.21, P<0.01$),说明高动力组的团队化水平显著高于低动力组(见图5.7)。

我们针对高团队动力组和低团队动力组,以团队化中互补维度为因变量,进行单因素方差分析,发现主效应显著($F=8.71, P<0.01$),说明高动力组的团队化互补维度水平显著高于低动力组。

我们针对高团队动力组和低团队动力组,以团队化中协同维度为因变量,进行单因素方差分析,发现主效应显著($F=13.07, P<0.01$),说明高动力组的团队化协同维度水平显著高于低动力组。

我们针对高团队动力组和低团队动力组,以团队化中整合维度为因变量,进行单因素方差分析,发现主效应显著($F=8.92, P<0.01$),说明高动力组的团队化整合维度水平显著高于低动力组。

我们针对高团队动力组和低团队动力组,以团队化中迭代维度为因变量,进行单因素方差分析,发现主效应显著($F=10.43$,$P<0.01$),说明高动力组的团队化迭代维度水平显著高于低动力组。

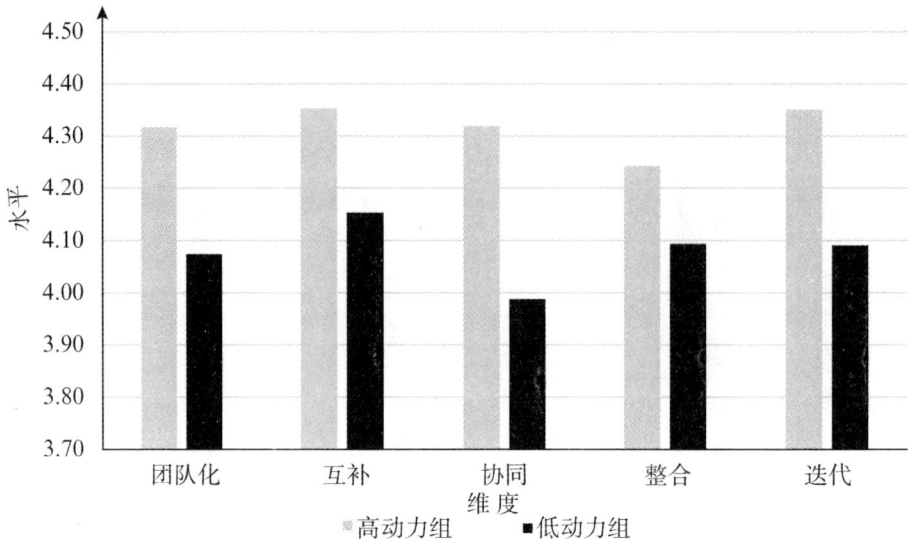

图 5.7　高动力组与低动力组在团队化及各维度上的差异

三、结果讨论

在完成团队化构思维度以及量表开发工作后,此部分研究采用大样本问卷调研方法,进行定量分析。首先检验数字化情境对于团队化的正向影响,结果表明数字化情境下的数字化项目特征以及数字化协作特征这两方面的特征都能够正向影响团队化以及互补、协同、整合、迭代四个维度。这一研究结果初步揭示了团队化这一概念是具有一定的数字化情境属性的。在此基础上,我们采用对样本团队进行分类的方式,将样本团队分为数字化团队组和常规团队组,再将数字化团队组分为高团队动力组和低团队动力组。进行单因素方差分析,发现数字化团队组的团队化水平要高于非数字化团队组,而在数字化团队组中,高团队动力组的团队化水平高于低团队动力组。这两方面结果证明了数字化平台组织团队动力特征对团队化概念及其四个维度都存在正向影响。

第八节　研究小结

研究二回答了本书所提出的第二个理论问题,主要完成了以下四个方面工作:第一,基于数字化平台组织的团队动力特征,提出团队化概念的"四因素"构思,团队化的四个维度分别是互补、协同、整合以及迭代,而这四个维度分别与数字化平台组织团队动力特征一一对应;第二,研究二在明确团队化构思维度的基础上进行量表开发工作,得到由 4 个维度、13 道问项组成的团队化量表;第三,在完成团队化量表开发工作之后,研究二紧接着将所得到的量表用于大样本问卷研究,发现价值差序、团队互动、团队联盟以及价值演进这四个数字化情境特征能够对团队化及其四个维度产生正向影响;第四,研究二还发现数字化平台组织的团队动力特征——换位、链接、共生以及变迁也会对团队化及其四个维度产生正向影响。

作为一项团队管理方面的情境化实证研究,研究二响应了理论界关于"将研究情境引入模型中央"的呼吁,突出了团队化这一概念的情境化属性。进一步聚焦数字化平台组织中高动力团队与低动力团队的差异,我们认为并非所有的数字化平台组织中的项目团队都需要实施团队化,具体而言,团队化可能更加聚焦于那些数字化平台组织中的存在多任务、交叉项目合作的团队当中。

本书通过研究二明确了团队化的构思维度与概念的新内涵,开始将研究的重心从团队动力这一宏观理论模型聚焦到了团队化这一概念上。与此同时,研究二的实证发现也为接下来的研究三作了铺垫,研究三将会在研究二的基础上进一步对团队化这一概念的形成机制进行探索。

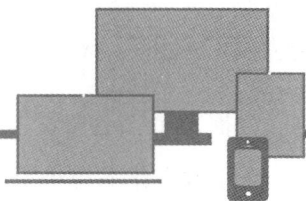

第六章 数字化平台组织情境下团队化多源形成机制研究

第一节 研究目的

研究三的研究目的是在研究二的实证结果基础上找到团队化具体的形成机制。具体而言,本书在研究二当中围绕团队化这一概念完成团队化构思维度的提出以及测量工具的开发,明确了团队化具有四个维度,分别是互补、协同、整合以及迭代,并得到了 4 个维度 13 道问项组成的团队化量表。在此基础上,通过回归分析与方差分析的方法先后验证了数字化情境特征与数字化平台组织团队动力对于团队化的正向影响。具体而言,研究二实证结果发现数字化平台组织中的项目团队(简称数字化团队)的团队化水平显著高于传统组织中的常规团队(简称常规团队)的团队化水平。而在数字化平台组织中,高团队动力项目团队的团队化水平显著高于低团队动力项目团队的团队化水平,两者的主要区别体现在前者表现出更明显的多任务交叉的特征。基于这些实证结果,研究三将工作的重心聚焦于数字化平台组织,通过对数字化平台组织中项目团队的项目任务因素以及数字化平台组织内团队的互动关系因素进行分类,探究项目团队的团队化水平在不同项目任务特征与数字化平台组织互动关系特征影响下的差异,进而明确团队化在数字化平台组织情境下的具体形成机制。

需要说明的是,在以往关于团队管理的研究当中,研究者主要采用的是扎根访谈、案例研究以及问卷调研等方法,较少采用实验研究方法来对团队项目协作的具体过程进行探索。在研究二实证分析的基础上,研究三进一步尝试通过实验研究的方法,基于理论界现有团队研究实验范式(Greer et al.,2010)与Hollenbeck 等(2000)分布式动态在线模拟任务的思想,采用组织/团队与情境匹配的视角(王重鸣,2000;Frese,2007),构建出数字化情境下团队项目协同中的真实应用场景,结合前期所采集的数字化情境特征,采用案例改编的方式作为情境模拟实验中的主要素材,进而使研究结果更加客观与抽象,提高研究结论的稳定性与可靠性。

第二节　研究设计:数字化平台组织情境下团队化效应的实验研究

一、理论背景与研究假设

研究三的研究假设主要基于研究一以及研究二当中的结果展开。本书在研究一当中归纳得到的数字化情境特征中包含了有关数字化项目特征以及数字化协作特征的阐述,而研究二的实证结果也进一步指出,数字化平台组织中,高团队动力项目团队与低团队动力项目团队两者的主要区别体现在前者表现出更明显的多任务交叉的特征。因此研究三在探索数字化平台组织中项目团队的团队化形成机制之前,需要首先对项目团队所面临的任务进行进一步的细分。通过对现有理论文献与之前案例研究当中访谈材料的总结,研究三决定将数字化平台组织所面临的最常见的项目任务分为以下两种类型,分别为:

(1)数字化任务。数字化情境下所产生的与组织数字化发展相关的增量性任务,符合研究一中所提出的数字化项目任务特征中的(正向)价值差序与(正向)价值演进特征,同时也符合研究二当中所发现的多任务交叉特征。

(2)非数字化任务。即数字化任务的对立面,非数字化任务则更多指的是组织原有业务线上的存量任务,与研究一中提出的(正向)价值差序与(正向)价值演进特征形成对立,同时不存在研究二所提到的多任务交叉的特征。

在明确任务类型之后,研究三根据现有理论与实践内容,对数字化平台组织进行进一步的细分。分类的依据同样来源于研究一当中所归纳得到的数字化协作特征以及研究二当中的实证结果,尝试从组织中团队的具体互动形式与协作关

系的角度,将其分为两种不同的类型,分别为:

(1)高目标合作数字化平台组织(简称高目标组织)。如果一个数字化平台组织内部彼此之间是高度合作的关系,那么这样的数字化平台组织就是高目标合作的数字化平台组织。

(2)低目标合作数字化平台组织(简称低目标组织)。如果一个数字化平台组织内部彼此之间不需要很强的合作关系,那么这样的数字化平台组织就是低目标合作的数字化平台组织。

需要指出的是,高目标合作数字化平台组织和低目标合作数字化平台组织两者之间不是互斥关系,而可以看作是数字化平台组织针对不同的外部情境情况所表现出的不同互动状态。

研究三继续基于项目任务—互动关系这一逻辑,针对数字化平台组织中项目团队进一步完成了有关项目任务分类与互动关系分类。根据数字化任务与非数字化任务以及高目标组织与低目标组织各自的内涵特征,结合研究二中关于团队化概念特征及其互补、协同、整合、迭代维度特征的探讨,我们认为团队化一方面可能在高目标组织内参与多项交叉任务的项目团队中表现较为突出,另一方面也可能在低目标组织内参与既有存量任务的项目团队中,由于具有给定的目标任务路径与项目关键节点,属于"命题作文",因此表现较为突出。由此研究三提出以下假设。

假设 1:针对数字化任务,高目标组织中项目团队的团队化及其互补、协同、整合以及迭代水平将高于低目标组织中项目团队。

假设 2:针对非数字化任务,低目标组织中项目团队的团队化及其互补、协同、整合以及迭代水平将高于非高目标组织中项目团队。

在此基础上,考虑到团队领导因素对于数字化平台组织中项目团队的团队化也存在一定程度的影响,关于团队领导的现有理论认为,相较于团队成员,团队领导往往能够掌握更加全面的任务信息,具有更加丰富的协作经验与更加主动推进项目协作的意愿(Kozlowski et al.,2016),而这些发现在本书已经完成的实证研究当中也都有不同程度的体现,因此研究三在假设 1 和假设 2 的基础上进一步提出以下假设。

假设 3：团队领导与团队成员之间对于团队化的感知存在显著差异，无论是高目标组织还是低目标组织，项目团队领导关于团队化及其互补、协同、整合以及迭代的评价都要高于项目团队成员关于团队化的评价。

二、实验设计

实验采用 2×2 被试内与被试间混合设计，实验当中既包含非重复测量的因素（被试间因素），也同时包含重复测量的因素（被试内因素）。被试间因素设置为数字化平台组织互动关系类型（简称互动关系类型），它包括高目标合作数字化平台组织与低目标合作数字化平台组织，被试内因素设置为项目任务类型，包括数字化任务与非数字化任务两种类型。

（一）被试选取

此次招募的被试均为科技行业或互联网产业中的企业在职人员，以保证被试对实验任务中所模拟的任务以及实验当中所涉及的协作行为都具有一定程度的了解从而获得较好的外部效度。实验具体招募了浙江大学 3 个企业研修班的学员作为被试[①]，总共招募被试 108 名，其中男性人数为 84 名（77.8%），女性人数为 24 名（22.2%），被试平均年龄值为 31.11 岁，平均工作经验值为 5.36 年。所有被试均为本科以上学历（包括非全日制本科）。

由于研究三主要探讨的是数字化平台组织中的项目团队的项目协作问题，因此实验在尽量保证被试团队性别比例与团队成员专业背景构成一致的前提下，根据被试所选择的角色随机安排至相应的被试团队当中，而在实验中被试团队将进一步组成实验小组。具体而言，实验中 1 个实验小组包含 3 个被试团队，每个被试团队包含 3 名被试，3 名被试在被试团队中的角色分别为产品经理、开发人员和市场顾问，即 1 个实验小组共包括 9 名被试，因此 108 名被试组成了 36 个被试团队、12 个实验小组。之所以在实验中将被试团队的人数框定在 3 人，主要是因为在研究一和研究二取样过程中，发现数字化情境下，数字化平台组织中的项目团队呈现出内部小规模化的特征，多数项目团队的人员规模都是在 3—5 人，参照

[①]　3 个班的学员均为同一个班主任负责管理。经过协商，实验作为培训中的课程外活动，所有被试均为自愿参加。

Hollenbeck 系列团队实验研究在团队人数设置上的惯例,研究三被试团队人数统一设置为 3 人。按照同样的逻辑,实验中一个实验小组所包含的被试团队数量也统一设置为 3 个。整个实验数据的收集过程持续 1 个月,分为 6 个时间段在同一个实验场地进行。

本实验同时也是有偿招募实验,为更好地激发被试的参与度,整个实验结束之后发给被试的酬金数额将设置一定的梯度,实验中的表现主要以实验小组为单位进行评估,其中表现列前 10% 的实验小组将会获得 200 元/人的实验酬金,表现列前 10%—30% 的实验小组将会获得 150 元/人的实验酬金,表现列前 30%—50% 的实验小组将会获得 100 元/人的实验酬金,实验表现列后 50% 的小组将会获得 50 元/人的酬金,上述安排在实验开始之前进行了现场说明。

(二)实验任务与程序

实验任务主要借鉴 Hollenbeck 等(1995)的分布式动态模拟实验的思想,基于 Kilduff 等研究者(2016)的团队策划任务,并根据研究一中的案例材料进行改编。其中 Hollenbeck 等(1995)的实验研究主要采用多水平方法通过计算机仿真模拟真实海军任务场景来设计实验,采用经过系统培训的大学生作为被试,实验过程中团队成员以及团队领导将会得到不同的任务信息,团队领导将会根据不同团队成员所提供的信息作出一系列的决策,整个过程体现出了连续性与动态性特征。而 Kilduff 等(2016)的实验首先对被试以 3 人/组进行编队,观察每一个团队中团队成员的面对面现场互动表现来分析团队的层级结构。具体的实验任务是给一家刚刚成立的网络公司进行产品或服务的文案创作,并完成与公司的发展目标、业务战略和营销模式相关的方案。

研究三基于上述两种实验范式设计了一个团队情境模拟的现场实验。为了让实验任务能够更加具有理论性与外部效度,实验材料中的所有非项目任务信息都进行了抽象化处理,只保留与研究高度相关的内容。实验所模拟的是一家化名为"信达软件"的公司,信达软件有限公司目前的主营业务是为企业级客户(to B)定制 SaaS(软件即服务)整体解决方案以及其他一些技术外包服务,具体介绍详见附录实验材料。实验任务包括两个类型,其中一类是数字化任务,实验小组在实验过程中需要为信达软件有限公司设计一款面向消费者的(C 端)的应用程序(APP);另一类是非数字化业务,实验小组在实验过程中需要为信达软件有限公司设计一个提升客户满意度的方案。这两类实验任务均以实验小组的形式展开,实验过程中,所有实验小组都会按照随机化处理得到的顺序先后进行两类任务。为了更好地对被试进行观察,主试将会对每一个实验小组以及实验小组中的被试团队进行编号。实验开始之前,每个确定角色的被试都将会得到一份角色说明书,里面包含与任务相关的背景材料与关键信息,帮助他们更好地进入角色。分组完成之后,主试分别对实验小组的被试团队进行简短的培训,相关培训内容主要参考 Hollenbeck 等(1995)的研究中的实验手册。具体包括以下内容:①角色背景信息介绍;②实验任务流程介绍;③实验任务规则介绍。

实验一共拥有两个自变量和一个因变量,其中自变量为:①互动关系类型:分为高目标合作数字化平台组织(简称高目标组)和低目标合作数字化平台组织(简称低目标组)两种模式;②项目任务类型:分为数字化任务和非数字化任务两种条件,因变量为团队化。整个实验如图 6.1 所示。

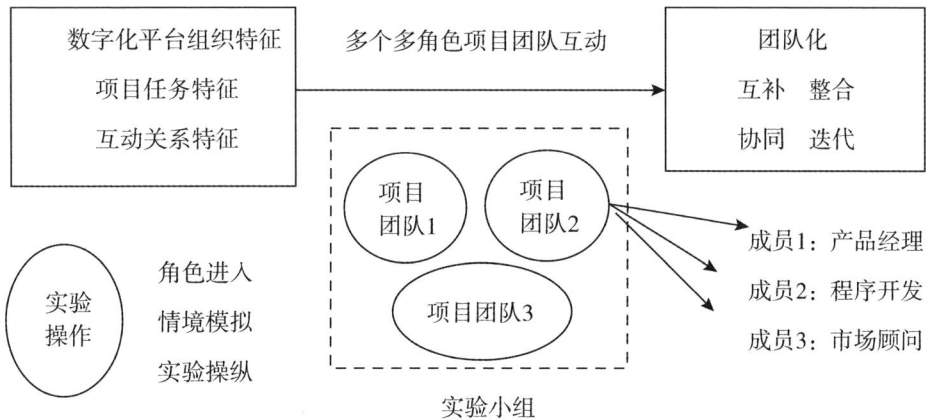

图 6.1 实验设计图解

在实验过程中,高目标组实验小组和低目标组实验小组的被试将先后完成数字化与非数字化两种不同类型的项目任务,实验场地主要参考 Hollenbeck(2000)的在线任务模拟来布置,具体安排在酒店会议室,该会议室可以布置成两个相对独立的空间,因此每次可以同时安排两个实验小组进行实验,实验小组之间彼此互不干扰。实验过程中,被试将根据实验手册中的信息进行协作,完成相应的实验任务。实验流程具体分为以下三个阶段。

(1)角色进入阶段。该阶段时间控制在 10 分钟以内,具体分为两个步骤。首先在被试团队拿到实验材料之前,主试将会在实验环境外对已经完成分组与角色确定的每一个被试团队进行培训,主要是对任务流程以及过程中可能会遇到的问题进行简要说明,并让被试熟悉实验中信达软件有限公司的业务情况与行业背景,帮助每一个被试团队初步了解实验中所涉及的项目任务类型、数字化平台组织的类型,以及实验小组中不同角色的角色设定;接下来在实验正式开始之后,被试需要进入实验环境阅读实验指导语,在完成实验指导语阅读之后,需要回答主试所设置的相应操作检验问项,只有完成所有问项并经由主试确认之后,被试方可继续进行后续环节的实验任务。

(2)互动讨论阶段。该阶段分为三个步骤进行,第一步是每个被试团队选出一名团队领导,这名团队领导需要在接下来的实验过程中负责与任务相关的协调工作,并组织团队成员进行讨论。接下来实验小组中的 3 个被试团队围绕项目任务进行 15 分钟的讨论,每个被试团队的团队领导依次发言,发言结束后进行自由交流;第二步是每个被试团队根据讨论结果进行 15 分钟的任务跟进,在此过程中每个被试团队可以根据实际情况进行团队内或团队间的沟通;第三步是实验小组中所有被试团队进行 15 分钟的讨论,共同对每个被试团队所完成的工作进行优化。每个步骤结束之后,实验小组中的每一个被试团队都需要回答有关团队化的相关问项。具体而言,第一步结束之后,被试团队需要填写团队化当中互补维度的 4 个问项,第二步结束之后,被试团队需要填写团队化中协同维度的 4 个问项以及整合维度的 4 个问项,第三步结束之后,被试团队需要填写团队化中迭代维度的 4 个问项。

(3)结果评价。实验小组讨论结束之后,主试将会对实验小组内每一位被试发放问卷,主要包括被试的年龄、工作背景信息(包括自己是否在实际工作中参加过类似的任务)、支付宝账号(用于事后发放实验酬金)并猜测此次实验的主要目的。在完成所有实验小组的实验之后,主试将召集两名外部专家对不同实验条件下每个实验小组所提交的方案进行评分,并根据评分结果向对应实验小组中的每位被试发放实验酬金。需要说明的是,梯度式酬金设计旨在激发被试的实验参与度,相较于具体的实验任务成绩,此次实验更加关注被试团队在实验过程中所体现出的团队化程度。

(三)实验处理

互动关系特征。实验通过设置不同的实验指导语来进行高目标合作数字化平台组织和低目标合作数字化平台组织的两种处理,相较于低目标合作数字化平台组织,高目标合作数字化平台组织更加强调团队在项目当中的高密度合作。具体而言,高目标组的指导语为:信达软件有限公司内部并没有明确的部门划分,所有项目任务将通过多个项目团队的方式进行展开,不同被试团队之间在工作模式以及业务专长上既有交集,同时也存在差异。信达软件有限公司内部的多个项目团队与公司之间的关系并非简单的雇佣,而是互相融合。公司作为平台提供项目以及完成项目所必需的相关资源与信息,项目团队可以借助公司提供的项目创造价值与收益。在目前的日常工作中,公司内部每一个项目团队都同时参与 2—3 个项目,每个项目团队对于公司所提出的项目总体目标、项目工作流程、项目风险责任、项目风险与利益分配等方面都具有高度共识。与此同时,对于每一个项目团队而言,项目任务的失败关系到项目当中每一个项目团队的发展,项目当中每一个项目团队之间必须通力协作才能够完成项目任务,实现团队自身的发展;而低目标组的指导语为:你们所在的信达软件有限公司内部并没有明确的部门划分,主要是以项目团队的形式进行工作的展开。公司内部有多个项目团队,这些项目团队与公司之间的关系非常简单,如果项目团队能够通过项目为公司创造价值,那么公司就会给团队更多的资源,而如果项目团队无法取得项目上的成功或者和其他项目团队相比,无法为公司做出贡献,那么项目团队就会被解散。与此同时,虽然公司内一些个别项目任务需要若干个项目团队之间共同合作进行,不过大多数情况下,项目团队还是更倾向于单独完成项目任务,此外,部分项目团队为了获得更好的发展,会主动绕过公司去承接其他公司的项目。

项目任务特征。实验通过设置不同的实验指导语来进行数字化项目任务和非数字化项目任务,相较于非数字化项目,数字化项目除了任务场景包含更多的数字化元素之外,还更加强调项目任务本身是具有价值差序和价值演进性的全新任务。具体而言,数字化任务组的指导语为:在数字化情境下越来越多的个人用户都在移动端(微信)上开设了自己的线上商城(微店),带来了全新的商业机会,作为一家互联网公司,信达软件有限公司希望开发一款 APP 来为这些移动端个人商户提供信息化服务,从而帮助他们更好地实现业务的增长。设计具体草案的工作目前交由你们团队所在的项目小组来负责。在开始这项任务之前,你们团队需要注意以下几点:(1)公司内部之前并没有接触过这方面的具体工作,很多工作的细节需要你们团队和项目小组中的其他团队一起从零开始设计,关于 APP 的一些细节内容需要你们和项目小组中的其他团队共同定义;(2)整个项目存在多任务交叉的情况,也就是说项目小组中的每个团队可能都会同时参与 2—3 项工作;(3)整个方案届时需要经过公司内部与外部专家评审才能通过;而非数字化任务组的指导语为:近期,信达软件有限公司发现一些客户对公司的产品以及服务的满意度出现了下滑。公司内部成立了专门的项目小组,你们团队也是该实验小组中的三个被试团队之一,实验小组的主要任务是完成一份针对上述问题的解决方案。请注意,公司之前已经有项目小组完成过类似的项目,你们需要在之前项目小组的基础上做出新意;项目完成之后,公司需要对方案进行内部讨论,讨论通过之后项目即可结束。

(四)实验测量

团队化。团队化是本实验中的因变量,具体概念维度包括互补、协同、整合以及迭代四个维度。在对团队化的实验测量上,我们基于研究二中得到的团队化量表,进一步对团队化及其四个维度进行操作定义,此处的操作定义主要通过具体的变量来表示。其中,互补维度的操作定义主要采用专长配置这一变量来概括,指团队根据平台需求配置不同业务专长以及不同工作方式进行协作,在实验中表现主要为被试团队能够寻找不同团队的项目专长进行项目合作;协同维度的操作定义主要采用跨界互动来概括,指数字化平台组织中的团队跨越自身领域局限进行跨业务合作,在实验中主要表现为被试团队能够明确了解其他团队的项目工作特征并且能够仔细了解其他团队的工作业务现状;整合维度的操作定义主要采用多元集成来概括,指数字化平台组织中的团队进行多个方面的一体化集成,在实验中主要表现为被试团队主动分享信息,参与关键决策,积极同步进度与承担收益与风险;迭代维度的操作定义主要采用循环试错来概括,指团队在项目任务中快速尝试各种解决问题的方式,实验中表现为被试团队不断尝试各种不同的解决方案并且及时修正不同的解决方案。每个维度的具体操作定义以及相应的概念梳理详见表6.1。在具体的测量过程当中,本实验参考了 Hollenbeck 等(1995)的实验测量范式来对团队化进行测量,即要求被试在明确团队化操作定义的基础上,对其所在的团队的项目协作的行为表现进行现场评分,相关问项的具体内容详见附录3。

表 6.1 团队化概念的实验测量

维度	操作定义(具体变量)	文献佐证
互补	专长配置 (expertise complementarity)	Chemmanur et al.,2016
协同	跨界互动 (cross-business interaction)	Canales et al.,2017
整合	多元集成 (multi-integration)	Li et al.,2005
迭代	循环试错 (experimentation)	Ries,2011

三、实验结果

在数据分析过程中发现其中一个被试团队在低目标组织数字化任务实验条件下的数据出现了部分缺失,因此研究三最终进行数据分析的实验小组数为24,而相应被试团队数为71。

(一)操纵检验

本实验主要包括了互动关系类型和项目任务类型这两个操纵变量。配对样本 T 检验结果显示,实验对于两类不同的项目任务类型的操纵是有效的。在高目标组织的被试中,相比于数字化任务组,非数字化任务组显著有更高比例的被试团队认为公司主要的项目工作是进行常规性的客户产品定制任务($M_{非数字化任务}$ $=4.39,M_{数字化任务}=1.89,T=11.49,P<0.01$),相应地,相比于非数字化任务组,

数字化任务组的被试团队显著地有更高比例认为公司主要的项目工作是与企业的数字化发展高度相关的全新复合型任务（$M_{\text{数字化任务}}=3.94$，$M_{\text{非数字化任务}}=2.39$，$T=6.34$，$P<0.01$）。在低目标组织的被试中，相比于数字化任务组，非数字化任务组显著地有更高比例的被试认为公司目前主要的项目工作是进行常规性的客户产品定制任务（$M_{\text{非数字化任务}}=3.83$，$M_{\text{数字化任务}}=2.67$，$T=4.51$，$P<0.01$），相比于非数字化任务组，数字化任务组的被试团队显著地有更高比例认为公司的主要项目工作是与企业的数字化发展高度相关的全新复合型任务（$M_{\text{数字化任务}}=3.56$，$M_{\text{非数字化任务}}=1.94$，$T=8.79$，$P<0.01$）。

独立样本 T 检验结果显示，实验对于两类不同的互动关系类型的操纵是有效的，在数字化任务的实验小组中，相比于高目标组织，低目标组织显著地有更高比例的被试团队认为在目前的公司中被试团队之间并不需要有过多的合作（$M_{\text{低目标合作}}=4.28$，$M_{\text{高目标合作}}=2.28$，$t=7.59$，$P<0.01$），这一结果在非数字化任务的实验小组中也得到了体现（$M_{\text{低目标合作}}=4.00$，$M_{\text{高目标合作}}=2.61$，$t=5.68$，$P<0.01$）；与此同时，在数字化任务的实验小组中，相比于低目标组织，高目标组织显著地有更高比例的被试团队认为在目前的公司中需要不同的被试团队之间保持密切合作（$M_{\text{高目标合作}}=4.44$，$M_{\text{低目标合作}}=2.39$，$t=7.90$，$P<0.01$），这一结果在非数字化任务组中也得到了体现（$M_{\text{高目标合作}}=3.89$，$M_{\text{低目标合作}}=2.67$，$t=4.21$，$P<0.01$）。因此，实验对于互动关系类型以及项目任务类型的两因素的操纵是成功的。

(二)假设检验

在操纵检验的基础上开始进一步检验不同互动关系类型(高目标组织/低目标组织)以及项目任务类型(数字化任务/非数字化任务)对团队化的作用。实验因变量为团队化水平。首先对数字化和非数字化项目组在两种不同的互动关系类型下所表现出的团队化水平进行统计分析。通过多因素方差分析发现，互动关系类型和项目任务类型的交互效应显著，具体结果详见表6.2。研究发现，进行数字化任务时，高目标组被试团队的团队化水平($M=4.03$，$SD=0.79$)显著高于低目标组被试团队的团队化水平($M=2.81$，$SD=0.86$)，而进行非数字化任务时,低目标组被试团队的团队化水平($M = 3.90, SD = 0.63$)显著高于高目标组被试团队的团队化水平($M = 2.71, SD = 0.84$)。图 6.2 和图 6.3 列出了两组被试团队在团队化以及相应维度上的表现。

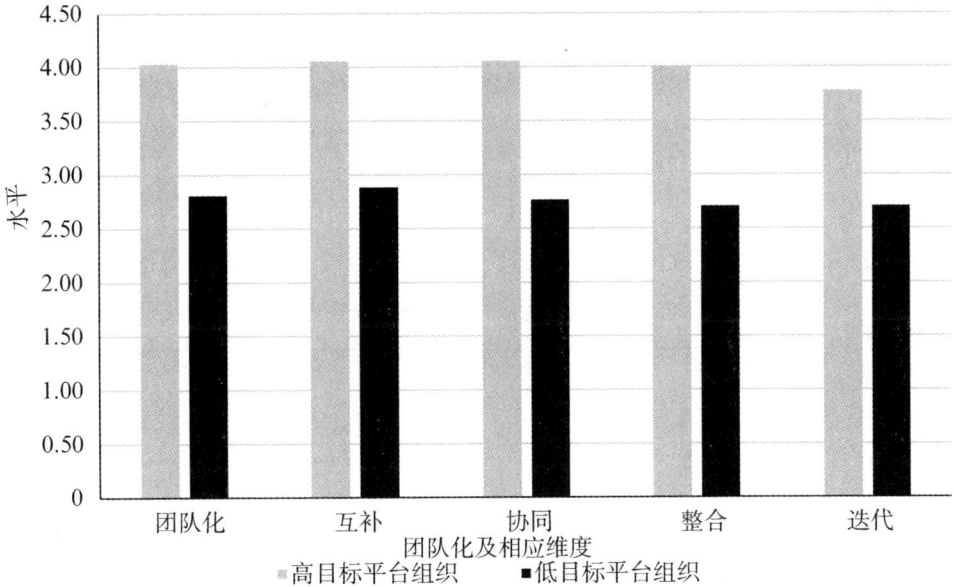

图 6.2　数字化任务下两组被试的团队化差异

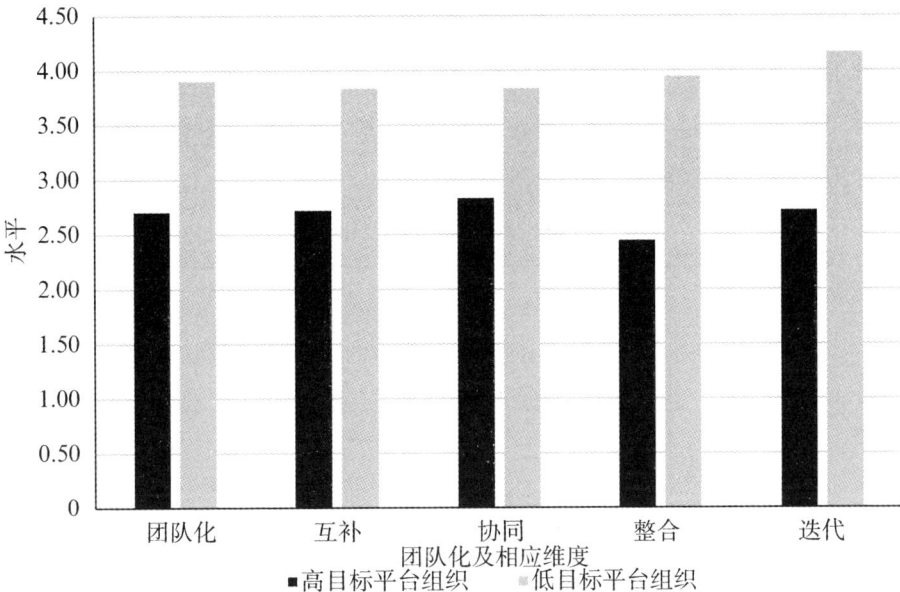

图 6.3　非数字化任务下两组被试的团队化差异

具体而言,在进行数字化任务时,高目标组被试团队在互补($M=4.05,SD=1.00$)、协同($M=4.06,SD=0.87$)、整合($M=4.00,SD=1.08$)以及迭代($M=3.78,SD=1.00$)维度上的表现显著高于低目标组被试团队的在互补($M=2.88,SD=1.31$)、协同($M=2.76,SD=1.11$)、整合($M=2.69,SD=1.08$)以及迭代($M=2.71,SD=0.92$)维度上的表现,而在进行非数字化任务时,低目标组被试团队在互补($M=3.83,SD=0.86$)、协同($M=3.83,SD=0.79$)、整合($M=3.94,SD=0.80$)以及迭代($M=4.17,SD=0.71$)维度上的表现显著高于高目标组被试团队的在互补($M=2.72,SD=0.96$)、协同($M=2.83,SD=1.25$)、整合($M=2.44,SD=0.98$)以及迭代($M=2.72,SD=1.02$)维度上的表现(见表6.2)。

表6.2 互动关系类型与项目任务类型交互作用检验结果

因变量	方差源	III 类平方和	自由度	均方	F	显著性
团队化	组织 * 任务	19.56	1	19.56	28.28	0.00
互补	组织 * 任务	19.01	1	19.01	17.08	0.00
协同	组织 * 任务	14.94	1	14.94	13.25	0.00
整合	组织 * 任务	28.63	1	28.63	27.06	0.00
迭代	组织 * 任务	21.51	1	21.51	22.54	0.00

上述方差分析结果显示,互动关系类型与项目任务类型的交互作用显著,在此基础上,实验继续进行简单效应分析(simple effect test),发现组织因素和任务因素对于团队化及互补、协同、整合、迭代四个维度的主效应都是显著的(见表6.3)。因此研究三的假设1和假设2得到验证。

表6.3 简单效应分析

因变量	单变量	类型	均方	F	显著性	偏 η^2
团队化	组织	高目标	11.59	16.76	0.00	0.20
		低目标	8.43	12.19	0.00	0.15
	任务	数字化	12.54	18.14	0.00	0.21
		非数字化	7.45	10.78	0.00	0.14

续　表

因变量	单变量	类型	均方	F	显著性	偏 η^2
协同	组织	高目标	12.20	10.96	0.00	0.14
		低目标	7.61	6.83	0.01	0.09
	任务	数字化	12.25	11.00	0.00	0.14
		非数字化	7.27	6.53	0.01	0.09
整合	组织	高目标	17.18	16.24	0.00	0.20
		低目标	12.27	11.60	0.00	0.15
	任务	数字化	13.44	12.71	0.00	0.16
		非数字化	15.19	14.35	0.00	0.18
迭代	组织	高目标	5.45	5.71	0.02	0.08
		低目标	16.81	17.61	0.00	0.21
	任务	数字化	10.03	10.51	0.00	0.14
		非数字化	11.48	12.03	0.00	0.15

最后,针对被试团队中团队领导与团队成员对团队化评价上的差异,研究三进行了单因素方差分析(见图6.4),结果显示高目标—数字化组当中,团队领导对于团队化的评价($M=4.07,SD=0.87$)与团队成员对于团队化的评价($M=3.99,SD=0.93$)差异不显著($F=4.20,P<0.05$);与此同时,在高目标—非数字化组当中,团队领导对于团队化的评价($M=2.89,SD=1.08$)与团队成员对于团队化的评价($M=2.53,SD=0.76$)差异不显著($F=4.27,P<0.05$)。不过在低目标—数字化组中,团队领导($M=3.21,SD=1.16$)对于团队化的评价显著高于团队成员($M=2.41,SD=0.85$)对于团队化的评价($F=5.21,P<0.05$);与此同时,在低目标非数字化组中,团队领导($M=4.19,SD=1.08$)对于团队化的评价显著高于团队成员($M=3.61,SD=0.81$)对于团队化的评价($F=5.31,P<0.05$)。

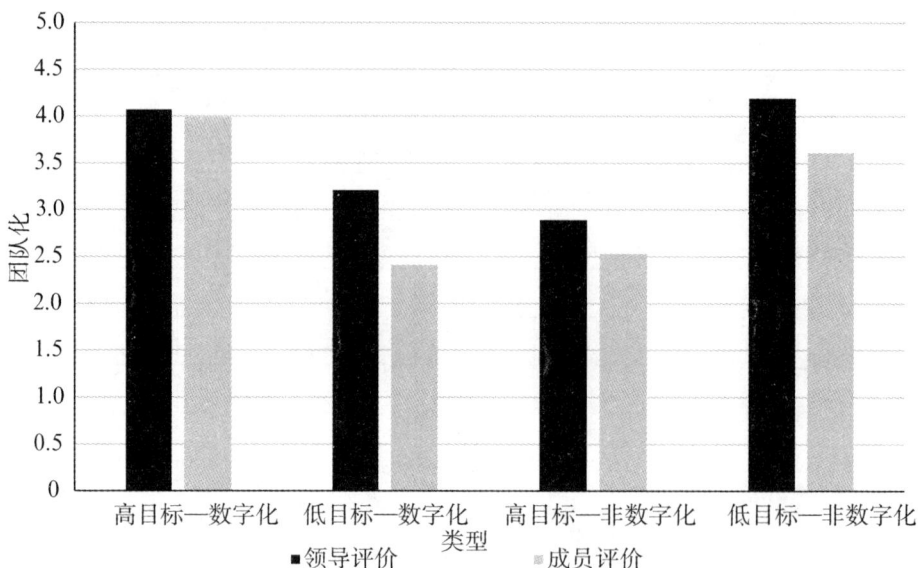

图 6.4 团队领导与团队成员团队化评价差异

接下来对团队化中每一个维度进行分析与比较,发现造成上述差异的最主要原因在于团队领导与团队成员在团队化的迭代维度感知上的差异,相较于其他维度而言,在低目标—数字化组中,团队领导对于团队化迭代维度的评价($M=3.09, SD=1.27$)显著高于团队成员($M=2.32, SD=0.76$)对于团队化迭代维度的评价($F=4.50, P<0.05$),且在低目标—非数字化组中,团队领导对于团队化迭代维度的评价($M=4.51, SD=0.90$)显著高于团队成员($M=3.82, SD=0.91$)对于团队化迭代维度的评价($F=5.26, P<0.05$);而在高目标数字化组以及高目标非数字化组中,团队领导与团队成员在团队化迭代维度的评价上均没有显著差异。

因此,根据图 6.4 所呈现的结果,研究三所提出的假设 3 并没有得到完全验证,我们认为造成这一现象的主要原因可能是高目标合作平台组织本身的特征,使团队中的领导与成员对于项目任务以及协作互动工作方面的认知逐渐趋同,从而没有出现显著的差异;另外,在实验过程中,团队领导主要进行的是组织团队成员讨论、协调项目工作等职能,由于本研究关注的重点还是数字化平台组织中项目团队的项目任务因素与互动关系因素,未来的研究当中可以对被试团队中不同的领导行为进行更加深入的观察与探索。

四、结果讨论

研究三采用情境模拟实验的方法检验项目任务因素与互动关系因素对于团队化的影响。实验结果表明,不同类型的项目任务对于数字化平台组织中被试团队的团队化水平具有显著的影响。在进行数字化任务时,高目标组织的被试团队的团队化及其互补、协同、整合以及迭代水平显著高于低目标组织的被试团队;而在进行非数字化任务时,低目标组织的被试团队的团队化及其互补、协同、整合以及迭代水平显著高于高目标组织中的被试团队,与此同时,研究还发现团队领导在低目标组中对于团队化的评价要显著高于同一团队的其他成员。

根据上述实验结果,我们认为高目标合作的数字化平台组织更加适合于数字化任务,而低目标合作的数字化平台组织更加适合于非数字化任务。进一步来说,如果一个数字化平台组织必须进行数字化任务,可以将数字化平台组织模式调整为高目标合作数字化平台组织,而如果一个数字化平台组织必须进行非数字化任务,可以将数字化平台组织模式调整为低目标合作数字化平台组织。与此同时,团队领导因素对于低目标组被试团队的团队化水平也具有一定的影响,在低目标合作数字化平台组织中,团队领导需要明白自己对于团队化水平的评价是显著高于团队成员的评价的。

第三节　研究小结

研究二中的实证结果指出,数字化平台组织中项目团队的团队化水平显著高于传统组织中的常规团队,研究三进一步通过实验发现,数字化平台组织中项目团队形成团队化的关键是项目任务与互动关系这两个关键因素的共同作用,即团队化是在数字化情境下的数字化平台组织中,通过项目任务因素与互动关系因素的相互作用而形成的。由此,本书通过研究二和研究三两个研究回答了本书的第三个理论问题:团队化形成的前提在于数字化情境特征以及数字化平台组织团队动力特征的影响,而团队化形成的核心在于数字化平台组织中项目任务因素和互动关系因素的共同作用。本书将这一系列影响过程界定为数字化平台组织情境下团队化的多源形成机制,具体内容详见图 6.5。

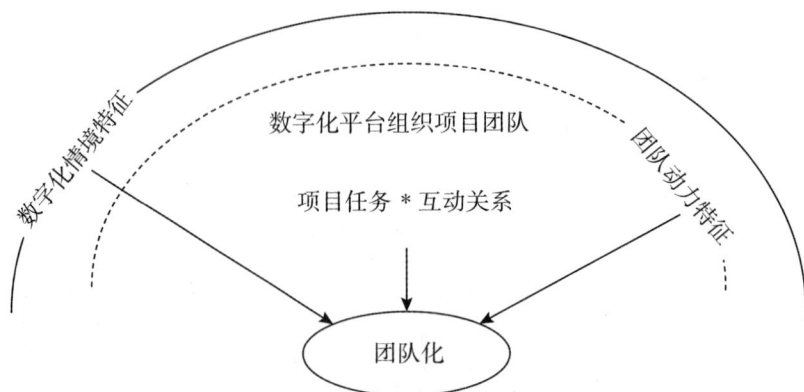

图 6.5 团队化多源形成机制

至此,作为本书核心之一的团队化在概念内涵、构思维度、测量工具、特征效应以及形成机制等方面的探索已经初步形成闭环,接下来的研究四需要将研究重心聚焦团队化的策略构建上,通过揭示出数字化情境下数字化平台组织中团队化与绩效之间的理论关系来进行团队化效能提升策略的构建。

CHAPTER 7

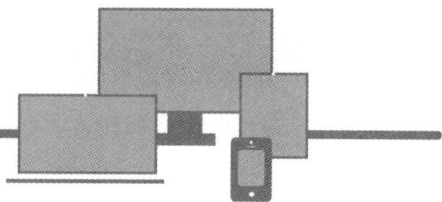

第七章　数字化情境下团队化适应—激活策略研究

第一节　研究目的

本书在研究一当中对数字化情境特征以及数字化平台组织中项目团队的动力特征进行了梳理,构建了数字化平台组织的团队动力模型。研究二基于研究一所提出的模型得到了团队化的概念内涵与构思维度,利用自主开发的团队化问卷分别进行了数字化情境特征对团队化的影响分析以及数字化平台组织团队动力特征对团队化的影响分析。研究三则是在研究二的基础上完成了团队化的形成机制研究。

本书在研究二中将团队化这一概念进一步定义为帮助数字化平台组织中项目团队实现融合内外与交叉协作的一系列过程,既然团队化可以看作是一个过程,那么它的核心价值便在于实现绩效与创新的提升。因此本书在完成团队化概念维度与机制研究之后,接下来需要继续围绕团队化这一核心概念去探究团队化与项目绩效之间的关系。具体而言,研究四聚焦于王重鸣(2015)所总结的创业团队能力建设策略中的团队绩效策略与团队创新策略,结合团队化概念与维度特征,完成对团队化的效能提升策略的系统构建。

考虑到现有团队管理的研究对于绩效的讨论普遍都围绕团队层面以及个体层面两个方面展开,因此研究四也将聚焦于团队项目绩效以及团队中的个体项目绩效这两个方面,分别讨论的是团队化在团队层面的绩效影响路径以及在个体层面的绩效影响路径。

第二节　研究设计

一、理论假设

(一)数字化情境下团队化对团队项目绩效的影响

1. 团队化与团队项目绩效

研究四从团队化的基本特征出发,结合理论界现有的研究成果提出假设。基于现有团队管理研究与企业实践总结,研究四将团队项目绩效进一步分为团队任务绩效与团队创新绩效。从团队化的概念特征与构思维度来看,我们认为团队化及其四个维度——互补、协同、整合以及迭代主要体现的是数字化平台组织中项目团队在任务跟进过程中的内外跨界融合与临时性交叉协作。理论界对于这两方面特征与团队项目绩效的关系已经进行了一定程度的探讨。首先从内外跨界融合角度来看,数字化平台组织的项目团队中,项目团队之间进行项目协作的基础往往来源于彼此在不同的行业中所拥有的不同专业技能与工作经验,胡望斌等(2014)认为团队的这种跨界融合的属性能够帮助团队在面对新的问题与挑战时能够做出高质量的创新性决策,与此同时,近年来关于二元创新的理论研究也表明,团队的外部学习、外部沟通、构建外部网络等在团队之外开展的协作活动可以为团队带来更加多元化的知识信息,从而产生更好的绩效结果(Perry-smith et al.,2014);其次从临时性交叉协作角度来看,数字化平台组织中的项目团队在互动上还具有一定的临时性,即与传统的稳定性团队相比,项目团队往往会根据项目的实际需求进行工作目标的调整与团队成员的流动,这在一定程度上能够有效地抑制团队成员长时间接触而产生的矛盾冲突以及不信任等负面情况,此外秦开银等(2010)的研究也表明,拥有不同专业能力的成员在短时间内可以克服团队的结构性障碍,这也有助于团队的知识分享与团队绩效的增强。根据以上两方面论述,研究四提出了以下假设。

假设1:数字化平台组织中,项目团队的团队化与团队任务绩效、团队创新绩效呈现正向关系,具体来说,团队化的四个维度——(1)互补;(2)协同;(3)整合;(4)迭代——都会正向影响团队任务绩效与团队创新绩效。

2.团队创新行为的中介作用

近年来,研究者发现许多团队特征都能够影响团队创新行为。例如Hülsheger等(2009)通过元分析发现专业团队多样性特征与团队创新行为之间呈现出显著正向关系,这意味着以研发团队、新产品开发团队为代表的创新工作导向的团队的成功很大程度上来自团队当中不同业务技能背景的成员充分发挥各自的专长并有效地完成了自己在项目任务当中的不同角色(Zhou et al.,2015)。同时Fan等(2016)通过对86个团队共计475名成员的问卷数据分析,发现交互记忆系统对于团队创新行为以及个体创新行为都具有正向影响,Schippers等(2015)通过对98个医疗护理团队的准实验研究,发现团队反思对于团队创新行为能够产生正向影响。此外,现有研究还进一步探讨了团队情绪氛围,不同类型的团队领导力,团队调节聚焦对于团队创新行为的影响(Rosing et al.,2011;Li et al.,2018;刘小禹等,2012)。基于团队化的概念特征并结合现有研究结论,我们认为团队化能够正向影响团队创新行为。与此同时,关于团队创新行为与绩效之间的关系也是理论界长期探讨的话题,进一步参考Chen等(2016)的研究,我们认为团队创新行为对于团队项目绩效同样具有正向影响。

综合以上两方面论述,围绕团队化的概念特征与构思维度,我们认为团队化之所以能够帮助数字化平台组织中项目团队高效完成多任务与交叉性任务并实现持续创新,关键是团队创新行为。因此研究四提出以下假设。

假设2:数字化平台组织中,项目团队的团队化及其四个维度互补、协同、整合、迭代将会正向促进团队创新行为的形成。

假设3:数字化平台组织中,项目团队的团队创新行为会在团队化和团队任务绩效、团队创新绩效之间起中介作用。具体来说,团队创新行为会在团队化的四个维度——(1)互补;(2)协同;(3)整合;(4)迭代——与团队任务绩效、团队创新绩效之间起到中介作用。

3.授权型领导的调节作用

有关领导力的研究长期以来都是团队管理研究当中的重点,目前理论界普遍认为团队领导能够有效提升团队的创新与团队的绩效,尤其是在进行项目任务的团队当中(Aronson et al.,2013)。上文提到,对于创新的支持是团队创新行为形成的重要因素,其中团队领导便起到了非常关键的作用,有研究者认为,领导力可以塑造一个组织或者团队的整体氛围(Kukenberger et al.,2015)。例如,Chan 等(2013)的研究就发现了变革型领导对于团队创新行为形成的重要影响。基于理论界现有研究结论,研究四认为,在数字化平台组织中,项目团队的团队化可以在授权型领导的影响下对团队创新行为产生积极作用。原因在于,授权型领导被视为一种独特的领导行为(Arnold et al.,2000),主要通过指导、鼓励、培训和情感支持以及信息为下属提供支持。作为近年来领导力研究的重要组成部分,授权型领导是指通过一系列特定的领导者行为分享权力,给团队成员分配更多自主权和责任的行为,这一系列特定的行为需要帮助团队成员强化工作意义,促进团队成员决策,帮助追随者表达对自己的信心。在本书的文献综述部分也提到,现有关于授权领导力的研究主要在个体层面进行,但越来越多的研究者认识到,领导层可以在团队层面进行分析,即团队成员可以受到共同领导者的共同影响(Feinberg et al.,2005)。研究四借鉴了 Zhang 和 Bartol(2010)的研究,从团队层面来探索授权型领导对团队的作用并提出以下假设。

假设 4:数字化平台组织中,授权型领导调节团队化及其四个维度——互补、协同、整合、迭代——与团队创新行为的关系为授权型领导水平越高,团队化与团队创新行为之间的正向关系越强。

结合假设 3,研究四提出有调节的中介作用假设。

假设 5:数字化平台组织中,授权型领导起到了团队创新行为在团队任务绩效、团队创新绩效关系间的中介作用,授权型领导水平越高的团队,团队化与团队任务绩效、团队创新绩效之间通过团队创新行为的中介强度越高,反之越低。

(二)数字化情境下团队化对个体项目绩效的影响

1.团队化与个体项目绩效

对于团队中的个体而言,团队化在团队层面所产生的效应会辐射到团队中的每一个团队成员的身上,这一特征在其他的团队协作模式上也有所体现(Barsade et al.,2015)。现有研究指出,通过对团队成员的个体绩效的关注能够帮助我们更好地去理解团队绩效(O'Neill et al.,2018),这种多水平、多层次的理论构建模式能够帮助研究者更好地理解团队的具体运作路径。与此同时,现有研究中的证据还显示团队协作能够对团队中的个体产生积极的影响,包括了个体效能感、个体主动性、个体创新行为等方面的提升(Boudreau,2010;et al.,2016;Shin et al.,2012)。此外,理论界在团队过程和人际关系动力学方面也进行了大量的理论和实证研究(Koopmann et al.,2016),许多研究者尝试基于 I-P-O 模型来讨论不同的团队协作模式(I)与团队成员个体绩效(O)之间的关系,从团队的构成特征视角来看,团队中每一个团队成员的绩效水平对于团队绩效来说往往有着非常重要的影响,对于团队化这种团队层面的研究也需要同时关注团队中的个体绩效。对于数字化平台组织中的项目团队而言,主要关注的是项目团队成员的项目绩效,其重要组成部分就是项目成员的个体任务绩效,现有团队管理的研究发现,影响团队成员任务绩效的因素众多,例如团队凝聚力、团队主动性等,而团队化的内涵本身与上述概念之间在某种程度上具有相似性,因此研究四认为,团队化会对团队成员的个体任务绩效产生积极的作用。

团队成员的项目绩效除了个体任务绩效之外,还有团队成员个体的创新行为。数字化平台组织中的项目团队所面临的任务普遍需要团队成员提供创新性的想法以及产生创新性的行为,从概念定义上来说,团队成员的创新行为具体指的是团队成员将自己的新想法、新设计、完成的新产品,设计的新流程引入或应用到自己所在的团队或组织当中(Yuan et al.,2010)。作为组织变革领域中的一个重要的研究方向,近年来有许多商业组织开始在内部探索如何才能培养并激发员工的创新行为。与此同时,理论界近年来关于工作场所中的个体创新行为的探索也有许多的进展,逐渐开始关注不同的情境因素对于个体创新行为的影响作用(Hirst et al.,2009),不过现有研究对于不同情境下个体创新行为的具体表现以及影响因素等问题还没有统一的定论。因此研究四基于现有理论进展,以团队化这一概念作为核心,通过对平台组织中的项目团队成员在数字化情境下的创新行为的观察与分析,尝试找到团队化对于团队成员的创新行为的内在逻辑。综合以上论述,研究四提出以下假设。

假设6:对数字化平台组织中的项目团队而言,团队化能够提升团队中团队成员的个体任务绩效和个体创新行为,具体来说,团队化的四个维度——(1)互补;(2)协同;(3)整合;(4)迭代——都将会正向影响团队成员个体的任务绩效与创新行为。

2.个体适应行为的中介作用

在数字化平台组织中,团队化的实施往往会在团队内部产生一系列的变革,包括了引进外部的专业技术人员,并行处理多项工作任务,同时考核的方式也越加多元化,这在一定程度上能够帮助团队中的团队成员进一步形成个体适应行为,促进团队成员个人绩效产出与创新行为。

理论界对于工作场所中个体适应行为的研究同样是聚焦于个体与环境之间的互动关系,个体适应行为的概念聚焦于个体在面对不确定的外部环境下如何对自己的行动进行动态调整以更好实现任务目标的能力。可以说个体适应行为的本质是对心理学中的适应理论的进一步的延伸,经典的适应理论从微观的个体视角切入来观察人们在外部环境刺激下的具体反应。该理论认为,尽管人们经历了积极和消极的事件,这些事件可以增加或减少他们当前的幸福感,但人们通常会在事件发生后的某个时刻回到事件前或基线水平(Ritter et al.,2016)。而研究四所关注的团队成员个体适应行为主要从团队成员的工作场所切入来观察不同的团队成员面对不断变化的数字化情境如何快速进行适应,进而提升自身的工作绩效。综合以上论述,研究四提出以下假设。

假设7:个体适应行为在团队化与个体任务绩效、个体创新行为的关系中起到中介作用,具体来说,个体适应行为对在团队化的四个维度——(1)互补;(2)协同;(3)整合;(4)迭代——与个体任务绩效、个体创新行为的关系中都会起到中介作用。

具体的研究模型如图7.1所示。

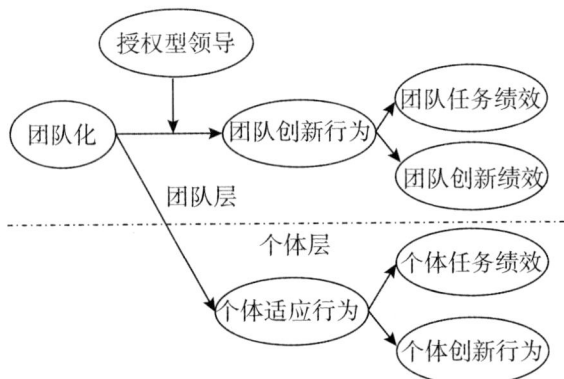

图 7.1 研究四框架

二、研究方法

(一)团队化对团队项目绩效影响研究的样本

由于研究四需要完成数字化平台组织中项目团队的团队化对于团队项目绩效的影响以及对于个体项目绩效的影响两个部分的研究,因此我们选择了两批不同来源的样本进行问卷发放,具体采用的是"团队领导—团队成员"配套问卷的方法。针对第一部分即团队化对于团队绩效影响研究的样本收集,笔者与浙江某省属国有企业进行合作共同进行调研数据的收集(以下简称TC公司)。TC公司主营业务以基础设施的投资与建设为中心,覆盖金融、地产、贸易等多项业务板块。2018年公司净利润接近100亿元,员工数量超过3万人。

之所以选择TC工作来进行数据收集,主要是因为TC公司是典型的数字化情境下的数字化平台组织。首先,从研究情境角度来看,基建工程行业目前已经成了高度嵌入数字化情境的行业之一,尤其是针对大型基建工程的管理工作,施工技术的工艺提升、施工材料的研发离不开数字技术的支持,行业内的多数企业基本实现了企业数字化经营、项目数字化管理的工作需求,能够较好地体现研究四所探讨的实际情况与应用情境,与此同时,以Edmondson等(2019)为代表的研究也开始对这一行业予以高度关注。其次,从组织模式上来看,TC公司是一家典型的依托重大项目而发展壮大的大型行业性数字化平台组织,旗下的多个子公司在全国各区域范围内互相进行多项目交叉协作,每一个子公司经营主体独立但业务上交叉渗透。最后,从研究对象上来看,TC公司内部的团队是典型的项目团队,因为项目工作的要求,每一个项目团队都需要与多个内部或者外部协作体进行协作,TC公司项目指挥部下设的项目团队,拥有数量多、彼此之间差异明显等特征,符合理论界对团队研究的样本要求。

此部分数据收集从2018年5月至2018年10月结束,历时5个月,笔者在项目指挥部相关负责人的介绍下,前往该公司的6个项目指挥部进行为期三个月的现场调研,这些项目指挥部分别位于浙江杭州、浙江舟山、浙江绍兴以及浙江省外等地,施工项目包括了道路、桥梁、隧道、城际铁路等工程,通过实地调研,观察并了解项目当中不同项目团队的工作流程与项目协作模式,熟悉受访团队的团队领导与团队成员的相关背景资料,并在调研结束之际利用每个团队的工作休息时间对其进行问卷调查,在 6 个项目指挥部累计回收了 90 个项目团队的 406 份数据,问卷回收之后,经过反复检查与比对,剔除 9 个填写不认真的团队问卷,得到 81 个团队的 340 份有效数据,团队层面的问卷有效回收率为 90%,个体层面的问卷有效回收率为 84%。需要说明的是,由于项目指挥部的人员流动性相对比较大,导致部分团队成员在 5 个月内出现了工作岗位上的变动,因此研究只追踪了在调研期间全程驻扎在项目指挥部的团队成员(见表 7.1、表 7.2)。

表 7.1　团队化对团队项目绩效影响研究的样本团队背景信息

背景信息	特征标签	频次	频率/%
团队规模	5 人以内	17	21
	5—10 人	21	26
	11—20 人	31	38
	20 人以上	12	15
项目工作特征	多项目交叉	67	83
	独立决策权	26	32
	多线程沟通	49	60
	多渠道资源	40	49
	跨职能协作	63	78
	多指标考核	62	77
团队成立时间	1 年以内	6	7
	1—3 年	75	93
团队类型	试验检测团队	30	37
	机料管理团队	20	25
	安全管理团队	21	26
	公共事务团队	7	9

注:$N=81$;项目工作特征这一变量为多选题。

表 7.2 团队化对团队项目绩效影响研究的问卷填写人员背景信息

背景信息	特征标签	频次	频率/%
性别	男	292	86
	女	48	14
年龄	25 岁以下	112	33
	25—35 岁	91	27
	36—45 岁	77	23
	45 岁以上	60	18
学历	大专以下	64	19
	大专及本科	218	64
	研究生	58	17
团队工作年限	1 年以内	154	45
	1—3 年	186	55
集团工作年限	1 年以内	90	26
	1—3 年	114	34
	3 年以上	136	40

注：$N=340$；上述分类变量当中个别数据存在缺失，由于篇幅限制，没有在表格当中显示。

(二)团队化对个体项目绩效研究的样本

研究四针对第二部分团队化对于个体项目绩效影响研究的样本收集同样采用"团队领导—团队成员"配套问卷的方法。笔者选择与浙江省内的一家大型民营企业(简称 TD 公司)进行合作，共同进行问卷数据的收集(见表 7.3)，TD 公司参与了国内多个与基建工程相关的 PPP 项目[①]建设，目前拥有员工 6000 余人，2018 年净利润超过 15 亿元。研究四选择了 3 个 TD 公司正在参与的 PPP 项目作为取样的对象，由于这三个 PPP 项目在业务模式上没有显著差异，因此在取样上不对每个项目的样本做进一步区分。

---

① PPP 项目是一种政府与社会资本合作(public-private-partnership)的项目模式。

表 7.3 团队化对个体项目绩效影响研究的样本团队背景信息

背景信息	特征标签	频次	频率/%
团队规模	5 人以内	24	26
	5—10 人	21	23
	11—20 人	34	37
	20 人以上	13	14
项目工作特征	多项目交叉	54	67
	独立决策权	12	15
	多线程沟通	62	77
	多渠道资源	33	41
	跨职能协作	67	83
	多指标考核	71	88
团队成立时间	1 年以内	6	7
	1—3 年	52	56
	3 年以上	34	37
团队类型	试验检测团队	20	22
	项目管理团队	18	20
	建设施工团队	40	43
	信息管理团队	14	15

注:$N=92$;项目工作特征这一变量为多选题。

此部分数据收集工作从 2018 年 10 月开始,至 2019 年 3 月结束,历时 5 个月,具体包括项目现场调研与问卷发放两个阶段,笔者在公司人力资源部(人事部)负责人的陪同下,实地前往该公司的三个 PPP 项目现场进行调研,观察并了解业主、施工方不同团队的工作流程与项目协作模式,熟悉受访团队的团队领导与团队成员的相关背景信息,并利用每周项目例会时间对相关的项目团队进行问卷发放,通过对 4 个 PPP 项目现场施工方、业主方的问卷发放,累计回收了 105 个团队的 459 份数据,问卷回收之后,经过多次检查与比对,剔除 13 个填写不认真的团队问卷,得到 92 个团队的 401 份有效数据,团队层面的问卷的有效回收率为 88%,个体层面的问卷有效回收率为 87%(见表 7.4)。

表 7.4　团队化对个体项目绩效影响研究的问卷填写人员背景信息

背景信息	特征标签	频次	频率/%
性别	男	361	90
	女	40	10
年龄	25 岁以下	84	21
	25—35 岁	184	46
	36—45 岁	109	27
	45 岁以上	24	6
学历	大专以下	80	20
	大专及本科	261	65
	研究生	60	15
团队工作年限	1 年以内	136	34
	1—3 年	197	49
	3 年以上	68	17
企业工作年限	1 年以内	124	31
	1—3 年	253	63
	3 年以上	24	6

注:$N=401$;上述分类变量当中个别数据存在缺失,由于篇幅限制没有在表格当中显示。

(三)测量工具

研究四所采用的量表包括两个部分,分别是在研究二中由笔者自行开发的团队化量表以及现有成熟量表,这些研究量表均为 Likert 5 点量表,在计分方法上遵循"1 代表完全不符合,5 代表完全符合"的固定模式。需要指出的是,研究四所涉及的成熟量表均为英文量表,实际使用过程中需要事先进行处理,具体操作过程详见研究二。

团队化:采用研究者在之前研究当中所开发的量表,该量表一共包含四个维度,共计 13 个问项,整体的量表信度为 0.81。四个维度主要包括了互补、协同、整合以及迭代,其中互补维度主要包括了 3 个问项,典型的测量问项包括"团队的价值观是其他团队能够完全接受的",信度系数为 0.61;协同维度一共包含 4 个问项,典型的测量问项包括"我们会及时向其他团队同步自己的工作进展",信度系数为 0.72；整合维度一共包含 3 个问项，典型的测量问项包括"我们与其他团队之间不会出现明显的利益冲突"，信度系数为 0.63；迭代维度一共包含 3 个问项，典型的测量问项包括"团队会根据以往任务中的经验调整工作流程"，信度系数为 0.66。实际测量过程中由团队领导与团队成员共同进行评价。

团队创新行为：参考 Scott 和 Bruce(1994)所使用的量表，该量表原始版本一共有 6 个题项，研究四结合数字化情境以及数字化平台组织的特征进行了定制，经过试测之后删除了原始量表当中不符合汉语语境的第六题，最终得到了包含 5 个问项的新版量表，代表性题目包括"团队时刻关注的行业中新技术/新工艺的应用"，信度系数为 0.78。在实际测量中主要由团队领导和团队成员共同进行评价。

授权型领导：参考 Aryee 和 Chen(2006)所使用的量表，该量表一共包含 6 个问项，代表性的题目包括"我的主管给我自己做主的权力，不必事事征求他/她的意见"，信度系数为 0.80。为了控制共同方法偏差的影响，实际测量中由团队成员对团队领导进行评价。

团队任务绩效：参考 Somech(2006)所使用的量表并针对 TC 公司的实际情况进行改编，该量表一共包含 4 个问项，代表性的题目包括"团队充分完成了所分配的任务"，信度系数为 0.70。在实际的测量中由团队领导和团队成员共同进行评价。

团队创新绩效：参考 Lovelace 等(2001)所使用的量表并针对 TC 公司的实际情况进行改编，该量表一共包含 4 个问项，代表性的题目包括"我们团队在工作中产生了许多的创意与想法"，信度系数为 0.67。在实际的测量中由团队领导和团队成员共同进行评价。

个体适应行为：参考 Savickas 和 Porfeli(2012)所提出的生涯适应力量表(Career Adapt-Abilities Scale，CAAS)进行改编，得到 10 个问项的个体适应行为的简版量表，代表性的题目包括"我会主动学习新的技能来更好地完成项目工作"，信度系数为 0.92，实际的测量主要参考了情境实验的设计思路，将 10 个问项嵌入具体的项目工作情境，并在项目成员每一个月的绩效考核评价当中由团队中的每一个成员分别对相应情境下自己的行为作出评价。

个体任务绩效:参考 Welbourne 等(1998)所提出的量表并针对 TD 公司的实际情况进行改编,该量表一共包含 3 个问项,代表性的题目包括"(该员工的)个人产出质量高于团队平均水平",信度系数为 0.83。为了控制共同方法偏差的影响,在实际的测量中由团队领导对团队员工的表现进行评价。

个体创新绩效:参考 Zhou(2003)所提出的量表并针对 TD 公司的实际情况进行改编,该量表一共包含 8 个问项,代表性的题目包括"(该员工)经常尝试采用新的方法解决工作中出现的问题",信度系数为 0.92。为了控制共同方法偏差的影响,在实际的测量中由团队领导对团队员工的表现进行评价。

控制变量:针对团队化对于团队绩效的影响研究,采用团队类型与团队规模作为控制变量,团队类型为哑变量:1 代表试验检测团队,2 代表项目管理团队,3 公共事务团队,4 代表信息管理团队四类,团队规模为分类变量,其中 1 代表 5 人以内,2 代表 5—10 人,3 代表 11—20 人,4 代表 20 人以上;与此同时,针对团队化对于个体绩效的影响研究,采用年龄、教育水平、工作年限、团队规模作控制变量。

(四)数据分析

在第一部分团队化对团队项目绩效的影响研究中,作为团队层面的研究,在数据结果上首先进行聚合指标的报告。参考以往研究中的做法,先后计算了组内一致性、组间一致性(within-group agreement,rwg),组内相关系数 1[intra-class correlation 1,$ICC(1)$]以及组内相关系数 2[intra-class correlation 2,$ICC(2)$],同时还进行了组间方差的 F 检验,上述指标的具体判定标准已经在研究二当中作了介绍,在此不作展开。而在数据分析上,此部分研究首先进行变量聚合指标的计算,在此基础上采用 Mplus7.4 对测量模型进行验证性因素分析来评价模型的拟合程度,具体选择的指标为 $CMIN/DF$、$RMSEA$、CFI、TLI 和 $SRMR$。而假设检验的分析主要通过 SPSS24.0 和 Process 宏程序(v3.2)来完成,其中 Hayes 教授在 2013 年编写的 Process 宏程序是近年来最流行的数据分析工具,凭借其在统计分析中的高效性与完备性,Process 宏程序目前被广泛应用于不同领域的实证研究当中。由于假设模型属于第一阶段有调节的中介模型,在检验方法上采用的是系数乘积法(Hayes,2015),通过 bootstrapping 分析进行检验,以 Process 宏程序中的模型 7 来检验自变量团队化与调节变量授权型领导的交互项对中介变量团队创新行为的回归系数与中介变量团队创新行为对因变量系数的乘积的显著性，其中 bootstrapping 分析采用的是 5000 次数据重复取样（设定"Bootstrap Samples"的数值为 5000），置信区间为 95%（Confidence Intervals 设置为 95%）。

第二部分团队化对个体项目绩效的影响研究通过多层线性模型的方法来对嵌套在项目团队中的个体如何在团队层面的因素影响下发生绩效上的改变这一问题进行分析，构造出了一个二阶模型，模型的第二层变量是团队层面的变量，即团队化及其四个维度，而模型的第一层是个体层面的变量，即个体适应行为、个体创新行为以及个体任务绩效，此外不同的控制变量也根据其影响的范围放在不同的层次当中。由于需要检验的模型属于 2-1-1 跨层构念模型，按照理论界成熟的数据分析步骤，首先需要在数据聚合的基础上进行验证性因素分析，来检验变量之间的区分效度，在此基础上进行相关性分析与假设检验，包括对团队化的跨层主效应分析和跨层中介效应分析。具体的分析工具为 SPSS24.0 和 Mplus7.4。

三、研究结果

(一)团队化对团队项目绩效影响结果

在正式对假设进行检验之前，需要先对相关的数据指标进行计算来分析数据的聚合情况。首先，团队化 $ICC(1)=0.25$，$ICC(2)=0.52$，组间方差显著（$F=2.12$，$P<0.01$），$rwg=0.99$，在四个维度当中，维度一互补 $ICC(1)=0.30$，$ICC(2)=0.60$，组间方差显著（$F=2.47$，$P<0.05$），$rwg=0.95$；维度二协同 $ICC(1)=0.36$，$ICC(2)=0.66$，组间方差显著（$F=2.93$，$P<0.01$），$rwg=0.97$；整合 $ICC(1)=0.41$，$ICC(2)=0.70$，组间方差显著（$F=3.32$，$P<0.01$），$rwg=0.96$；迭代 $ICC(1)=0.27$，$ICC(2)=0.56$，组间方差显著（$F=2.27$，$P<0.05$），$rwg=0.96$。授权型领导 $ICC(1)=0.24$，$ICC(2)=0.51$，组间方差显著（$F=2.04$，$P<0.05$），$rwg=0.96$。结果满足聚合基本条件，可以将其聚合到团队层次进行进一步的分析。

完成了数据聚合指标的分析之后，接下来进行验证性因子分析和描述性统计分析。在验证性因素分析方面，采用 Mplus7.4 来检验变量之间的区分效度，首先列出了以团队创新行为为中介变量,以授权型领导为调节变量的5因子假设模型以及相应的几种被择模型的拟合指数。结果显示由五因子所组成的假设模型,其观测数据的拟合水平最好,其中 $CMIN/DF$(卡方自由度比)为1.18,$RMSEA$ 为0.05,CFI 为0.94,TLI 为0.94,$SRMR$ 为0.07,都达到了理想水平,表明变量之间有着比较好的聚合效度。在备择模型的构建上,将团队化与授权型领导合并,形成了四因子模型,在四因子模型的基础上,将团队任务绩效与团队创新绩效合并成为一个因子,形成三因子模型,在三因子模型的基础上,将授权型领导与团队化与团队创新行为的合并因子再进行合并,形成了两因子模型,最后将所有变量进行合并,形成单因子模型。可以发现上述备择模型的拟合指标都不如五因素的假设模型。

描述性统计报告了研究当中具体涉及的变量均值、标准差、相关及信度系数。其中不同变量的内部一致性系数都比较高,同时变量之间都呈现出显著的正相关关系,与研究开始所构思的理论预期相符。具体内容见表7.5和表7.6。需要指出的是,本书选择了团队规模,团队成立时间以及团队类型作为控制变量进入回归模型,但上述三个控制变量、两个因变量的影响都不显著,由于篇幅所限,接下来的图表中并没有显示有关控制变量的具体结果。

表7.5 相关备择模型验证性因素分析的拟合指标比较

备择模型	χ^2/df	CFI	TLI	$RMSEA$	$SRMR$
五因子模型	1.18	0.94	0.94	0.05	0.07
四因子模型	1.76	0.76	0.74	0.10	0.11
三因子模型	2.09	0.66	0.62	0.12	0.12
二因子模型	2.29	0.59	0.55	0.13	0.13
单因子模型	2.60	0.49	0.45	0.14	0.13

表7.6 研究变量的均值、标准差和相关系数

变量	M	SD	1	2	3	4	5	6	7	8	9
团队化	4.15	0.47	**0.81**								
互补	4.19	0.56	0.82**	**0.61**							

续　表

变量	M	SD	1	2	3	4	5	6	7	8	9
协同	4.11	0.55	0.77**	0.59**	**0.72**						
整合	4.12	0.53	0.82**	0.48**	0.46**	**0.63**					
迭代	4.24	0.48	0.83**	0.62**	0.42**	0.75**	**0.66**				
授权型领导	4.08	0.52	0.46**	0.39**	0.35**	0.41**	0.41**	**0.80**			
团队创新行为	4.01	0.46	0.30**	0.24*	0.29**	0.28*	0.22*	0.38**	**0.78**		
团队任务绩效	4.08	0.62	0.29**	0.18	0.28*	0.26*	0.26*	0.20	0.44**	**0.70**	
团队创新绩效	4.00	0.53	0.31**	0.25*	0.24*	0.23*	0.32**	0.14	0.36**	0.26*	**0.67**

注：$N=81$；* $P<0.05$；** $P<0.01$；加粗的数字表示相应的 Cronbach's α 系数。

在假设检验部分首先进行中介效应分析，研究四所采用的中介效应检验方法为系数乘积法中的 bootstrap 方法，重点关注的是中介变量团队创新行为的间接效应（indirect effect）。表 7.7 依次展示了研究中团队化对中介变量团队创新行为进行回归分析的结果。由表 7.7 可以看出，从团队化到团队创新行为的直接效应存在显著的正向关系（$b=0.35$，$P<0.01$），假设得到了验证，同时团队创新行为与团队任务绩效之间存在着显著的正向关系（$b=0.34$，$P<0.01$），与团队创新绩效存在着显著的正向关系（$b=0.29$，$P<0.01$）。

表 7.7　团队创新行为的中介效应分析

效应	变量	估计值	标准误	t 值	效应	变量	估计值	标准误	t 值
自变量对团队创新行为直接效应	团队创新行为	0.35**	0.12	2.83	团队创新行为到因变量直接效应	任务绩效	0.34**	0.09	3.69
						创新绩效	0.29**	0.11	2.68
自变量到因变量总效应	任务绩效	0.30**	0.11	2.74	自变量到因变量直接效应	任务绩效	0.18	0.11	1.69
	创新绩效	0.35**	0.12	2.85		创新绩效	0.29**	0.11	2.68

注：上表中报告的估计值均为非标准化系数［参考陈笃升和王重鸣（2015）］；由于篇幅所限，上表中没有显示控制变量对因变量的回归效应；** 表示 $P<0.01$；* 表示 $P<0.05$，下表同。

表 7.8 展示了自变量团队化到团队任务绩效与团队创新绩效两个因变量的总效应和排除中介变量影响之后的直接效应。从表中可以看出,团队化对团队任务绩效的总效应显著($b=0.30,P<0.05$),同时团队化对团队创新绩效的总效应显著($b=0.35,P<0.01$)。

表 7.8　中介效应的拟合指标

效应	R^2	均方误差	F 值	自由度 1	自由度 2
团队任务绩效	0.22**	0.09	11.15	2	78
团队创新绩效	0.17**	0.12	7.98	2	78

表 7.9 是通过 Process 宏置信区间程序进行 bootstrapping 分析的结果,在中介效应的判定上,采用系数乘积法的相关判定指标,即分析自变量团队化到中介变量团队创新行为的回归系数和中介变量团队创新行为到因变量的回归系数的乘积是否显著不等于零(Shrout et al.,2002)。从表 7.9 所显示的数据结果可以看出,团队化通过团队创新行为影响团队任务绩效的效应值为 0.35(置信区间为 [0.11,0.56]),而团队化通过团队创新行为影响团队创新绩效的效应值为 0.29 (置信区间为 [0.54,0.77]),可以发现这两组效应值对应的置信区间都不包含 0,因此,团队创新行为在研究中的中介效应是显著的。

表 7.9　中介效应的 bootstrapping 分析结果

因变量	效应值	标准误	下限	上限
团队任务绩效	0.35	0.11	0.11	0.56
团队创新绩效	0.29	0.12	0.08	0.54

最后进行有调节的中介效应分析。首先,研究四证实了团队化和授权型领导的交互项对团队创新行为($b=1.88,P<0.01$)存在显著正向关系,在此基础上继续通过 PROCESS 程序计算得出调节变量在不同取值下的条件间接效应。具体操作上,通过选择 Process 程序中的"Model 7",在选项中勾选"减少一个标准差、均值、增加一个标准差",构成调节变量的低值和高值,具体分析结果如表 7.10 所示。当团队中的授权领导力水平较低时,团队化通过团队创新行为影响团队任务绩效的间接效应为 -0.15(置信区间为 [-0.36,-0.02]),团队化通过团队创新行为影响团队创新绩效的间接效应为 -0.13(置信区间为 [-0.27,-0.02]),而

当团队中的授权领导力水平较高时,团队化通过团队创新行为影响团队任务绩效的间接效应为 0.32(置信区间为[0.10,0.59]),团队化通过团队创新行为影响团队创新绩效的间接效应为 0.27(置信区间为[0.07,0.54]),上述置信区间都不包含 0,即无论授权型领导这个调节变量取值是高水平还是低水平,团队创新行为作为中介变量对两个因变量的间接效应都是显著的。

为了更好地对研究假设进行验证,研究四根据 Process 程序运算得到的判定指标 Index 进行汇总,具体内容如表 7.10 所示,授权型领导与团队创新行为影响团队任务绩效的间接关系存在调节作用的判定指标为 0.64(置信区间为[0.18,1.20]),授权型领导对团队创新行为影响团队创新绩效的间接关系存在调节作用的判定指标为 0.54(置信区间为[0.15,1.03]),上述的置信区间都不包含 0,因此说明上述提及的有调节的中介效应都是显著的。因此,关于团队化的研究假设均得到了验证。

表 7.10　有调节的中介效应汇总

结果变量	间接效应					被调节的中介效应			
	授权领导	效应值	标准误	下限	上限	$Index$	标准误	下限	上限
团队任务绩效	低值	−0.16	0.09	−0.36	−0.02	0.64	0.26	0.18	1.20
	高值	0.32	0.12	0.10	0.59				
团队创新绩效	低值	−0.13	0.06	−0.27	−0.02	0.54	0.22	0.15	1.03
	高值	0.27	0.12	0.07	0.54				

为了能够更加清晰直观地展现团队创新行为的间接效应受调节变量影响的整体过程,研究四采用 Johnson-Neyman 技术,通过 Process 程序以及 SPSS 语法作出调节效果的具体图示。这一方法的优点在于通过设定显著临界点的方式,帮助研究者找到调节效应存在显著差异的位置,从而更好地展示调节变量在连续取值的情况下的条件间接效应。图 7.2 中,两条弯曲的线条分别代表置信区间的上限以及下限,两条虚线所构成的区间就是置信区间(具体的取值为 95%)。如图 7.2 所示,针对团队任务绩效而言,当授权型领导的取值大于 4(具体取值为 4.25)时,团队化通过团队创新行为产生的间接效应都是显著的;针对团队创新绩效而

言,当授权型领导的取值大于 4(具体取值为 4.25)时,团队化通过团队创新行为产生的间接效应都是显著的。

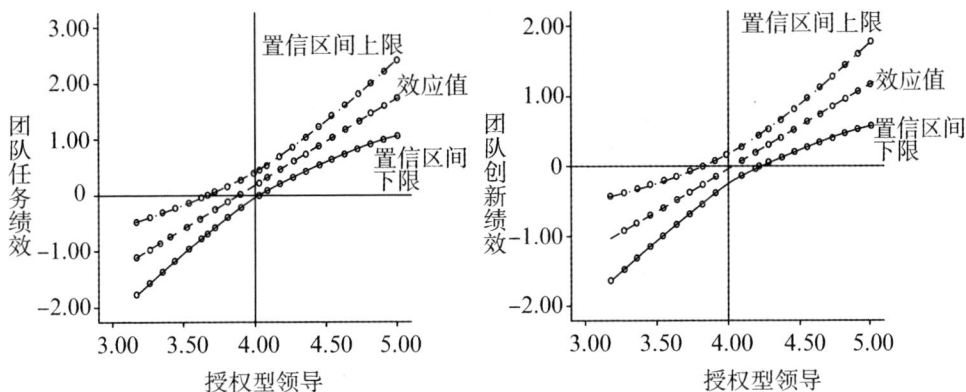

图 7.2 有调节的中介效应

研究四将团队化的每一个维度作为自变量继续进行回归分析[①],首先是将互补维度作为自变量继续进行回归分析,进行中介效应分析,经过分析发现从互补到团队创新行为的直接效应存在显著的正向关系($b=0.23,P<0.05$),假设得到了验证,同时团队创新行为与团队任务绩效之间存在着显著的正向关系($b=0.37$,$P<0.01$),与团队创新绩效存在着显著的正向关系($b=0.31,P<0.01$)。接下来研究根据 Process 宏置信区间程序进行 bootstrapping 分析,发现互补维度通过团队创新行为影响团队任务绩效的效应值为 0.37(置信区间为[0.14,0.59]),而互补维度通过团队创新行为影响团队创新绩效的效应值为0.31(置信区间为[0.10,0.57]),两组效应值对应的置信区间都不包含 0,因此团队创新行为在研究中的中介效应是显著的。在有调节的中介效应分析的过程中,互补维度和授权型领导的交互项对团队创新行为($b=1.16,P<0.01$)存在显著正向关系,在此基础上,通过 Process 程序计算得出调节变量在不同取值下的间接效应。当团队中的授权领导水平较低时,互补维度通过团队创新行为影响团队任务绩效的间接效应为-0.12(置信区间为[$-0.28,-0.12$]),互补维度通过团队创新行为影响团队创新绩效的间接效应为-0.10(置信区间为[$-0.21,-0.01$]),而当团队中的授权领导力水平较高时,团

---

① 由于篇幅有限,各维度的数据分析图表不再一一呈现。

队化通过团队创新行为影响团队任务绩效的间接效应为 0.17(置信区间为[0.06,0.33]),团队化通过团队创新行为影响团队创新绩效的间接效应为 0.15(置信区间为[0.04,0.31]),上述置信区间都不包含 0,即无论授权型领导这个调节变量取值是高水平还是低水平,团队创新行为作为中介变量对两个因变量的间接效应都是显著的。因此关于互补维度的研究假设均得到了验证。

在协同维度作为自变量进行中介效应的分析过程中,发现从协同维度到团队创新行为的直接效应存在显著的正向关系($b=0.26, P<0.01$),团队创新行为与团队任务绩效之间存在着显著的正向关系($b=0.34, P<0.01$),团队创新行为与团队创新绩效存在着显著的正向关系($b=0.31, P<0.01$),进一步通过 Process 宏置信区间程序进行 bootstrapping 分析的结果发现,协同维度通过团队创新行为影响团队任务绩效的效应值为 0.34(置信区间为[0.12,0.56]),而协同维度通过团队创新行为影响团队创新绩效的效应值为 0.31(置信区间为[0.09,0.52]),可以发现这两组效应值对应的置信区间都不包含 0,因此团队创新行为的中介效应是显著的。在有调节的中介效应分析的过程中证实了协同维度和授权型领导的交互项对团队创新行为($b=0.80, P<0.01$)存在显著正向关系,通过 Process 程序计算得出当团队中的授权领导力水平较低时,协同维度通过团队创新行为影响团队任务绩效的间接效应为 -0.05(置信区间为[$-0.17, -0.02$]),协同维度通过团队创新行为影响团队创新绩效的间接效应为 -0.04(置信区间为[$-0.13, 0.02$]),而当团队中的授权领导力水平较高时,团队化通过团队创新行为影响团队任务绩效的间接效应为 0.16(置信区间为[0.04,0.28]),团队化通过团队创新行为影响团队创新绩效的间接效应为 0.14(置信区间为[0.03,0.29]),上述置信区间都不包含 0,即无论授权型领导这个调节变量取值是高水平还是低水平,团队创新行为作为中介变量对团队任务绩效的间接效应都是显著的,而对团队创新绩效的间接效应也是显著的。因此,关于协同维度的研究假设均得到了验证。

在整合维度作为自变量进行中介效应的分析过程中,发现从整合维度到团队创新行为的直接效应存在显著的正向关系($b=0.26, P<0.01$),同时团队创新行为与团队任务绩效之间存在着显著的正向关系($b=0.35, P<0.01$),与团队创新绩效存在着显著的正向关系($b=0.31, P<0.01$),进一步通过 Process 宏置信区

间程序进行 bootstrapping 分析发现整合维度通过团队创新行为影响团队任务绩效的效应值为 0.35(置信区间为[0.13,0.57]),而整合维度通过团队创新行为影响团队创新绩效的效应值为 0.31(置信区间为[0.10,0.53]),这两组效应值对应的置信区间都不包含 0。在有调节的中介效应分析的过程中,整合维度和授权型领导的交互项对团队创新行为($b=1.25,P<0.01$)存在显著正向关系,通过 Process 程序计算得出调节变量在不同取值下的条件间接效应发现,当团队中的授权领导力水平较低时,整合维度通过团队创新行为影响团队任务绩效的间接效应为 -0.08(置信区间为[$-0.22,0.01$]),包含 0;整合维度通过团队创新行为影响团队创新绩效的间接效应为 -0.07(置信区间为[$-0.17,0.01$]),包含 0。而当团队中的授权领导力水平较高时,团队化通过团队创新行为影响团队任务绩效的间接效应为 0.25(置信区间为[0.08,0.45]),团队化通过团队创新行为影响团队创新绩效的间接效应为 0.19(置信区间为[0.06,0.40])。因此,研究发现当调节变量处于低值的时候,上述置信区间都包含 0,即授权型领导这个调节变量取值是低水平时,团队创新行为作为中介变量对团队任务绩效以及团队创新绩效的间接效应是不显著的。因此,关于整合维度的研究假设中,主效应和针对团队创新行为的中介效应得到了验证,而针对授权型领导的有调节的中介假设得到部分验证。

在迭代维度作为自变量进行中介效应的分析过程中,发现从迭代维度到团队创新行为的直接效应存在显著的正向关系($b=0.22,P<0.01$),团队创新行为与团队任务绩效之间存在着显著的正向关系($b=0.35,P<0.01$),与团队创新绩效存在着显著的正向关系($b=0.30,P<0.01$)。通过 Process 宏置信区间程序进行 bootstrapping 分析发现迭代维度通过团队创新行为影响团队任务绩效的效应值为 0.35(置信区间为[0.15,0.57]),而迭代维度通过团队创新行为影响团队创新绩效的效应值为 0.30(置信区间为[0.09,0.55]),可以发现这两组效应值对应的置信区间都不包含 0。在有调节的中介效应分析的过程中,研究证实了迭代维度和授权型领导的交互项对团队创新行为($b=1.20,P<0.01$)存在显著正向关系,通过 Process 程序计算得出调节变量在不同取值下的条件间接效应发现,当团队中的授权领导力水平较低时,迭代维度通过团队创新行为影响团队任务绩效的间

接效应为-0.13(置信区间为$[-0.29,-0.018]$),迭代维度通过团队创新行为影响团队创新绩效的间接效应为-0.11(置信区间为$[-0.24,-0.01]$)而当团队中的授权领导力水平较高时,迭代维度通过团队创新行为影响团队任务绩效的间接效应为0.19(置信区间为$[0.05,0.36]$),迭代维度通过团队创新行为影响团队创新绩效的间接效应为0.16(置信区间为$[0.04,0.32]$),上述置信区间都不包含0,即无论授权型领导这个调节变量取值是高水平还是低水平,团队创新行为作为中介变量对两个因变量的间接效应都是显著的。因此,关于迭代维度的研究假设均得到了验证。

综上所述,研究四的假设1、假设2、假设3、假设4得到验证,假设5得到部分验证。

(二)团队化对个体项目绩效影响结果

在正式对假设进行检验之前,需要先对相关的数据指标进行计算来分析数据的聚合情况。经计算发现,团队化$ICC(1)=0.52$,$ICC(2)=0.79$,组间方差显著($F=5.25$,$P<0.01$),平均$rwg=0.96$。在团队化的四个维度当中,维度一互补$ICC(1)=0.54$,$ICC(2)=0.80$,组间方差显著($F=4.92$,$P<0.01$),平均$rwg=0.95$;维度二协同$ICC(1)=0.44$,$ICC(2)=0.73$,组间方差显著($F=3.64$,$P<0.01$),平均$rwg=0.92$;整合$ICC(1)=0.37$,$ICC(2)=0.67$,组间方差显著($F=2.99$,$P<0.01$),平均$rwg=0.92$;迭代$ICC(1)=0.34$,$ICC(2)=0.64$,组间方差显著($F=2.76$,$P<0.01$),平均$rwg=0.92$。

接下来进行验证性因素分析,模型属于2-1-1跨层构念模型,在进行假设分析之前,首先运用Mplus7.4软件进行验证性因素分析。四因素模型的$CMIN/DF$(卡方自由度比)为1.37,$RMSEA$为0.03,CFI为0.99,TLI为0.99,$SRMR$为0.02,都达到了理想水平。此外,我们还用Mplus7.4计算了$Level$层级变量的方差,其结果表明变量的组间方差都在0.01水平上显著且占总方差的比值均大于6%,这也表明研究数据适合采用跨层分析。表7.11和表7.12相关性分析结果显示,团队化以及互补、协同、整合以及迭代四个维度与个体适应行为都具有显著的正相关关系,而个体适应行为与个体任务绩效以及个体创新绩效均为显著正相关。

表 7.11　相关备择模型验证性因素分析的拟合指标比较

备择模型	χ^2/df	CFI	TLI	RMSEA	SRMR
四因子模型	1.37	0.99	0.99	0.03	0.02
三因子模型	9.59	0.93	0.89	0.15	0.10
二因子模型	18.52	0.85	0.77	0.21	0.15
单因子模型	48.25	0.56	0.38	0.34	0.19

表 7.12　研究变量的均值、标准差和相关系数

变量	M	SD	1	2	3	4	5	6	7	8
团队层次($N=63$)										
团队化	4.16	0.43	**0.84**							
互补	4.19	0.48	0.63**	**0.61**						
协同	4.17	0.56	0.64**	0.25**	**0.72**					
整合	4.15	0.45	0.72**	0.25**	0.18**	**0.62**				
迭代	4.14	0.46	0.78**	0.51**	0.41**	0.60	**0.62**			
个体层次($N=386$)										
适应行为	4.13	0.49	0.34**	0.27**	0.30**	0.23**	0.31**	**0.92**		
任务绩效	4.07	0.45	0.35**	0.30**	0.24**	0.25**	0.34**	0.39	**0.83**	
创新行为	4.11	0.51	0.35**	0.30**	0.24**	0.20**	0.33**	0.34**	0.40**	**0.92**

注：* $P<0.05$；** $P<0.01$；加粗的数字表示相应的 Cronbach's α 系数。

表 7.13 报告了相关的假设检验结果，按照 Jensen 等（2013）以及方杰等（2014）提出的建议，采用多层结构方程模型的思路来检验个体适应行为在团队化与个体任务绩效、个体创新行为的中介效应。研究四借助 Mplus7.4 来进行 2-1-1 跨层构念模型的分析工作，参照以往研究，以下分析结果均保留三位小数。

表 7.13　团队化跨层主效应分析

变量	个体任务绩效		个体创新行为		个体适应行为	
	Estimate	SE	Estimate	SE	Estimate	SE
年龄	−0.024	0.027	0.015	0.022	0.022	0.024

续 表

变量	个体任务绩效		个体创新行为		个体适应行为	
	Estimate	SE	Estimate	SE	Estimate	SE
教育水平	−0.004	0.002	0.005	0.003	−0.005	0.002
工作年限	−0.011	0.027	−0.010	0.024	−0.002	0.021
团队规模	0.041	0.046	0.079	0.059	−0.021	0.043
团队化	0.263**	0.076	0.282**	0.085	0.246**	0.000

注：** 表示 $P<0.01$，* 表示 $P<0.05$，下同。

表 7.13 结果显示，团队化能够显著提升个体的任务绩效（$\beta=0.387$，$P<0.01$）与个体的创新绩效（$\beta=0.415$，$P<0.01$），同时促进个体适应行为（$\beta=0.374$，$P<0.01$）。在此基础上，研究四进一步检验团队化的四个维度与个体任务绩效与个体创新行为之间的关系。首先根据表 7.14 结果显示，团队化的互补维度能够显著提升个体的任务绩效（$\beta=0.263$，$P<0.01$）与个体的创新绩效（$\beta=0.282$，$P<0.01$），同时促进个体适应行为（$\beta=0.246$，$P<0.01$）。

表 7.14　互补维度跨层主效应分析

变量	个体任务绩效		个体创新行为		个体适应行为	
	Estimate	SE	Estimate	SE	Estimate	SE
年龄	−0.024	0.026	0.016	0.021	0.023	0.024
教育水平	−0.004	0.002	0.005	0.003	−0.005	0.002
工作年限	−0.011	0.027	−0.010	0.024	0.002	0.021
团队规模	0.045	0.047	0.092	0.060	−0.010	0.042
互补维度	0.387**	0.094	0.413**	0.114	0.374**	0.086

表 7.15 结果显示，团队化的协同维度能够显著提升个体的任务绩效（$\beta=0.191$，$P<0.05$）与个体的创新绩效（$\beta=0.199$，$P<0.05$），同时促进个体适应行为（$\beta=0.232$，$P<0.01$）。

表 7.15　协同维度跨层主效应分析

变量	个体任务绩效		个体创新行为		个体适应行为	
	Estimate	SE	Estimate	SE	Estimate	SE
年龄	−0.026	0.028	0.014	0.021	0.020	0.024
教育水平	−0.002	0.002	0.006	0.003	−0.005	0.002
工作年限	−0.012	0.027	−0.010	0.024	0.003	0.021
团队规模	0.066	0.058	0.120	0.065	0.022	0.045
协同维度	0.191*	0.078	0.199*	0.069	0.232**	0.066

接下来，表 7.16 结果显示，团队化的整合维度能够显著提升个体的任务绩效（$\beta = 0.219, P < 0.05$）与个体的创新绩效（$\beta = 0.191, P < 0.05$），同时促进个体适应行为（$\beta = 0.210, P < 0.05$）。

表 7.16　整合维度跨层主效应分析

变量	个体任务绩效		个体创新行为		个体适应行为	
	Estimate	SE	Estimate	SE	Estimate	SE
年龄	−0.022	0.029	0.017	0.021	0.024	0.024
教育水平	−0.002	0.002	0.006	0.003	−0.005	0.002
工作年限	−0.014	0.027	−0.012	0.024	0.000	0.021
团队规模	0.033	0.055	0.087	0.061	−0.016	0.045
整合维度	0.219*	0.108	0.191*	0.069	0.210*	0.091

最后，表 7.17 结果显示，团队化能够显著提升个体的任务绩效（$\beta = 0.341, P < 0.01$）与个体的创新绩效（$\beta = 0.346, P < 0.01$），同时促进个体适应行为（$\beta = 0.311, P < 0.01$）。由此，研究四的假设 6 得到验证。

表 7.17　迭代维度跨层主效应分析

变量	个体任务绩效		个体创新行为		个体适应行为	
	Estimate	SE	Estimate	SE	Estimate	SE
年龄	−0.024	0.029	0.016	0.022	0.022	0.024
教育水平	−0.003	0.002	0.005	0.003	−0.005	0.002
工作年限	−0.014	0.026	−0.012	0.024	0.000	0.021

续 表

变量	个体任务绩效		个体创新行为		个体适应行为	
	Estimate	*SE*	*Estimate*	*SE*	*Estimate*	*SE*
团队规模	0.023	0.054	0.076	0.059	−0.025	0.042
迭代维度	0.341**	0.078	0.346**	0.097	0.311**	0.087

表 7.18 显示的是个体适应行为在团队化及其四个维度与个体任务绩效以及个体创新行为之间的跨层中介分析结果。

表 7.18　跨层中介效应分析

中介变量路径	中介效应值		置信区间(95%)	
	Estimate	*SE*	*Lower*(下限)	*Upper*(上限)
T-IC-MP	0.062**	0.024	0.016	0.109
T-IC-MC	0.082**	0.031	0.022	0.142
M-IC-MP	0.044**	0.016	0.012	0.076
M-IC-MC	0.057**	0.022	0.014	0.100
O-IC-MP	0.041*	0.017	0.008	0.073
O-IC-MC	0.054**	0.022	0.010	0.097
F-IC-MP	0.039*	0.019	0.002	0.076
F-IC-MC	0.051**	0.024	0.003	0.099
I-IC-MP	0.054**	0.021	0.012	0.095
I-IC-MC	0.070**	0.027	0.017	0.123

注:T 代表团队化;M、O、F、I 分别代表互补、协同、整合以及迭代;IC 代表个体创新行为;MP、MC 分别代表个体任务绩效和个体创新行为。

表 7.18 主要包括以下几个方面的发现:(1)个体适应行为在团队化与个体任务绩效之间的中介效应值为 0.062($SE=0.024,P<0.01$),95%置信区间是[0.016,0.109],不包含 0,这表明个体适应行为在团队化与个体任务绩效之间的跨层中介效应显著。(2)个体适应行为在团队化与个体创新行为之间的中介效应值为 0.082($SE=0.031,P<0.01$),95%置信区间是[0.022,0.142],不包含 0,这表明个体适应行为在团队化与个体创新行为之间的跨层中介效应显著。(3)个体适应行为在团队化的互补维度(M)与个体任务绩效之间的中介效应值为 0.044

$(SE=0.016,P<0.01)$,95％置信区间是$[0.012,0.076]$,不包含0,这表明个体适应行为在团队化的互补维度与个体创新行为之间的跨层中介效应显著。(4)个体适应行为在团队化的互补维度与个体创新行为之间的中介效应值为0.057($SE=0.022,P<0.01$),95％置信区间是$[0.014,0.100]$,不包含0,这表明个体适应行为在团队化的互补维度与个体创新行为之间的跨层中介效应显著。(5)个体适应行为在团队化的协同(O)维度与个体任务绩效之间的中介效应值为0.041($SE=0.017,P<0.01$),95％置信区间是$[0.008,0.073]$,不包含0,这表明个体适应行为在团队化的协同维度与个体任务绩效之间的跨层中介效应显著。(6)个体适应行为在团队化的协同维度与个体创新行为之间的中介效应值为0.054($SE=0.022,P<0.01$),95％置信区间是$[0.010,0.097]$,不包含0,这表明个体适应行为在团队化的协同维度与个体创新行为之间的跨层中介效应显著。(7)个体适应行为在团队化的整合(F)维度与个体任务绩效之间的中介效应值为0.039($SE=0.019,P<0.01$),95％置信区间是$[0.002,0.076]$,不包含0,这表明个体适应行为在团队化的整合维度与个体任务绩效之间的跨层中介效应显著。(8)个体适应行为在团队化的整合维度与个体创新行为之间的中介效应值为0.051($SE=0.024,P<0.01$),95％置信区间是$[0.003,0.099]$,不包含0,这表明个体适应行为在团队化的整合维度与个体创新行为之间的跨层中介效应显著。(9)个体适应行为在团队化的迭代维度(I)与个体任务绩效之间的中介效应值为0.054($SE=0.021,P<0.01$),95％置信区间是$[0.012,0.095]$,不包含0,这表明个体适应行为在团队化的迭代维度与个体任务绩效之间的跨层中介效应显著。(10)个体适应行为在团队化的迭代维度与个体创新行为之间的中介效应值为0.070($SE=0.027,P<0.01$),95％置信区间是$[0.017,0.123]$,不包含0,这表明个体适应行为在团队化的迭代维度与个体创新行为之间的跨层中介效应显著。综上所述,研究四的假设7得到验证。

四、补充分析

在完成以上分析与检验工作之后,研究四进一步开展补充分析。进行补充分析的主要原因在于,从研究方法与取样过程上来看,研究四的问卷数据虽然采用的是配套问卷的形式,但是数据来源过度依赖于样本的自我报告,相对而言还是存在一定的主观性,因而上述通过对问卷数据进行统计分析所得到的结果在条件允许的情况下还需要通过其他证据来加以验证(王重鸣,2000)。

针对团队化对于团队层面绩效的影响,研究四在完成问卷收集的三个月后,于2019年1月再一次与受访企业TC公司以及TD公司联系,尝试进一步获取样本团队的客观数据。经过努力,我们得到了TC公司主要项目团队的2018年度部分考核数据,并在其中选择样本团队的任务完成率以及创新项目课题这两方面表现作为反映团队任务绩效以及团队创新绩效的客观指标进行分析。由于TD公司样本团队中的团队成员隶属于多家公司,此部分客观数据我们无法得到。因此研究四的补充分析主要针对TC公司的样本团队进行。

我们将之前调研的81个TC公司样本团队与TC公司年度考核报告当中的项目团队进行比对,发现上述81个团队中的48个项目团队拥有上述两个指标的完整数据,其他33个团队数据缺失的原因主要与TC公司内部不同子公司的考核模式与考核标准有关。

研究四对这48个团队进行了再一次的分析。首先将这48个团队($M=4.18,SD=0.33$)按照团队化水平分成3组,分别是由13个团队组成的高团队化组($M=4.60$),由22个团队组成的中团队化组($M=4.18$)以及由13个团队组成的低团队化组($M=3.76$)。通过对上述三组团队进行交叉比较分析,发现高团队化组中主要表现出了多项目交叉特征(84.62%)以及跨职能协作特征(69.23%),中团队化组主要表现出了多指标考核特征(72.73%)以及多项目交叉特征(63.63%),而低团队化组的13个团队并没有体现出特别突出的项目工作特征,这一结果进一步与研究二当中的发现形成了呼应,具体差异见图7.3。

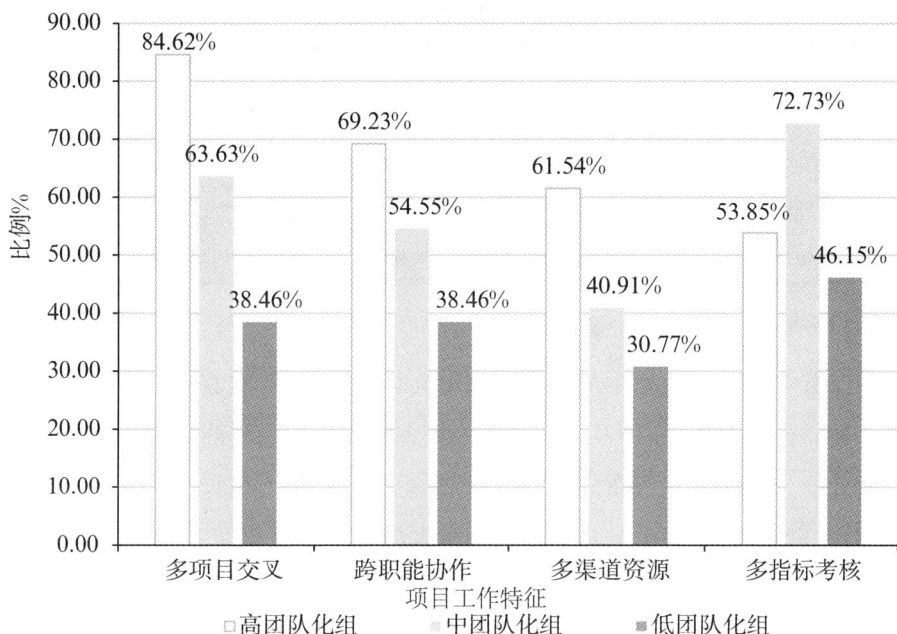

图 7.3 不同水平的团队化组在项目工作特征上的差异

针对三种不同团队化水平的团队,分别以任务完成率和创新项目课题作为因变量进行单因素方差分析,发现三组的组间差异显著(任务完成率 $F=5.81$, $P<0.01$;创新项目课题 $F=10.06$, $P<0.01$),进一步通过 LSD 进行事后比较分析,发现高团队化组在任务完成率指标上的表现显著好于低团队化组(平均值差值 $=0.92$, $P<0.01$),中团队化组在任务完成率指标上的表现也显著好于低团队化组(平均值差值 $=0.59$, $P<0.05$),不过高团队化组在任务完成率指标上虽然高于中团队化组,但是两者差距并不显著(平均值差值 $=0.33$, $P=0.184$);与此同时,高团队化组在创新项目课题指标上的表现显著好于中团队化组(平均值差值 $=0.56$, $P<0.05$),而中团队化组在创新项目课题指标上的表现也显著好于低团队化组(平均值差值 $=0.75$, $P<0.01$)。具体结果见表 7.19。

表 7.19 使用 LSD 方法的事后分析

	任务完成率	创新项目课题
①高团队化	$M=3.92, SD=0.64$	$M=3.92, SD=0.86$
②中团队化	$M=3.59, SD=0.73$	$M=3.36, SD=0.66$
③低团队化	$M=3.00, SD=0.71$	$M=2.62, SD=0.77$
组间比较	②>③,①>③,①>②(不显著)	①>②>③

五、结果讨论

对于数字化平台组织中的项目团队而言,团队化是否能够对自身的项目绩效产生影响,这一问题直接涉及团队化这一概念是否具有一定的理论价值与研究意义。首先通过问卷数据分析,我们发现数字化平台组织中项目团队采用团队化能够显著提升团队的任务绩效以及团队的创新绩效。具体而言,团队化通过团队创新行为的中介作用来影响团队任务绩效与团队创新绩效,而这一作用过程将会受到授权型领导因素的影响。研究四进一步针对团队化的四个维度——互补、协同、整合以及迭代进行问卷数据分析,发现上述有调节的中介模型在互补、协同以及迭代三个维度上得到验证,而在整合维度上并没有得到验证,造成这一现象的主要原因可能是数字化平台组织中团队之间的整合会削弱授权型领导对于项目团队的创新行为形成,不过这方面的推断还需要在未来研究当中被进一步确认。

研究四还尝试探究团队化对于团队成员个体项目绩效的跨层影响作用。根据现有文献所总结出的操作流程,提取了个体任务绩效与个体创新绩效这两方面重要的项目绩效指标,通过问卷数据分析,发现了团队化及其四个维度对上述两方面内容都具有非常显著的正向影响。具体来说,对于数字化平台组织中的项目团队而言,团队成员所展现出来的特质将会直接影响其在团队内部的表现,此时团队成员能否适应不断变化的外部环境,成了对其自身越来越重要的决定性因素。研究发现了个体适应行为对于团队化和个体项目绩效之间关系的中介作用,通过分析发现,团队化及其四个维度都能够积极影响团队成员的个体适应行为,进而促进团队成员表现出更高的任务绩效并出现更多的创新行为。我们认为这一研究结果还是具有一定的实践指导意义的。首先,在数字化情境下,项目团队在构成上逐渐呈现出小规模团队的趋势,因此团队与个体之间出现了更加紧密的联系,个体成员的项目绩效水平对于团队项目绩效变得越来越重要,而提升团队成员个人项目绩效的关键在于关注团队成员自身对情境的适应行为,对于团队而言,可以通过开展针对性的团队成员适应水平提升来实现个体项目绩效与团队项目绩效这两方面的提升。

对于问卷数据分析的结果,研究四最后还围绕团队化与团队客观绩效指标进行了补充分析,将团队化分成高、中、低三种水平,以团队的任务完成率以及创新项目课题作为因变量进行单因素方差分析,发现了显著的组间差异。更进一步来看,相较于团队任务绩效,团队化对于团队创新能够产生更加显著的促进作用。

第三节　研究小结

研究四主要关注的是团队化对数字化平台组织中的项目团队以及团队成员的绩效影响,围绕团队化这一核心概念,以团队创新行为、授权型领导与个体适应行为这一组重要影响因素,验证了图 7.1 所示的假设模型。由此,本书研究设计当中最后一个理论问题也得到了解答。我们继续沿着从微观到中观的分析路线,将数字化平台组织中项目团队的团队化效能提升策略命名为团队化适应—激活策略。其中适应指的是团队化提升团队成员个体项目绩效的路径为个体适应行为,激活指的是团队化提升团队项目绩效的路径为团队的创新行为的激活。团队化适应—激活策略的提出,也标志着本书对团队化的讨论实现了从概念提出、测量工具、形成机制再到效能提升策略的闭环,而这也进一步揭示了数字化平台组织中团队与团队成员之间的内在关系,具有一定的理论意义。

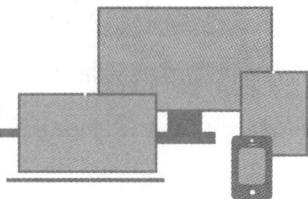

第八章 总讨论

数字化情境下的中国经济面临着多层次的困境与多方面的挑战,任何一个行业中的企业都需要借助创新驱动的发展纲领来抓住全新时代浪潮下的机遇(Wang,2012)。

近些年来,以阿里巴巴、腾讯、华为等为代表的中国企业经过不断摸索试错,成功找到了适合自己的平台化创新型发展路径,逐渐成长为引领整个时代的标杆,在这些企业的带领下,越来越多的企业采用平台商业模式进行业务重构,通过数字化平台组织进行组织变革,实现了高质量发展;然而并非所有企业都能够在数字化平台组织的实践中获得成功,正如本书在绪论部分所提出的,造成这一现象的深层次原因在于数字化平台组织在实际运作过程中存在团队重塑以及协作颠覆所带来的团队管理方面的挑战。具体而言,现有数字化平台组织中的项目团队虽然能够围绕项目展开协作,但是每个项目团队自身的业务专长以及工作模式都是不同的,这种差异长此以往将会形成割裂的利益群体,不同利益群体之间貌合神离的分散状态势必会形成更深的隔阂(Jiao,Ven,Jing,& Yuan,2018),并逐渐在项目工作当中表现出角色不补位、信息不分享、流程不接头、模式不转变、互相拆台等问题。而这也导致数字化平台组织无法适应全新的任务模式与协作模式,带来全新的管理与协同上的问题,对此现有关于数字化平台组织的实践经验难以有效解决。

为了填补现有理论与实践之间的缺口,本书尝试从数字化情境下的数字化平台组织切入,将数字化平台组织中的项目团队作为研究对象,以群体动力作为主要理论,围绕数字化平台组织的团队动力以及团队化进行研究设计。针对数字化平台组织团队动力,本书首先归纳了数字化情境特征,探索了团队动力特征,构建了数字化平台组织的团队动力模型;紧接着基于该团队动力特征提出团队化的全新构思维度,自主开发了团队化量表,验证了数字化情境特征以及数字化平台组织团队动力特征对于团队化的正向影响;最后还进一步对数字化平台组织的团队化进行机制设计与策略构建工作。基于上述研究脉络梳理,本书接下来将分别从总体研究结果、主要理论贡献、实践指导意义、研究局限与未来研究方向等方面展开。

第一节　总体研究结果

针对所提出的四个关键理论问题,本书通过四个实证研究进行了回答,每一个实证研究分别对应其中的一个理论问题。首先针对数字化平台组织中项目团队的团队动力新特征这一理论问题,研究一通过开放式案例编码对数字化情境特征进行归纳,得到一组数字化项目特征和一组数字化协作特征,其中数字化项目特征聚焦于项目团队在实际工作中遇到的具体项目任务的特征,具体包括价值差序与价值演进两个特征;而数字化协作特征聚焦项目团队自身所展现出的多方协作的特征,这些特征具体可以用团队互动与团队联盟这两个特征来概括。在此基础上,研究一采用关键事件法,沿着从微观到中观的分析路线,根据归纳得到的价值差序、团队互动、团队联盟、价值演进这四个情境特征提炼出四种团队动力特征,分别为换位、链接、共生、变迁,而这四种团队动力特征可以进一步看作为数字化平台组织中项目团队独有的动力特征,而团队动力特征与情境特征分别在团队界面与组织界面互相渗透,形成了数字化平台组织的团队动力模型,由此本书的第一个理论问题得到了回答。此外,研究一还基于数字化情境特征对数字化平台组织中的项目团队与传统组织中的常规团队两者进行了辨析,基于团队动力特征对数字化平台组织中高团队动力的项目团队与低团队动力的项目团队两者进行了辨析。

研究二基于数字化平台组织团队动力特征提出了团队化的构思维度并赋予了团队化新的概念内涵。团队化一共有四个维度,分别为互补、协同、整合以及迭代,四个维度分别对应着团队动力特征中的换位、链接、共生、变迁这四种团队动力要素。在明确了团队化构思维度之后,研究二对团队化进行了量表开发,得到了由 4 个维度、13 道问项组成的团队化量表。由此本书的第二个理论问题得到了回答。随后,研究二利用大样本问卷调查的方法发现研究一中所提炼得到的价值差序、团队互动、团队联盟、价值演进这四个情境特征均能够对数字化平台组织中项目团队的团队化及其四个维度产生正向影响。最后,研究二还通过对上述样本进行分类,发现数字化平台组织中的项目团队的团队化及其四个维度的水平显著高于传统组织中的常规团队;同时在数字化平台组织中,高团队动力的项目团队的团队化及其四个维度的水平显著高于低团队动力的项目团队。因此,我们认为研究一所提炼的换位、链接、共生、变迁四个团队动力特征也能对团队化及其四个维度产生正向影响。

研究三在研究二系列实证结果的基础上,进一步通过情境模拟实验,发现数字化平台组织中项目团队的团队化是在任务因素和互动因素两个因素共同作用下形成的,高目标合作平台组织中的项目团队在进行数字化任务时,团队化水平较高,而低目标合作平台组织中的项目团队在进行非数字化任务时,团队化水平较高。由此,本书第三个理论问题得到了回答,具体而言,我们将数字化平台组织中团队化的形成机制命名为多源形成机制,即团队化形成的前提在于数字化情境下特征以及数字化平台组织团队动力特征的影响,而对于数字化平台组织中的项目团队而言,团队化形成的核心在于任务因素与互动因素这两个因素的共同作用。

研究四的聚焦点从团队化概念本身拓展到了团队化策略,主要通过探讨团队化与数字化平台组织中的团队项目绩效及团队成员项目绩效之间的理论关系来进行团队化效能提升策略的构建。具体而言,研究四发现了团队化与团队项目绩效以及个体项目绩效之间的正向关系。通过对收集到的组织内部的 81 个团队的问卷数据进行回归分析,发现团队化能够通过提升团队的创新行为进而提升团队的任务绩效以及团队的创新绩效,而这一作用过程将会受到授权型领导因素的影响。同时,研究四还选择个体任务绩效与个体创新行为作为具体的绩效指标,通过对 86 个团队的问卷调查构建了团队—个体的 2-1-1 跨层概念模型,发现团队层面的团队化会通过促进团队中个体的适应行为提升个体层面的任务绩效与创新行为。研究四针对上述结果又进行了补充分析,基于 48 个样本团队的团队化数据与客观绩效数据,通过方差分析,发现相较于团队任务绩效,数字化平台组织对于团队创新绩效的提升起到了更加显著的正向影响。根据上述研究发现,我们将团队化效能提升策略命名为团队化适应—激活策略。

　　本书将其中的主要研究发现与研究结论进行梳理,构建出了一个关于团队化的理论模型图,具体内容详见图 8.1。

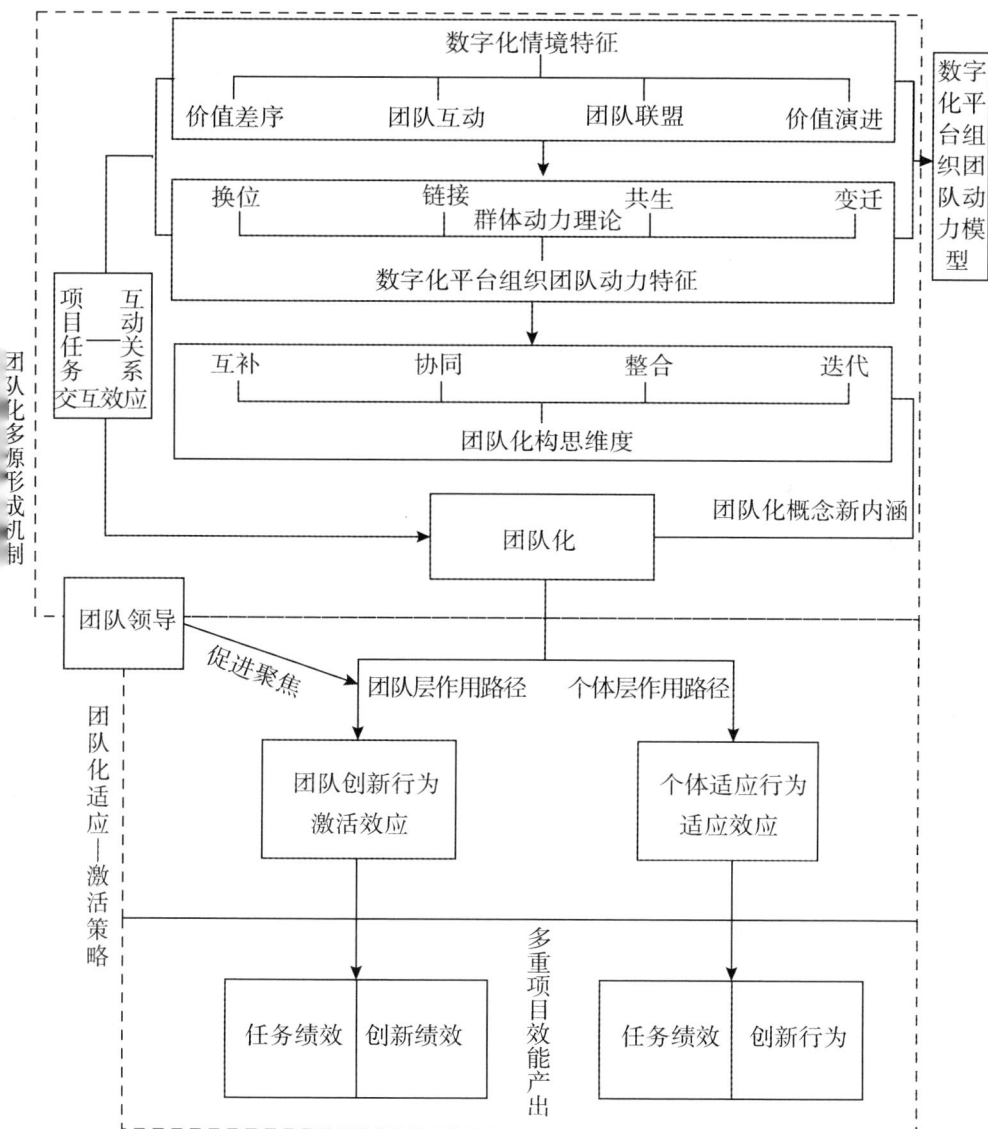

图 8.1　数字化平台组织团队化理论模型与效应

第二节　主要理论贡献

一、数字化平台组织的团队动力模型

本书的第一个理论贡献在于提出数字化平台组织的团队动力模型。回顾团队管理的百年研究历程,其中最重要的研究成果之一在于理论界认识到了工作场所中的团队是富有生命力的有机体,即每一个团队都会随着外部环境的变化而产生变化(Kozlowski,2012),而这也意味新情境下的新团队将会表现出新的动力特征。面对这些新特征,经典的群体动力理论可能已经无法进行针对性的解释。

因此基于经典的群体动力理论,结合特定的外部情境来探索全新的团队动力就成了一项非常重要的工作。然而这方面工作目前还没有得到有效的展开,具体原因在于现有国内研究还是习惯于围绕西方文化背景下所形成的商业实践路径与固定模式进行讨论,对于中国企业变革时代究竟面临着怎样的困境缺乏真实的感受,对中国企业未来发展也缺乏密切关注。因此,本书以数字化情境作为研究情境,深入聚焦于数字化情境下的数字化平台组织,基于经典的群体动力理论,结合数字化情境特征,采用多案例研究的方法归纳得到了四种情境特征:价值差序、团队互动、团队联盟以及价值演进。以这四种情境特征为依据,本书沿着从微观到中观的分析路线,提炼出了四大数字化平台组织中项目团队动力的团队动力特征:换位、链接、共生以及变迁。基于团队动力要素与数字化情境特征,本书构建了数字化平台组织的团队动力模型,这在一定程度上也实现了经典群体动力理论在数字化情境下的理论深化与应用延伸。

此外,通过对数字化情境特征的分析,本书初步探讨了数字化平台组织中的项目团队和传统组织中的常规团队之间的潜在差异;而通过对数字化平台组织中团队动力特征进一步的分析,本书还初步探讨了数字化平台组织中高团队动力的团队和低团队动力的团队之间的潜在差异,这些工作也为今后管理心理学领域的研究提供了微观要素与中观要素的支持。

二、数字化平台组织情境下的团队化维度

本书的第二个理论贡献是基于数字化平台组织的团队动力,提出了团队化概

念的四个维度：互补、协同、整合以及迭代，并进一步明确了团队化的概念内涵。这方面工作的重要性可以包括以下几个方面。

第一，本书结合数字化情境特征，聚焦于数字化平台组织，基于数字化平台组织的团队动力四因素提出了团队化的四个维度，在 Edmondson 所提出的团队化概念的基础上做了进一步的深化。近年来，以 Edmondson 为代表的团队化研究，主要聚焦于团队化在医院急诊室、重大社会经济项目、组织内部关键问题解决等方面的应用(Valentine et al., 2015；Edmondson et al., 2016)，这方面的研究确实对于我们初步理解团队化这一新概念起到了非常重要的作用。本书在这些研究的基础上，将团队化这一概念定制到数字化情境与数字化平台组织这一组织模式当中，补充了团队化这一概念的情境化属性，拓展了团队化的概念内涵。我们认为，一方面，团队化并非一系列简单的团队内协作行为和团队间协作行为，而是一个动态的过程，强调的是团队内与团队间的内外融合，在项目任务当中的交叉合作；另一方面，数字化平台组织中，项目团队所面临的项目任务与上述研究场景中的任务虽然有相似之处，但是在细节上还是有所区别的，具体差异在于现有研究更多是将团队化应用于解决一项重要且困难的问题(Furukawa，2016)，例如怎样挽救某一位急诊室病人的生命，如何在短时间内提升某一地区经济作物的产量等，这一类问题相对来说有着清晰的定义与明确的目标，主要的难点在于无法确定具体的实施路径以及各种外部条件的限制。相比较而言，许多数字化平台组织中项目团队所面临的项目任务不但缺少有效的实施路径，可能连所需要做的工作本身都没有办法被清晰定义，与此同时，组织甚至无法在短时间内对已经完成的项目进行有效的价值评估。

第二，团队化构思维度提出过程对于未来研究者进行概念构思维度的研究具有一定的参考意义。具体而言，本书采用数字化平台组织团队动力与团队化进行"双核心"的研究设计，主要原因一是针对绪论部分所提出的两个方面的实践问题，二是"双核心"的研究设计也让团队化构思维度的提出具有更强的理论性支持。由于团队化这一概念提出的时间并不长，相关的理论探讨并不充分，因此，我们以经典的群体动力理论作为主要理论，先通过多案例研究明确数字化平台组织的团队动力特征，并以此作为铺垫来提出团队化具体的构思维度，再通过不同的实证方法对团队化的维度加以确认,整个过程历经多轮次、多方法的探索与论证,在一定程度上也补充了团队化这一概念的理论厚度。

第三,本书在明确团队化构思的基础上,进一步通过规范化的量表开发流程对团队化进行了测量问项的设计与开发,得到了 13 道问项的团队化的测量问卷,经过多方面多轮次的检验,证实该问卷具有良好的信度与效度。同时,在团队化的量表开发过程中,发现团队化这一强调融合团队内与团队间的理论概念与传统的团队凝聚力这种关注仅仅团队内部系统结构的理论概念相比,在测量上呈现出了较为明显的差异。本书认为,对于数字化平台组织中的项目团队而言,团队化程度较高的项目团队往往并不意味着团队内部之间的凝聚力就很高。这一发现在一定程度上与 Wise(2014)的观察形成了呼应,同时也在一定程度上说明团队间协同的内在逻辑与传统意义上的团队内部协同之间是存在明显的差异的,这是否意味着一些其他基于团队内部互动形成的理论概念同样不适用于团队间协作还有待进一步研究。不过本书认为,在数字化情境下的数字化平台组织中,团队内与团队间协作更多表现出的是共存状态,我们不能简单地将团队内与团队间的协作进行机械式的区分,而是需要围绕不同的项目要求进行整合,这也正是团队化这一概念的价值所在。

三、数字化平台组织情境下的团队化策略与机制

作为一项情境化的研究,本书在构思上响应了以 Kozlowski 以及 Mathieu 为代表的团队管理领域资深研究者的呼吁,主张不但要将具体的现实情境引入研究,更重要的是将情境特征定制进理论框架内去解决现实世界当中的真实问题(张志学等,2014;王重鸣,2015)。

数字化平台组织中的项目团队在项目跟进过程中需要不断与团队外部环境发生紧密的联系,但是现有团队管理理论对于团队自身与团队外部环境之间的关系的讨论并不充分。其中少部分的本土研究主要也是对西方经典概念的逻辑复制,普遍关注类似于国际经济形势、国家宏观政策对组织的影响,没有对中国企业目前所面临的独特的外部环境及其相应的情境特征进行深入探索,更缺少针对组织内部生态的进一步关注与分析。针对这一不足,本书的第三个重要的理论贡献

就是通过对情境特征与动力特征的提炼与分析,围绕团队化这一概念完成了团队化策略与机制的构建与设计。

(一)团队化的多源形成机制

团队化多源形成机制的设计离不开关键情境与动力特征的提炼。本书在研究一通过对中国企业所面临的真实数字化情境进行深入挖掘,结合之前在案例访谈当中所收集到的相关素材,针对数字化平台组织中的项目团队在数字化情境下的具体实践,提炼出了由价值差序与价值演进所构成的数字化项目特征以及由团队互动与团队联盟所构成的数字化协作特征,这对现有团队管理方面的情景化研究而言是一个理论补充。更重要的是,在归纳数字化情境特征的基础上,本书进一步提炼出了数字化平台组织团队动力特征这一中观层面的特征要素,实现了对宏观外部情境特征的进一步细化。

团队化多源形成机制的铺垫工作在于将情境因素与动力特征带入模型中进行检验,这也是本书研究二重要的实证工作之一。研究二通过自主开发的团队化量表,分别验证了数字化情境特征以及数字化平台组织团队动力特征对团队化及其四个维度的正向影响。这一系列实证结果一方面为团队化的形成界定了前提条件,另一方面也进一步说明了团队化这一概念的情景化属性。

多源形成机制的核心是项目任务与互动关系这两个因素的共同作用,基于研究二当中的实证结果铺垫,本书在研究三中通过情境模拟实验探讨了数字化平台组织中,项目团队的团队化形成具体会受到项目任务因素以及互动关系因素两个方面的影响。

本书通过层层分析,完成了团队化多源形成机制的设计,也进一步厘清了情境特征、动力特征与团队化概念之间的联系。基于本书的一系列总结提炼与实证分析,我们认为上述三者的内在联系可以概括为以下两个方面:第一,动力特征是情境特征更加细化的表征,在提炼动力特征之前首先需要明确情境特征;第二,无论是情境特征还是动力特征,两者都是团队化形成的重要前提条件。

(二)团队化的适应—激活策略

本书将团队化效能提升策略命名为团队化的适应—激活策略。第一,团队化作为一个团队层面的概念,本书通过研究揭示了团队化提升团队层面绩效指标的具体策略,团队化对于数字化平台组织中项目团队发展具有重要意义。具体而言,随着外部经济环境逐渐呈现出全新的模式,数字化平台组织所面临的外部竞争环境也在不断变化,组织中的项目团队想要持续保持高绩效水平,需要不断地尝试进行创新绩效的提升,此时项目可以针对自身的项目情况与团队情况设计一系列基于项目协作的全新实践,提升团队创新行为,从而提升团队的任务绩效与创新绩效。此外,本书发现了团队化与授权型领导之间的交互作用。作为能够影响团队绩效的重要因素,领导力对于团队研究而言有着非常重要的意义。本书选择授权型领导这一领导模式进行分析,利用上述提及的多个团队数据,发现对于数字化平台组织中的项目团队而言,团队领导的授权型领导能够调节团队化对于团队创新行为的影响,即当团队领导表现出较高的授权型领导力时,团队化对于团队创新行为的正向影响会更加明显,这也在一定程度上印证了现有授权型领导与团队之间的内在逻辑关系,这一结果能够进一步明确团队化的概念内涵与理论边界,具有一定的理论贡献与实践意义。

第二,在以往的情境化研究中,研究者所普遍关注的是不同的研究情境对组织或团队这样相对的宏观或者中观层面的影响,缺少对嵌入情境中的每一个团队成员的关注,企业面临的数字化情境的挑战往往是一个组织变革问题,而组织变革必将辐射到整个组织中的团队以及团队中的个体。近年来,越来越多的研究者开始注意到团队成员个体将会在很大程度上影响团队甚至是组织的转型变革。具体来说,只有团队的每一个团队成员发生行为上的改变,团队的项目工作才能够持续有效进行,整个数字化平台组织的转型才能够有效推进。因此本书进一步聚焦于团队化与团队成员个体绩效之间的内在关系,参考了之前多位研究者的建议,通过个体任务绩效以及个体创新绩效两组结果指标来系统了解团队成员在面对多项目工作时的具体角色与行为。通过分析,发现团队化对于团队成员而言,无论是针对其自身的任务绩效还是创新行为,都具有一定的正向影响,而这一影响主要是通过提高团队成员的适应行为来实现的。

第三节　实践指导意义

一、数字化转型的团队化策略提升

数字化转型正推动全球经济发生深刻变革。大数据、人工智能和云计算等信息技术的广泛应用重塑了企业资源和能力。而经历新冠肺炎疫情防控,进一步充分体现了推动数字化产业转型改造升级的必要性和紧迫性。在此次疫情对我国经济社会发展带来巨大冲击的同时也为数字化转型升级提供了新的发展机遇。众多企业加入了数字化转型这一趋势之中,通过提升企业员工进行创造创新活动的积极主动性和创造力,来快速适应市场需求的动态变化,增强企业的核心竞争力。面对一系列残酷的客观事实,我们必须认识到现如今剧烈动荡的外部环境随时会给当下中国企业带来意想不到的巨大冲击,面对随之而来的多重打击,全面拥抱数字化已经成了多数企业长期对冲外部风险与不确定性的唯一选择,相应地,数字化平台组织也成了企业数字化转型当中的必经之路。进一步来看,任何一个数字化平台组织是否能够得到良好的发展,关键取决于数字化平台组织中的项目团队。

针对数字化平台组织中的项目团队,本书其中一个重要的启示在于通过实证分析,揭示了数字化情境下的数字化平台组织中,面对多任务交叉的项目团队,通过团队化的有效实施能够带来更加优异的任务表现与更加显著的创新绩效。在一个数字化平台组织中,团队的多学科交叉能力和工作灵活性使其能够有效率地支持整个平台组织中的各种数字信息技术和交流,例如,来自不同领域专业知识领域背景的优秀人才在一个团队中相互分享专业知识、创意和创新想法。具体结合王重鸣(2015)所总结的团队化成长策略,本书认为企业数字化平台组织在实践过程中可以进一步聚焦于团队化的互补、协同、整合以及迭代四个维度来进行切入,例如尝试构建网络生态,让组织平台中的项目团队更容易找到适合自己的项目协作方;提倡开诚布公的组织与团队沟通模式,不刻意隐瞒项目信息,从而更好地与项目协作方坦诚地交换意见,提升项目中物流、信息流以及资金流方面的同步效率;在项目利益共享与项目风险共担的思想指导下,更好地设计项目当中不同项目协作方的权利与责任,形成一体化的项目共同体;最后,充分鼓励项目团队围绕项目工作大胆进行实验尝试,允许团队创新道路上出现的暂时性失败。

需要指出的是,在团队化帮助团队实现绩效提升的过程中,也离不开团队领导所施加的影响。数字化情境下,随着组织中团队的工作性质与协作关系被重新定义,团队中团队领导的角色也必将发生转变。本书认为,在面向未来的团队当中,团队领导需要将自身定位于组织当中的项目工作的推动者和团队发展的布道者,而非团队成员的管理者,这在一定程度上意味着团队领导需要进行项目工作的授权,让所有的团队成员参与到重要项目的决策当中,促进团队创新行为的形成,从而帮助团队实现整体的绩效提升。

授权型领导方式是一种与下属员工分享自己权力的企业领导工作管理方式风格,旨在通过探讨下属员工的内在心理动机和工作主动性,强调企业组织为员工提供对其而言具有意义的工作,授予员工相应的组织工作管理权限,从而促进员工自主进行决策以及高效完成自身工作任务,提升工作积极自主性。在企业组织中营造出轻松愉快、权力资源共享的创新行为文化氛围,会对员工的心理和行为产生深刻的影响。授权型管理领导风格具有向每个下属员工授权、为所有下属员工创造宽松高效工作环境氛围的高效管理领导风格,员工往往能在整个组织中深刻感知到自我作为决策者的权力、工作的实际意义与社会价值,从而有效激发员工主动做出创新行为等来回报组织的信任与器重,以实现个体与组织发展的共同目标。授权型团队领导向团队成员主动及时分享权力,这不仅仅能够有效激发团队成员寻求解决复杂实际问题的内在工作动机,而且它还能够有效提高团队全体成员在解决处理复杂问题工作过程中的主动权限,对指导团队全体成员如何实施具有创新性的行为策略具有重要的指导影响。首先,授权型团队领导通过向他们团队全体成员明确阐明其在工作中的意义,能够有效帮助他们团队全体成员更好地准确理解所需要从事的各项工作,这样就有利于有效提升他们整个团队中的全体成员对他们整个企业的战略适应性和企业社会化的认同度,进而积极实施各种技术创新型的行为活动来快速准确实现他们整个企业的持续发展战略目标。其次,领导者通过赋予团队内部全体成员更多的工作自主权,有利于有效提高他们作为团队内部成员的心理适应能力以及安全感。而那些拥有高度的心理适应能力和高安全感的团队全体成员则更加敢于坚决从事高风险且复杂的各类活动，不断地进行学习、变革乃至不断进行创新。再次，领导者经常向他们团队全体成员充分地表达对其职业创新能力的高度信任，能够有效地提高他们团队成员积极创新心理和情绪体验，使其更加积极有效和充满信心地主动投入更多的有利于企业发展的创新活动之中。最后，授权型团队领导通过这种授权方式给予他们团队全体成员更多自由性和参与团队组织进行决策的权力，提高他们团队全体成员在企业进行组织决策工作过程中的地位和影响力，使其更便捷有效进行资源整合和充分运用团队人力资源以利于采取各种创新性管理方式。

综上所述，第一，在实践中我们应尽量充分发挥企业领导者授权的作用。管理者的这种领导行为风格往往是直接影响员工行为的重要影响因素。授权型领导作为常见的一种领导行为风格，通过直接授予下属领导职权、强调领导责任、自主进行决策、分享企业信息、发展专业技能和大力鼓励自主创新等来完成影响全体员工的领导行为。特别是在当前企业社会管理文化下，员工更加强调日常工作的自主权和相对宽松的整体工作管理氛围，领导的员工授权管理行为更会直接主动受到企业全体员工的高度重视关注。因此，企业管理要尽快探索建立主动授权于员工的这种企业文化，鼓励整个企业管理者能够通过在相对较为适宜的具体工作时间范围内对企业员工主动进行适度授权。通过授权员工这种行为，激发企业培养员工的内在积极性的工作力和学习动机，刺激其主动积极参与企业变革并促使其实施变革行为。第二，把握好对员工适度授权的这种工作艺术，鼓励在具有重要性的工作上适度对员工进行授权。虽然主动授权给员工对于变革创新行为具有积极性和推动性，但是在不同工作上的主动授权于员工的效果是存在很大差异的。因此企业管理者要充分理解把握自主授权的这种工作艺术。对于相对琐碎、不重要的实际工作或任务，授权管理行为带给员工主动积极性和推动力的作用相对较弱。因为企业员工更多渴望自己能够在具有重要性的某项工作上或重要任务上得到授权来达到自己工作上的自主权和宽松的工作管理氛围，这更加有助于激励企业员工内在性的工作积极动机，鼓励其主动参与企业变革并促使其主动行为的产生，并促进团队创新行为的形成，从而实现绩效提升。

二、数字化平台组织的团队发展

数字化情境下,对于数字化平台组织而言,需要进一步提升项目团队对于组织的重要意义。相比于个体和组织,我们认为团队能更好地应对动态的商业环境,能承受不断变化的市场需求及其引发的外部波动,同时在面对新问题时更具创造力、生产力和适应力。进一步而言,项目团队并非数字化平台组织中的附属结构,而是具有战略意义的价值单元。甚至在不久的将来,我们可以看到越来越多的数字化平台组织中的项目团队反哺数字化平台组织的案例。因此,有关数字化平台组织中的项目团队发展问题就至关重要。

团队发展的问题长期以来都是企业最重要的挑战之一,本书第二个实践指导意义在于尝试帮助数字化平台组织中的项目团队更好地实现发展。我们认为,对于数字化情境下的数字化平台组织中的项目而言,想要获得成功,不仅需要不断升级自身的项目业务流程,优化发展模式与价值链结构,更重要的是对项目团队当中的核心成员进行关注。具体来说,相较于传统组织中的常规团队,数字化平台组织中的项目团队的团队规模不是很大,因此对每一个项目团队成员而言都会对团队造成潜在的影响。一个团队指的是由多人因共同的工作而组成的群体,他们是相互支持并依靠并为成功达成一个共同团队工作目标而团结起来的一个集体组合,同时每个团队成员对自己团队是否能够成功完成团队共同工作目标一起承担负责任和成败。在信息共享、角色定位、参与决策及目标完成等方面均需要成员间彼此协调且相互依存。各团队应根据各自企业的特点制定总体规划,各部门应从整个企业的角度出发,因为各部门的决策彼此之间是相互关联的。一个企业团队成员要真正想获得成功,必须一定要充分掌握非常宽泛的专业信息、技能和管理才能,这样团队才能真正做到事半功倍,因此在面对团队全体成员的职业选择上,必须充分高度注意团队人员的专业知识能力结构,包括专业技术、管理、市场、销售等,充分发挥成员个人的专业知识和工作经验上的优势。因此,团队成员需要准确认识自身的人力资本,进行自我评估,清晰地知道自己能够给企业带来什么知识和信息,具备完成哪些任务的能力,擅长数字、演讲、沟通还是其他。在这里个人特性也起到一定的作用,如是否有责任心,性格外向还是内向,是否谦恭、友好，是自信、平静还是焦虑、沮丧情绪化，以及是否表现出来极强的创造性、好奇心等。因此，我们需要基于团队自身的动力特征来重新审视每一个团队成员是否能够在不同的项目当中发挥出自己的价值。与此同时，面对不同项目当中的不同挑战，数字化平台组织中的项目团队就可以进一步围绕自身团队动力要素，基于团队的多重发展目标设计针对性的专业人才招募、培训、考评方案，吸引符合团队动力要素特征的新成员加入，调整团队结构与项目工作界面等方式，这些方法与举措旨在帮助团队建立动态演化的全新认识，主动通过变革来应对外部挑战与未来发展当中的不确定性，在实现团队能力提升的同时也实现了自身的快速发展。

第四节　研究局限与未来研究方向

本书在取得上述研究发现、理论贡献以及实践启示的同时，也存在一定的局限性，需要在未来进行补充。

一是研究关注点上的局限。虽然本书认为团队化是一种既包含团队内互动与团队间互动的过程，但是作为一项情景化的研究，本书主要关注数字化平台组织中项目团队之间基于项目展开的协作，而这一过程更多是聚焦于团队间的。但是这一做法并不会对本书所提出的团队化概念产生特别大的影响，主要原因在于本书所提出的团队化维度的基础是研究一的数字化平台组织团队动力，而提炼数字化平台组织团队动力的理论框架是群体动力。Mathieu 等（2017）以及王重鸣（2015）的"五力"模型，是一个融合了数字化情境下团队内与团队间的互动特征的整体性框架，与此同时，本书对团队化概念的讨论都是在 Edmondson 所提出的概念基础上进行的，而 Edmondson 对于团队化的概念定义更多包含的是团队内协作的部分，本书则是在此基础上将团队化的概念进一步深化，主张跳出团队内外之分，聚焦于特定情境下团队协作的内外融合与项目的交叉协作。未来的研究可以基于数字化平台组织，围绕团队化概念进一步开展更多层次、更多维度的探索。例如对于同一数字化平台组织的同一项目而言，项目中的不同项目团队采用不同的领导模式，其团队化水平是否会有显著差异；在不同的数字化平台组织中同时开展同一种类型甚至是同一种项目任务，观察两个组织当中项目团队的团队化水平是否会有显著差异。

二是研究方法上的局限性。从研究设计上来看,由于企业的数字化平台组织发展本身就是一个不断变化的动态过程,因此本书所讨论的因果关系更多是即时性的,本书参照温忠麟(2017)的观点,在设计上没有进行时间跨度较大的追踪数据收集,而是选择多次深入到项目任务现场进行实地调研,确保所得到的数据的质量。然而不可否认的是,数字化平台组织的发展是高度动态且包括不同的阶段的,本书对不同行业环境下,不同发展阶段的数字化平台组织没有进行清晰的界定。未来的研究可以围绕同一个数字化平台组织的不同发展过程,针对团队化进行纵向研究设计,细化调研的颗粒度,从而更好地探索团队化对于团队以及团队中的个体的影响。从实际测量角度上来看,本书采用了团队领导以及团队成员两个来源的数据,但是由于在实际测量过程当中,考虑所涉及的变量数量较多,在具体操作上还是会存在一些数据主要由团队领导来填写的情况,即实际研究当中会存在一定的共同方法偏差问题。但是从研究具体的情境与内容上来看,由于工作经验与业务水平上的差异,团队领导对于数字化变革情境的感知水平普遍要高于普通的团队成员,因此其收集到的团队领导数据相对来说会更加客观。本书认为,随着数字化时代的到来,未来的研究在测量上可以更多考虑采用数字化的调研工具,在符合伦理规范的条件下,对数字化平台组织中项目团队领导以及所有团队成员的行为数据进行客观数据的实时采集,提出更加具有洞察力的结论。从样本角度上来看,本书的研究四主要聚焦于基建工程行业的相关数字化平台组织并对其内部的项目团队进行取样,这样的做法虽然能够保证所得到的团队样本都是符合研究要求的项目团队,但在一定程度上限制了样本来源的丰富性。虽然数字化平台组织目前所面临的团队管理与协作上面临的大多数是共性问题,基建工程行业的大型企业普遍在3—5年前就已经完成了数字化转型,作为数字化平台组织的样本是具有代表性的。但由于不同行业之间天然存在一些独有的特性,因此本书通过对基建工程行业样本进行分析,所得出的团队化适应—激活策略能否推广至其他行业的数字化平台组织中依然需要在未来的研究当中作进一步验证。

本书作为数字化情境下团队动力与团队化研究的初步探索,我们认为未来研究还可以从以下方面进行展开。第一,虽然数字化平台组织中的项目团队与传统组织中的常规团队存在明显的差异,但是本书基于前者得到的团队动力模型以及团队化构思维度、测量工具是否有效延伸应用到其他情境下的不同组织模式当中还需要进一步明确。第二,进一步围绕数字化情境下的数字化平台组织,可以尝试对团队化这一概念进行更加细化的探索,例如围绕团队化当中的互补、协同、整合以及迭代四个维度进一步提出不同类型的团队化。第三,数字化平台组织的团队化实践很大程度上将伴随着组织内部管理成本的上升以及其他潜在负面影响,因而如何通过构建更加具针对性的其他团队化策略以保证数字化平台组织在团队化赋能项目团队的同时进一步明晰并控制这些潜在影响也成了未来研究当中的重要话题。

第五节 研究结论

本书基于数字化情境下数字化平台组织中的实践困境,以数字化平台组织中的项目团队为研究对象,以群体动力为理论基础进行文献梳理、研究设计与实证研究,初步得到了以下几个主要研究结论。

第一,在数字化情境下,数字化平台组织中项目团队在群体动力理论框架下进一步展现出了新的动力特征,分别为换位、链接、共生以及变迁这四个团队动力特征,而这四个团队动力特征分别对应价值差序、团队互动、团队联盟以及价值演进这四个数字化情境特征。

第二,基于数字化平台组织团队动力,本书发现这一概念主要包含四个维度,分别是互补、协同、整合以及迭代。团队化这一概念的本质是项目团队为更好地提升团队动力,实现团队内外融合所形成的全新项目协作过程,强调的是团队内外融合与项目交叉合作,从而实现项目价值最大化与项目创新。

第三,研究设计了团队化多源形成机制。团队化的形成的前提是数字化情境特征以及数字化平台组织团队动力特征的影响,而团队化形成的关键是数字化平台组织中的项目任务因素与互动关系因素的共同影响。具体而言,高目标合作的数字化平台组织中项目团队进行数字化任务时团队化水平较高,而低目标合作的数字化平台组织中项目团队进行非数字化任务时团队化水平较高。

第四,研究构建了团队化适应—激活策略。团队化对于团队项目绩效和团队成员的个体项目绩效都会产生非常重要的影响。一方面团队化将会正向影响团队创新行为,从而提高团队的任务绩效以及团队的创新绩效,在此过程中团队领导的授权型领导力将会强化对团队创新行为的积极作用;另一方面对于团队内部的团队成员来说,团队化这一团队层面的变量也将会通过促进个体的适应行为,从而实现个体的任务绩效以及个体的创新行为的提升。

参考文献

[1] Abrantes, A. C. M., Passos, A. M., Cunha, M. P., & Santos, C. M. Bringing team improvisation to team adaptation: The combined role of shared temporal cognitions and team learning behaviors fostering team performance. Journal of Business Research, 2018, 84,59-71.

[2] Altman, E., & Tripsas, M. Product-to-Platform Transitions: Organizational Identity Implications//Shalley,C. E., Hitt, M. A., & Zhou,J. The Oxford Handbook of Creativity, Innovation, and Entrepreneurship. (2015-07-09). https://doi.org/10.1093/oxfordhb/9780199927678.013.0032.

[3] Ambrosini, V., Bowman, C., & Burton-Taylor, S. Inter-team coordination activities as a source of customer satisfaction. Human Relations, 2007, 60(1),59-98.

[4] Anderson, N., Potoč nik, K., & Zhou, J. Innovation and creativity in organizations: A state-of-the-science review, prospective commentary, and guiding framework. Journal of Management, 2014, 40(5),1297-1333.

[5] Arnold, J. A., Arad, S., Rhoades, J. A., & Drasgow, F. The empowering leadership questionnaire: The construction and validation of a new scale for measuring leader behaviors. Journal of Organizational Behavior, 2000, 21(3),249-269.

[6] Aronson, Z. H., Shenhar, A. J., & Patanakul, P. Managing the intangible aspects of a project: The affect of vision, artifacts, and leader values on project spirit and success in technology-driven projects. Project Management Journal, 2013, 44(1),35-58.

[7] Aryee, S., & Chen, Z. X. Leader-member exchange in a Chinese

context: Antecedents, the mediating role of psychological empowerment and outcomes. Journal of business research, 2006, 59(7),793-801.

[8] Badewi, A. The impact of project management (PM) and benefits management (BM) practices on project success: Towards developing a project benefits governance framework. International Journal of Project Management, 2016, 34(4),761-778.

[9] Baglieri, D. , Carfi, D. , & Dagnino, G. B. Asymmetric R&D alliances in the biopharmaceutical industry: A multi-stage coopetitive approach. International Studies of Management & Organization, 2016, 46(2-3),179-201.

[10] Bala, H. , & Venkatesh, V. Adaptation to information technology: A holistic nomological network from implementation to job outcomes. Management Science, 2015, 62(1),156-179.

[11] Bales, R. F. Interaction Process Analysis: A Method for the Study of Small Groups. Cambridge,MA: Addison Wesley Press,1950.

[12] Bales, R. F. , Borgatta, E. F. , & Hare, A. P. Small Groups: Studies in Social Interaction. New York:Knopf ,1955.

[13] Barczak, G. , Griffin, A. , & Kahn, K. B. Perspective: Trends and drivers of success in NPD practices: Results of the 2003 PDMA best practices study. Journal of Product Innovation Management, 2009, 26(1),3-23.

[14] Barrick, M. R. , Thurgood, G. R. , Smith, T. A. , & Courtright, S. H. Collective organizational engagement: Linking motivational antecedents, strategic implementation, and firm performance. Academy of Management Journal, 2015, 58(1),111-135.

[15] Barsade, S. G. , & Knight, A. P. Group affect. Annual Review of Organizational Psychology and Organizational Behavior, 2015, 2(1),21-46.

[16] Barth, S. , Schraagen, J. M. , & Schmettow, M. Network measures for characterising team adaptation processes. Ergonomics, 2015, 58(8),1287-1302.

[17] Beckman, C. M. , Schoonhoven, C. B. , Rottner, R. M. , & Kim,

S. -J. Relational pluralism in de novo organizations: Boards of directors as bridges or barriers to diverse alliance portfolios? Academy of Management Journal, 2014, 57(2),460-483.

[18] Behfar, K. J. , Peterson, R. S. , Mannix, E. A. , & Trochim, W. M. The critical role of conflict resolution in teams: A close look at the links between conflict type, conflict management strategies, and team outcomes. Journal of Applied Psychology, 2008, 93(1),170.

[19] Bell, S. T. , Brown, S. G. , Colaneri, A. , & Outland, N. Team composition and the ABCs of teamwork. American Psychologist, 2018, 73(4),349.

[20] Birley, S. , & Stockley, S. Entrepreneurial teams and venture growth// Sexton,D. L. , Landström, H. The Blackwell Handbook Of Entrepreneurship. DOI: 10. 1002/9781405164214, 2017, 287-307.

[21] Blanchard, A. L. Testing a model of sense of virtual community. Computers in Human Behavior, 2008, 24(5),2107-2123.

[22] Boswell, W. R. , Olson-Buchanan, J. B. , & Harris, T. B. I cannot afford to have a life: Employee adaptation to feelings of job insecurity. Personnel Psychology, 2014, 67(4),887-915.

[23] Bott, G. , & Tourish, D. The critical incident technique reappraised. Qualitative Research in Organizations and Management: An International Journal, 2016, 11(4),276-300.

[24] Boudreau, K. J. , & Jeppesen, L. B. Unpaid crowd complementors: The platform network effect mirage. Strategic Management Journal, 2015, 36 (12),1761-1777.

[25] Boudreau, K. Open platform strategies and innovation: Granting access vs. devolving control. Management Science, 2010, 56(10),1849-1872.

[26] Brandon, D. P. , & Hollingshead, A. B. Characterizing online groups. The Oxford Handbook of Internet Psychology, 2007, 105-120.

[27] Breese, R. , Jenner, S. , Serra, C. E. M. , & Thorp, J. Benefits

management: Lost or found in translation. International Journal of Project Management, 2015, 33(7),1438-1451.

[28] Breuer, C. , Hüffmeier, J. , & Hertel, G. Does trust matter more in virtual teams? A meta-analysis of trust and team effectiveness considering virtuality and documentation as moderators. Journal of Applied Psychology, 2016, 101(8), 1151-1177.

[29] Burnes, B. , & Cooke, B. Kurt Lewin's Field Theory: A Review and Re-evaluation. International Journal of Management Reviews, 2013, 15(4),408-425.

[30] Bush, J. T. , LePine, J. A. , & Newton, D. W. Teams in transition: An integrative review and synthesis of research on team task transitions and propositions for future research. Human Resource Management Review, 2018, 28(4),423-433.

[31] Callister, R. R. , Kramer, M. W. , & Turban, D. B. Feedback seeking following career transitions. Academy of Management Journal, 1999, 42(4),429-438.

[32] Canales, J. I. , & Caldart, A. Encouraging emergence of cross-business strategic initiatives. European Management Journal, 2017, 35(3),300-313.

[33] Carlile, P. R. Transferring, translating, and transforming: An integrative framework for managing knowledge across boundaries. Organization Science, 2004, 15(5),555-568.

[34] Carter, E. C. , Kofler, L. M. , Forster, D. E. , & McCullough, M. E. A series of meta-analytic tests of the depletion effect: Self-control does not seem to rely on a limited resource. Journal of Experimental Psychology: General, 2015, 144(4),796.

[35] Cartwright, D. E. , & Zander, A. E. Group Dynamics: Research and Theory. Evanston, Illinois: Row-Peterson,1960.

[36] Cartwright, D. , & Zander, A. Group Dynamics. New York: Harper & Row,1968.

[37] Cartwright, D. , & Zander, A. Orgins of group dynamics. Group Facilitation, 2000(2),38-53.

[38] Cattell, R. B. New concepts for measuring leadership, in terms of group syntality. Human Relations, 1951, 4(2),161-184.

[39] Chan, D. Conceptual and empirical gaps in research on individual adaptation at work. //International Review of Industrial and Organizational Psychology, Vol. 15, New York: Wiley, 2000, 143-164.

[40] Chan, I. Y. , Liu, A. M. , & Fellows, R. Role of leadership in fostering an innovation climate in construction firms. Journal of Management in Engineering, 2013, 30 (6), https://doi. org/10. 1061/(ASCE) ME. 1943-5479. 0000271.

[41] Chemmanur, T. J. , Hull, T. J. , & Krishnan, K. Do local and international venture capitalists play well together? The complementarity of local and international venture capitalists. Journal of Business Venturing, 2016, 31(5),573-594.

[42] Chen, G. , & Bliese, P. D. The role of different levels of leadership in predicting self-and collective efficacy: Evidence for discontinuity. Journal of Applied Psychology, 2002, 87(3),549-556.

[43] Chen, Y.-S. , Chang, T.-W. , Lin, C.-Y. , Lai, P.-Y. , & Wang, K.-H. The influence of proactive green innovation and reactive green innovation on green product development performance: The mediation role of green creativity. Sustainability, 2016, 8(10),966.

[44] Choi, J. N. External activities and team effectiveness: Review and theoretical development. Small Group Research, 2002, 33(2),181-208.

[45] Choudhury, P. , & Haas, M. R. Scope versus speed: Team diversity, leader experience, and patenting outcomes for firms. Strategic Management Journal, 2018, 39(4),977-1002.

[46] Chuang, C.-H. , Jackson, S. E. , & Jiang, Y. Can knowledge-

intensive teamwork be managed? Examining the roles of HRM systems, leadership, and tacit knowledge. Journal of Management, 2016, 42 (2), 524-554.

[47] Churchill Jr, G. A. A paradigm for developing better measures of marketing constructs. Journal of Marketing Research, 1979, 16(1),64-73.

[48] Ciborra, C. U. The platform organization: Recombining strategies, structures, and surprises. Organization Science, 1996, 7(2),103-118.

[49] Collins, C. G. , Gibson, C. B. , Quigley, N. R. , & Parker, S. K. Unpacking team dynamics with growth modeling: An approach to test, refine, and integrate theory. Organizational Psychology Review, 2016, 6(1),63-91.

[50] Corporaal, G. F. , & Lehdonvirta, V. Platform sourcing: How Fortune 500 Firms Are Adopting Online Freelancing Platforms. Oxford: Oxford Internet Institute,2017.

[51] Costa, P. L. , Passos, A. M. , & Bakker, A. B. Team work engagement: A model of emergence. Journal of Occupational and Organizational Psychology, 2014, 87(2),414-436.

[52] Cozzolino, A. , & Rothaermel, F. T. Discontinuities, competition, and cooperation: Coopetitive dynamics between incumbents and entrants. Strategic Management Journal, 2018, 39(12),3053-3085.

[53] Cronin, M. A. , Weingart, L. R. , & Todorova , G. Dynamics in groups: Are we there yet? The Academy of Management Annals, 2011, 5(1),571-612.

[54] Cunningham, G. B. , & Chelladurai, P. Affective reactions to cross-functional teams: The impact of size, relative performance, and common in-group identity. Group Dynamics: Theory, Research, and Practice, 2004, 8(2),83.

[55] Davis, G. F. The Vanishing American Corporation: Navigating the Hazards of a New Economy. Oakland, CA: Berrett-Koehler Publishers,2016a.

[56] Davis, J. P. The group dynamics of interorganizational relationships: Collaborating with multiple partners in innovation ecosystems. Administrative

Science Quarterly, 2016b, 61(4),621-661.

[57] Davis, J. P., & Eisenhardt, K. M. Rotating leadership and collaborative innovation: Recombination processes in symbiotic relationships. Administrative Science Quarterly, 2011, 56(2),159-201.

[58] de Reuver, M., Sørensen, C., & Basole, R. C. The digital platform: A research agenda. Journal of Information Technology, 2018, 33(2), 124-135.

[59] Deloitte Insights. The Rise of the Social Enterprise. 2018 Deloitte Global Human Capital Trends. New York: Deloitte University Press,2018.

[60] DeTienne, D. R., & Cardon, M. S. Impact of founder experience on exit intentions. Small Business Economics, 2012, 38(4),351-374.

[61] Dragoni, L., & Kuenzi, M. Better understanding work unit goal orientation: Its emergence and impact under different types of work unit structure. Journal of Applied Psychology, 2012, 97(5),1032.

[62] Driskell, T., Salas, E., & Driskell, J. E. Teams in extreme environments: Alterations in team development and teamwork. Human Resource Management Review, 2018, 28(4),434-449.

[63] Dubini, P., & Aldrich, H. Personal and extended networks are central to the entrepreneurial process. Journal of Business Venturing, 1991, 6 (5),305-313.

[64] Eckhardt, J. T., Ciuchta, M. P., & Carpenter, M. Open innovation, information, and entrepreneurship within platform ecosystems. Strategic Entrepreneurship Journal, 2018, 12(3),369-391.

[65] Edmondson, A. C. Teaming: How Organizations Learn, Innovate, and Compete In the Knowledge Economy. San Francisco, John Wiley & Sons,2012a.

[66] Edmondson, A. C. Teamwork on the fly. Harvard business review, 2012b, 90(4),72-80.

[67] Edmondson, A. C., & Harvey, J.-F. Cross-boundary teaming for innovation: Integrating research on teams and knowledge in organizations. Human Resource Management Review, 2018, 28(4),347-360.

[68] Edmondson, A. C., & Harvey, J.-F. Extreme teaming: Lessons in Complex, Cross-sector Leadership. Bradford: Emerald Group Publishing,2017.

[69] Edmondson, A. C., & Harvey, J.-F. Open innovation at Fujitsu (A). Harvard Business School Case, 2016, No. 616-034.

[70] Edmondson, A. C., & Lei, Z. Psychological safety: The history, renaissance, and future of an interpersonal construct. Annual Review of Organizational Psychology and Organizational Behavior, 2014, 1(1),23-43.

[71] Edmondson, A. C., & Mogelof, J. P. Explaining psychological safety in innovation teams: Organizational culture, team dynamics, or personality? //Creativity and Innovation in Organizational Teams, New York, Psychology Press, 2006,129-156.

[72] Edmondson, A., Gulati, R., & Tahilyani, R. Teaming up to win the rail deal at GE (A). Harvard Business School Case, 2019,No. 420-058.

[73] Eisenberg, J., & Mattarelli, E. Building bridges in global virtual teams: The role of multicultural brokers in overcoming the negative effects of identity threats on knowledge sharing across subgroups. Journal of International Management, 2017, 23(4),399-411.

[74] Eisenhardt, K. M. Building Theories from Case Study Research. Academy of Management Review, 1989, 14(4),532-550.

[75] Eisenhardt, K. M., & Graebner, M. E. Theory building from cases: Opportunities and challenges. Academy of Management Journal, 2007, 50(1),25-32.

[76] Ervin, J. N., Kahn, J. M., Cohen, T. R., & Weingart, L. R. Teamwork in the intensive care unit. American Psychologist, 2018, 73(4),468.

[77] Evans, P. C., & Gawer, A. The rise of the platform enterprise: A

global survey. The Center for Global Enterprise, 2016. http://thecge. net/archived-papers/the-rise-of-the-platform-enterprise-a-global-survey/.

[78] Fan, H. -L. , Chang, P. -F. , Albanese, D. , Wu, J. -J. , Yu, M. -J. , & Chuang, H. -J. Multilevel influences of transactive memory systems on individual innovative behavior and team innovation. Thinking Skills and Creativity, 2016, 19,49-59.

[79] Fantetti, M. , Brinckmann, J. , & Grichnik, D. How Configurations of Novelty, Team Structure, and the Decision-Making Style influence Team Collaboration Quality//The 36th Babson College Entrepreneurship Research Conference (BCERC), Bodo, Norway,2016.

[80] Feinberg, B. J. , Ostroff, C. , & Burke, W. W. The role of within-group agreement in understanding transformational leadership. Journal of Occupational and Organizational Psychology, 2005, 78(3),471-488.

[81] Feitosa, J. , Grossman, R. , & Salazar, M. Debunking key assumptions about teams: The role of culture. American Psychologist, 2018, 73 (4),376.

[82] Fernandez, A. -S. , Le Roy, F. , & Chiambaretto, P. Implementing the right project structure to achieve coopetitive innovation projects. Long Range Planning, 2018, 51(2),384-405.

[83] Fiscella, K. , & McDaniel, S. H. The complexity, diversity, and science of primary care teams. American Psychologist, 2018, 73(4),451.

[84] Forsyth, D. R. Group Dynamics. 7th ed. Belmont, CA: Wadsworth Cengage Learning,2018

[85] Frazier, M. L. , Fainshmidt, S. , Klinger, R. L. , Pezeshkan, A. , & Vracheva, V. Psychological safety: A meta-analytic review and extension. Personnel Psychology, 2017, 70(1),113-165.

[86] Frese, M. The psychological actions and entrepreneurial success: An action theory approach//The psychology of entrepreneurship, New York:

Lawrence Erlbaum Associates Publishers,2007,151-188.

[87] Furukawa, C. Dynamics of a critical problem-solving project team and creativity in a multiple-project environment. Team Performance Management, 2016, 22(1/2),92-110.

[88] Gaertner, S. L., Dovidio, J. F., Guerra, R., Rebelo, M., Monteiro, M. B., Riek, B. M., & Houlette, M. A. The common in-group identity model: Applications to children and adults//Intergroup Attitudes and Relations in Childhood Through Adulthood. Oxford: Oxford University Press, 2008, 204-219.

[89] Gawer, A. Bridging differing perspectives on technological platforms: Toward an integrative framework. Research policy, 2014, 43(7),1239-1249.

[90] Gawer, A., & Cusumano, M. A. Industry platforms and ecosystem innovation. Journal of Product Innovation Management, 2014, 31(3),417-433.

[91] Gawer, A., & Cusumano, M. A. Platform Leadership: How Intel, Microsoft, and Cisco Drive Industry Innovation. Vol. 5. Boston, MA: Harvard Business School Press,2002

[92] George, E. Job related stress and job satisfaction: A comparative study among bank employees. Journal of Management Development, 2015, 34(3),316-329.

[93] George, G., Haas, M. R., & Pentland, A. Big Data and Management. Academy of Management Journal, 2014, 57(2),321-326.

[94] Geraldi, J., & Söderlund, J. Project studies: What it is, where it is going. International Journal of Project Management, 2018, 36(1),55-70.

[95] Gibson, C. B., & Dibble, R. Excess may do harm: Investigating the effect of team external environment on external activities in teams. Organization Science, 2013, 24(3),697-715.

[96] Goodwin, G. F., Blacksmith, N., & Coats, M. R. The science of teams in the military: Contributions from over 60 years of research. American

Psychologist，2018，73(4)，322-333.

[97] Greer，L. L. ，& van Kleef，G. A. Equality versus differentiation：The effects of power dispersion on group interaction. Journal of Applied Psychology，2010，95(6)，1032.

[98] Gulati，R. ，Puranam，P. ，& Tushman，M. Meta-organization design：Rethinking design in interorganizational and community contexts. Strategic management journal，2012，33(6)，571-586.

[99] Hackman，J. R. ，& Katz，N. Group behavior and performance. Handbook of Social Psychology，2010，2，1208-1251.

[100] Hagiu，A. ，& Halaburda，H. Information and two-sided platform profits. International Journal of Industrial Organization，2014，34，25-35.

[101] Hall，K. L. ，Vogel，A. L. ，Huang，G. C. ，Serrano，K. J. ，Rice，E. L. ，Tsakraklides，S. P. ，& Fiore，S. M. The science of team science：A review of the empirical evidence and research gaps on collaboration in science. American Psychologist，2018，73(4)，532-548.

[102] Harold，C. M. ，Holtz，B. C. ，Griepentrog，B. K. ，Brewer，L. M. ，& Marsh，S. M. Investigating the effects of applicant justice perceptions on job offer acceptance. Personnel Psychology，2016，69(1)，199-227.

[103] Harrison，F. ，& Lock，D. Advanced Project Management：A Structured Approach. New York：Routledge，2017.

[104] Harvey，J. -F. ，Cohendet，P. ，Simon，L. ，& Borzillo，S. Knowing communities in the front end of innovation. Research-Technology Management，2015，58(1)，46-54.

[105] Hayes，A. F. An index and test of linear moderated mediation. Multivariate Behavioral Research，2015，50(1)，1-22.

[106] Heldman，K. PMP：Project Management Professional Exam Study Guide. New York：John Wiley & Sons，2018.

[107] Henfridsson，O. ，Mathiassen，L. ，& Svahn，F. Managing

technological change in the digital age: The role of architectural frames. Journal of Information Technology, 2014, 29(1),27-43.

[108] Herzog, T. Strategic management of coopetitive relationships in CoPS-related industries//Yami, S., Castaldo, S., Dagnino, B., & Le Roy, F. (Eds.). Coopetition: Winning Strategies for the 21st Century, Cheltenham: Edward Elgar Publishing,2010.

[109] Hill, N. S., & Bartol, K. M. Empowering leadership and effective collaboration in geographically dispersed teams. Personnel Psychology, 2016, 69(1),159-198.

[110] Hinkin, T. R. A brief tutorial on the development of measures for use in survey questionnaires. Organizational Research Methods, 1998, 1(1), 104-121.

[111] Hirst, G., Van Knippenberg, D., & Zhou, J. A cross-level perspective on employee creativity: Goal orientation, team learning behavior, and individual creativity. Academy of Management Journal, 2009, 52(2), 280-293.

[112] Hoch, J. E. Shared leadership and innovation: The role of vertical leadership and employee integrity. Journal of Business and Psychology, 2013, 28(2),159-174.

[113] Hoch, J. E., & Dulebohn, J. H. Team personality composition, emergent leadership and shared leadership in virtual teams: A theoretical framework. Human Resource Management Review, 2017, 27(4),678-693.

[114] Hogg, M. A., & Tindale, S. Blackwell Handbook Of Social Psychology: Group Processes. New York: John Wiley & Sons,2008.

[115] Hollenbeck, J. A structural approach to external and internal person-team fit. Applied Psychology, 2000, 49(3),534-549.

[116] Hollenbeck, J. R., Ilgen, D. R., Sego, D. J., Hedlund, J., Major, D. A., & Phillips, J. Multilevel theory of team decision making:

Decision performance in teams incorporating distributed expertise. Journal of Applied Psychology, 1995, 80(2),292-316.

[117] Hon, A. H., & Chan, W. W. Team creative performance: The roles of empowering leadership, creative-related motivation, and task interdependence. Cornell Hospitality Quarterly, 2013, 54(2),199-210.

[118] Hornstein, H. A. The integration of project management and organizational change management is now a necessity. International Journal of Project Management, 2015, 33(2),291-298.

[119] Hülsheger, U. R., Anderson, N., & Salgado, J. F. Team-level predictors of innovation at work: A comprehensive meta-analysis spanning three decades of research. Journal of Applied psychology, 2009, 94(5),1128-1145.

[120] Ilgen, D. R., Hollenbeck, J. R., Johnson, M., & Jundt, D. Teams in organizations: From input-process-output models to IMOI models. Annual Review of Psychology, 2005, 56,517-543.

[121] Isaacson, W. The Innovators: How a Group of Inventors, Hackers, Geniuses and Geeks Created the Digital Revolution. New York: Simon and Schuster, 2014.

[122] Jacobsson, M., & Hällgren, M. Impromptu teams in a temporary organization: On their nature and role. International Journal of Project Management, 2016, 34(4),584-596.

[123] Jacques, B., Eric, H., James, M., & Jonathan, W. Artificial Intelligence: The Next Digital Frontier? McKinsey Global Institute, 2017.

[124] Jadeja, Y., & Modi, K. J. Cloud computing-concepts, architecture and challenges//The 2012 International Conference on Computing, Electronics and Electrical Technologies (ICCEET), India: IEEE.

[125] Jenkins, A., & McKelvie, A. Is this the end? Investigating firm and individual level outcomes post-failure. Journal of Business Venturing Insights, 2017, 8,138-143.

[126] Jensen, J. M., Patel, P. C., & Messersmith, J. G. High-performance work systems and job control: Consequences for anxiety, role overload, and turnover intentions. Journal of Management, 2013, 39(6),1699-1724.

[127] Jiao, L., Ven, A. H. V. D., Jing, R., & Yuan, J. Transitioning from a hierarchical product organization to an open platform organization: A Chinese case study. Journal of Organization Design, 2018, 7(1),1-14.

[128] Jing, R., & Benner, M. Institutional regime, opportunity space and organizational path constitution: Case studies of the conversion of military firms in China. Journal of Management Studies, 2016, 53(4),552-579.

[129] Joshi, A., & Roh, H. The role of context in work team diversity research: A meta-analytic review. Academy of Management Journal, 2009, 52 (3),599-627.

[130] Kallinikos, J., Aaltonen, A., & Marton, A. The ambivalent ontology of digital artifacts. Mis Quarterly, 2013, 357-370.

[131] Katzell, R. A., & Austin, J. T. From then to now: The development of industrial-organizational psychology in the United States. Journal of Applied Psychology, 1992, 77(6),803-835.

[132] Kerzner, H. Project Management Best Practices: Achieving Global Excellence. John Wiley & Sons,2018.

[133] Kerzner, H. Project Management: A Systems Approach to Planning, Scheduling, and Controlling. New York: John Wiley & Sons,2017.

[134] Keyton, J., & Frey, L. R. The state of traits: Predispositions and group communication//Frey, L. R. New Directions in Group Communication, London: SAGE Publications,2002,99-120.

[135] Kilduff, G. J., Willer, R., & Anderson, C. Hierarchy and its discontents: Status disagreement leads to withdrawal of contribution and lower group performance. Organization Science, 2016, 27(2),373-390.

[136] Klein, C., DiazGranados, D., Salas, E., Le, H., Burke, C. S.,

Lyons, R., & Goodwin, G. F. Does team building work? Small Group Research, 2009, 40(2),181-222.

[137] Konradt, U., Otte, K.-P., Schippers, M. C., & Steenfatt, C. Reflexivity in teams: A review and new perspectives. The Journal of Psychology, 2016, 150(2),153-174.

[138] Koopmann, J., Lanaj, K., Wang, M., Zhou, L., & Shi, J. Nonlinear effects of team tenure on team psychological safety climate and climate strength: Implications for average team member performance. Journal of Applied Psychology, 2016, 101(7),940-957.

[139] Kozlowski, S. W. Advancing research on team process dynamics: Theoretical, methodological, and measurement considerations. Organizational Psychology Review, 2015, 5(4),270-299.

[140] Kozlowski, S. W. Groups and teams in organizations: Studying the multilevel dynamics of emergence//Hollingshead, A., & Poole, M. S. (Eds.). Research Methods for Studying Groups and Teams: A Guide to Approaches, Tools, and Technologies. New York: Routledge, 2012,270-293.

[141] Kozlowski, S. W., & Chao, G. T. The dynamics of emergence: Cognition and cohesion in work teams. Managerial and Decision Economics, 2012, 33(5-6),335-354.

[142] Kozlowski, S. W., & Chao, G. T. Unpacking team process dynamics and emergent phenomena: Challenges, conceptual advances, and innovative methods. American Psychologist, 2018, 73(4),576-592.

[143] Kozlowski, S. W., & Ilgen, D. R. Enhancing the effectiveness of work groups and teams. Psychological Science in the Public Interest, 2006, 7 (3),77-124.

[144] Kozlowski, S. W., Chao, G. T., Chang, C., & Fernandez, R. Team dynamics: Using "big data" to advance the science of team effectiveness// Tonidandel, S., King, E. B., & Cortina, J. M. (Eds.). Big Data at Work:

The Data Science Revolution and Organizational Psychology. New York, Routledge,2015, 273-309.

[145] Kozlowski, S. W. , Chao, G. T. , Grand, J. A. , Braun, M. T. , & Kuljanin, G. Capturing the multilevel dynamics of emergence: Computational modeling, simulation, and virtual experimentation. Organizational Psychology Review, 2016a, 6 (1),3-33.

[146] Kozlowski, S. W. , Mak, S. , & Chao, G. T. Team-centric leadership: An integrative review. Annual Review of Organizational Psychology and Organizational Behavior, 2016b, 3,21-54.

[147] Kreiner, G. E. , Hollensbe, E. , Sheep, M. L. , Smith, B. R. , & Kataria, N. Elasticity and the dialectic tensions of organizational identity: How can we hold together while we are pulling apart? Academy of Management Journal, 2015, 58(4),981-1011.

[148] Kukenberger, M. R. , Mathieu, J. E. , & Ruddy, T. A cross-level test of empowerment and process influences on members' informal learning and team commitment. Journal of Management, 2015, 41(3),987-1016.

[149] Landon, L. B. , Slack, K. J. , & Barrett, J. D. Teamwork and collaboration in long-duration space missions: Going to extremes. American Psychologist, 2018, 73(4),563-575.

[150] Law, K. , Lee, C. , Farh, L. J. L. , & Pillutla, M. Organizational Justice Perceptions of Employees in China: A Grounded Investigation//The International Conference of the Global Business and Technology Association, Turkey,2001.

[151] Le Roy, F. , & Fernandez, A. -S. Managing coopetitive tensions at the working-group level: The rise of the coopetitive project team. British Journal of Management, 2015, 26(4),671-688.

[152] Lee, S. , & Sawang, S. Unpacking the impact of attachment to project teams on boundary-spanning behaviors. International Journal of Project

Management, 2016, 34(3),444-451.

[153] Leu, Y. Y. , Rakes, T. R. , Rees, L. P. , & Ceccucci, W. A. Modelling Resource Allocation in a Decentralized Organization with an AI-Based, Goal-Directive Model. Decision Sciences, 2010, 23(5),1027-1049.

[154] Levine, J. M. , & Moreland, R. L. A history of small group research//John M. Levine & Richard L. Moreland. Handbook of the History of Social Psychology, New York: Psychology Press,2012,382-404.

[155] Lewin, D. , Bertram The nature of reality, the meaning of nothing, with an addendum on concentration. Psychoanalytic Quarterly, 1948, 17, 524-526.

[156] Lewin, K. Field Theory in Social Science: Selected Theoretical Papers. New York: Harper & Brothers,1951.

[157] Lewis, M. W. , & Smith, W. K. Paradox as a metatheoretical perspective: Sharpening the focus and widening the scope. The Journal of Applied Behavioral Science, 2014, 50(2),127-149.

[158] Li, C.-R. , Li, C.-X. , & Lin, C.-J. How and when team regulatory focus influences team innovation and member creativity. Personnel Review, 2018, 47 (1),95-117.

[159] Li, J. , & Hambrick, D. C. Factional groups: A new vantage on demographic faultlines, conflict, and disintegration in work teams. Academy of Management Journal, 2005, 48(5),794-813.

[160] Li, N. , Chiaburu, D. S. , & Kirkman, B. L. Cross-Level influences of empowering leadership on citizenship behavior: Organizational support climate as a double-edged sword. Journal of Management, 2017, 43(4),1076-1102.

[161] Locke, E. A. , Shaw, K. N. , Saari, L. M. , & Latham, G. P. Goal setting and task performance: 1969-1980. Psychological Bulletin, 1981, 90 (1),125.

[162] Lovelace, K. , Shapiro, D. L. , & Weingart, L. R. Maximizing

cross-functional new product teams' innovativeness and constraint adherence: A conflict communications perspective. Academy of Management Journal, 2001, 44(4),779-793.

[163] Lu, L. Y. , & Yang, C. The R&D and marketing cooperation across new product development stages: An empirical study of Taiwan's IT industry. Industrial Marketing Management, 2004, 33(7),593-605.

[164] Maes, J. D. , & Weldy, T. G. Building effective virtual teams: Expanding OD research and practice. Organization Development Journal, 2018, 36(3),83.

[165] Magni, M. , & Maruping, L. Unleashing Innovation With Collaboration Platforms. MIT Sloan Management Review, 2019, 60(3),1-5.

[166] Mannix, E. , & Neale, M. A. What differences make a difference? The promise and reality of diverse teams in organizations. Psychological Science in the Public Interest, 2005, 6(2),31-55.

[167] March, J. G. Exploration and exploitation in organizational learning. Organization Science, 1991, 2(1),71-87.

[168] Markopoulos, E. , & Vanharanta, H. Project teaming in a democratic company context. Theoretical Issues in Ergonomics Science, 2018, 19(6),673-691.

[169] Marks, M. A. , Mathieu, J. E. , & Zaccaro, S. J. A temporally based framework and taxonomy of team processes. Academy of Management Review, 2001, 26(3),356-376.

[170] Marlow, S. L. , Lacerenza, C. N. , & Salas, E. Communication in virtual teams: A conceptual framework and research agenda. Human Resource Management Review, 2017, 27(4),575-589.

[171] Mathieu, J. E. , Hollenbeck, J. R. , van Knippenberg, D. , & Ilgen, D. R. A century of work teams in the Journal of Applied Psychology. Journal of Applied Psychology, 2017, 102(3),452-467.

[172] Mathieu, J. E. , Wolfson, M. A. , & Park, S. The evolution of

work team research since Hawthorne. American Psychologist, 2018, 73 (4),308.

[173] Mathieu, J., Maynard, M. T., Rapp, T., & Gilson, L. Team effectiveness 1997-2007: A review of recent advancements and a glimpse into the future. Journal of Management, 2008, 34(3),410-476.

[174] Maynard, M. T., Kennedy, D. M., Sommer, S. A., & Passos, A. M. Team cohesion: A theoretical consideration of its reciprocal relationships within the team adaptation nomological network//Salas, E., Estrada, A. X., & Vessey, W. B. (Eds.). Team Cohesion: Advances in Psychological Theory, Methods And Practice, Bradford: Emerald Group Publishing Limited, 2015, 83-111.

[175] Maynard, M. T., Resick, C. J., Cunningham, Q. W., & DiRenzo, M. S. Ch-Ch-Ch-changes: How action phase functional leadership, team human capital, and interim vs. permanent leader status impact post-transition team performance. Journal of Business and Psychology, 2017, 32(5),575-593.

[176] McAfee, A., Brynjolfsson, E., Davenport, T. H., Patil, D., & Barton, D. Big data: The management revolution. Harvard Business Review, 2012, 90(10),60-68.

[177] McGrath, J. E. Groups: Interaction and Performance. Vol. 14. Englewood Cliffs, NJ: Prentice-Hall,1984.

[178] McGrath, J. E., & Tschan, F. Temporal matters in the study of work groups in organizations. The Psychologist-Manager Journal, 2007, 10(1), 3-12.

[179] McGrath, J. E., Arrow, H., & Berdahl, J. L. The study of groups: Past, present, and future. Personality and Social Psychology Review, 2000, 4(1),95-105.

[180] McKenna, K. Y., & Seidman, G. Social identity and the self: Getting connected online//Walker, W. R., & Herrmann, D. J. (Eds.).

Cognitive Technology: Essays on the Transformation of Thought and Society, North Carolina: McFarland & Company,2005,89-110.

[181] Menguc, B. , Auh, S. , Fisher, M. , & Haddad, A. To be engaged or not to be engaged: The antecedents and consequences of service employee engagement. Journal of Business Research, 2013, 66(11),2163-2170.

[182] Metiu, A. , & Rothbard, N. P. Task bubbles, artifacts, shared emotion, and mutual focus of attention: A comparative study of the microprocesses of group engagement. Organization Science, 2013, 24 (2), 455-475.

[183] Meyer, M. W. , Lu, L. , Peng, J. , & Tsui , A. S. Microdivisionalization: Using teams for competitive advantage. Academy of Management Discoveries, 2017, 3 (1),3-20.

[184] Moreland, R. L. Are dyads really groups? Small Group Research, 2010, 41(2),251-267.

[185] Mortensen, M. Constructing the team: The antecedents and effects of membership model divergence. Organization Science, 2014, 25(3),909-931.

[186] Nambisan, S. Digital entrepreneurship: Toward a digital technology perspective of entrepreneurship. Entrepreneurship Theory and Practice, 2017, 41(6),1029-1055.

[187] Nambisan, S. , Siegel, D. , & Kenney, M. On open innovation, platforms, and entrepreneurship. Strategic Entrepreneurship Journal, 2018, 12 (3),354-368.

[188] O'leary, M. B. , Mortensen, M. , & Woolley, A. W. Multiple team membership: A theoretical model of its effects on productivity and learning for individuals and teams. Academy of Management Review, 2011, 36(3),461-478.

[189] O'Neill, T. A. , & Salas, E. Creating high performance teamwork in organizations. Human Resource Management Review, 2018, 28(4),325-331.

[190] Olabisi, J. , & Lewis, K. Within-and between-team coordination via

transactive memory systems and boundary spanning. Group & Organization Management, 2018, 43(5),691-717.

[191] Ollila, S. , & Yström, A. Exploring design principles of organizing for collaborative innovation: The case of an open innovation initiative. Creativity and Innovation Management, 2016, 25(3),363-377.

[192] Ondrus, J. , Gannamaneni, A. , & Lyytinen, K. The impact of openness on the market potential of multi-sided platforms: A case study of mobile payment platforms. Journal of Information Technology, 2015, 30(3), 260-275.

[193] Oshri, I. , & Weeber, C. Cooperation and competition standards-setting activities in the digitization era: The case of wireless information devices. Technology Analysis & Strategic Management, 2006, 18(2),265-283.

[194] Park, S. H. , & Luo, Y. Guanxi and organizational dynamics: Organizational networking in Chinese firms. Strategic Management Journal, 2001, 22(5),455-477.

[195] Patanakul, P. , & Milosevic, D. The effectiveness in managing a group of multiple projects: Factors of influence and measurement criteria. International Journal of Project Management, 2009, 27(3),216-233.

[196] Pennington, B. F. The Development of Psychopathology: Nature and Nurture. New York: Guilford Press,2002.

[197] Peralta, C. F. , Lopes, P. N. , Gilson, L. L. , Lourenco, P. R. , & Pais, L. Innovation processes and team effectiveness: The role of goal clarity and commitment, and team affective tone. Journal of Occupational and Organizational Psychology, 2015, 88(1),80-107.

[198] Perry-Smith, J. E. , & Shalley, C. E. A social composition view of team creativity: The role of member nationality-heterogeneous ties outside of the team. Organization Science, 2014, 25(5),1434-1452.

[199] Peters, L. M. , & Manz, C. C. Identifying antecedents of virtual

team collaboration. Team Performance Management: An International Journal, 2007, 13(3/4),117-129.

[200] Pirola-Merlo, A., & Mann, L. The relationship between individual creativity and team creativity: Aggregating across people and time. Journal of Organizational behavior, 2004, 25(2),235-257.

[201] Power, N. Extreme teams: Toward a greater understanding of multiagency teamwork during major emergencies and disasters. American Psychologist, 2018, 73(4), 478-490.

[202] Puccio, G. J., & Cabra, J. F. Idea generation and idea evaluation: Cognitive skills and deliberate practices//Handbook of Organizational Creativity, Amsterdam: Elsevier,2012, 189-215.

[203] Raes, E., Kyndt, E., Decuyper, S., Van den Bossche, P., & Dochy, F. An exploratory study of group development and team learning. Human Resource Development Quarterly, 2015, 26(1),5-30.

[204] Rahmani, M., Roels, G., & Karmarkar, U. S. Team leadership and performance: Combining the roles of direction and contribution. Management Science, 2018, 64(11),5234-5249.

[205] Raza-Ullah, T., Bengtsson, M., & Kock, S. The coopetition paradox and tension in coopetition at multiple levels. Industrial Marketing Management, 2014, 43(2),189-198.

[206] Ries, E. The lean startup: How today's entrepreneurs use continuous innovation to create radically successful businesses. New York: Crown Business,2011.

[207] Ritter, K.-J., Matthews, R. A., Ford, M. T., & Henderson, A. A. Understanding role stressors and job satisfaction over time using adaptation theory. Journal of Applied Psychology, 2016, 101(12),1655-1669.

[208] Robbins, S., & Judge, T. Essential Of Organizational Behavior, Global Edition. Harlow, Essex: Pearson Education Limited,2012.

[209] Rochet, J.-C., & Tirole, J. Two-sided markets: A progress report.

The RAND Journal of Economics, 2006, 37(3),645-667.

[210] Roehling, M. The important but neglected legal context of virtual teams: Research implications and opportunities. Human Resource Management Review, 2017, 27(4),621-634.

[211] Rosen, M. A., DiazGranados, D., Dietz, A. S., Benishek, L. E., Thompson, D., Pronovost, P. J., & Weaver, S. J. Teamwork in healthcare: Key discoveries enabling safer, high-quality care. American Psychologist, 2018, 73(4),433.

[212] Rosenfield, S., Newell, M., Zwolski Jr, S., & Benishek, L. E. Evaluating problem-solving teams in K-12 schools: Do they work? American Psychologist, 2018, 73(4),407-419.

[213] Rosing, K., Frese, M., & Bausch, A. Explaining the heterogeneity of the leadership-innovation relationship: Ambidextrous leadership. The leadership quarterly, 2011, 22(5),956-974.

[214] Rossiter, J. R. The C-OAR-SE procedure for scale development in marketing. International Journal of Research in Marketing, 2002, 19 (4), 305-335.

[215] Rousseau, V., Aubé, C., & Tremblay, S. Team coaching and innovation in work teams. Leadership & Organization Development Journal, 2013, 34(4),344-364.

[216] Saadatmand, F., Lindgren, R., & Schultze, U. Configurations of platform organizations: Implications for complementor engagement. Research Policy, 2019, 48(8),103770.

[217] Salas, E., Nichols, D. R., & Driskell, J. E. Testing three team training strategies in intact teams: A meta-analysis. Small Group Research, 2007, 38(4),471-488.

[218] Salas, E., Reyes, D. L., & McDaniel, S. H. The science of teamwork: Progress, reflections, and the road ahead. American Psychologist,

2018，73(4)，593.

[219] Santos，C. M.，Passos，A. M.，& Uitdewilligen，S. When shared cognition leads to closed minds：Temporal mental models，team learning，adaptation and performance. European Management Journal，2016，34(3)，258-268.

[220] Savickas，M. L.，& Porfeli，E. J. Career Adapt-Abilities Scale：Construction，reliability，and measurement equivalence across 13 countries. Journal of vocational behavior，2012，80(3)，661-673.

[221] Schaubroeck，J.，Carmeli，A.，Bhatia，S.，& Paz，E. Enabling team learning when members are prone to contentious communication：The role of team leader coaching. human relations，2016，69(8)，1709-1727.

[222] Schippers，M. C.，Edmondson，A. C.，& West，M. A. Team reflexivity as an antidote to team information-processing failures. Small Group Research，2014，45(6)，731-769.

[223] Schippers，M. C.，West，M. A.，& Dawson，J. F. Team reflexivity and innovation：The moderating role of team context. Journal of Management，2015，41(3)，769-788.

[224] Schneider，B.，& Reichers，A. E. On the etiology of climates. Personnel Psychology，1983，36(1)，19-39.

[225] Scott，S. G.，& Bruce，R. A. Determinants of innovative behavior：A path model of individual innovation in the workplace. Academy of Management Journal，1994，37(3)，580-607.

[226] Scott-Young，C.，& Samson，D. Project success and project team management：Evidence from capital projects in the process industries. Journal of Operations Management，2008，26(6)，749-766.

[227] Seidel，V. P.，& O'Mahony，S. Managing the repertoire：Stories，metaphors，prototypes，and concept coherence in product innovation. Organization Science，2014，25(3)，691-712.

[228] Sharma, R., & Yetton, P. The contingent effects of management support and task interdependence on successful information systems implementation. MIS Quarterly, 2003, 533-556.

[229] Shin, S. J., Kim, T.-Y., Lee, J.-Y., & Bian, L. Cognitive team diversity and individual team member creativity: A cross-level interaction. Academy of Management Journal, 2012, 55(1),197-212.

[230] Shrout, P. E., & Bolger, N. Mediation in experimental and nonexperimental studies: New procedures and recommendations. Psychological Methods, 2002, 7(4),422.

[231] Shuffler, M. L., & Carter, D. R. Teamwork situated in multiteam systems: Key lessons learned and future opportunities. American Psychologist, 2018, 73(4),390.

[232] Siebdrat, F., Hoegl, M., & Ernst, H. Subjective distance and team collaboration in distributed teams. Journal of Product Innovation Management, 2014, 31(4),765-779.

[233] Siggelkow, N. Persuasion with case studies. Academy of Management Journal, 2007, 50(1),20-24.

[234] Somech, A. The effects of leadership style and team process on performance and innovation in functionally heterogeneous teams. Journal of Management, 2006, 32(1),132-157.

[235] Sørensen, J. B., & Fassiotto, M. A. Organizations as fonts of entrepreneurship. Organization Science, 2011, 22(5),1322-1331.

[236] Spitzmuller, M., & Park, G. Terrorist teams as loosely coupled systems. American Psychologist, 2018, 73(4),491.

[237] Sy, T., Jin, N. C., & Johnson, S. K. Reciprocal interactions between group perceptions of leader charisma and group mood through mood contagion. Leadership Quarterly, 2013, 24(4),463-476.

[238] Tannenbaum, S. I., Mathieu, J. E., Salas, E., & Cohen, D.

Teams are changing: Are research and practice evolving fast enough? Industrial and Organizational Psychology, 2012, 5(1),2-24.

[239] Tebes, J. K. , & Thai, N. D. Interdisciplinary team science and the public: Steps toward a participatory team science. American Psychologist, 2018, 73(4),549.

[240] Teece, D. J. Dynamic capabilities and (digital) platform lifecycles// Furman, J. , Gawer, A. , Silverman, B. S. , & Stern, S. (Eds.). Entrepreneurship, Innovation, and Platforms, Bingley: Emerald Publishing Limited,2017,211-225.

[241] Thayer, A. L. , Petruzzelli, A. , & McClurg, C. E. Addressing the paradox of the team innovation process: A review and practical considerations. American Psychologist, 2018, 73(4),363.

[242] Thomas, L. D. , Autio, E. , & Gann, D. M. Architectural leverage: Putting platforms in context. Academy of Management Perspectives, 2014, 28(2), 198-219.

[243] Tseng, T.-L. B. , Huang, C.-C. , Chu, H.-W. , & Gung, R. R. Novel approach to multi-functional project team formation. International Journal of Project Management, 2004, 22(2),147-159.

[244] Turner, J. C. Towards a cognitive redefinition of the social group// Tajfel, H. (Ed.). Social Identity and Intergroup Relations, New York: Cambridge University Press,1982,15-40.

[245] Turner, R. , Huemann, M. , & Keegan, A. Human resource management in the project-oriented organization: Employee well-being and ethical treatment. International Journal of Project Management, 2008, 26(5), 577-585.

[246] Uitdewilligen, S. , Waller, M. J. , & Pitariu, A. H. Mental model updating and team adaptation. Small Group Research, 2013, 44(2),127-158.

[247] Valentine, M. A. , & Edmondson, A. C. Team scaffolds: How

mesolevel structures enable role-based coordination in temporary groups. Organization Science, 2015, 26(2),405-422.

[248] van Dam, K. Feelings about change: The role of emotions and emotion regulation for employee adaptation to organizational change//Organizational Change, New York: Routledge,2018,67-77.

[249] Van Dijk, H., Van Engen, M. L., & Van Knippenberg, D. Defying conventional wisdom: A meta-analytical examination of the differences between demographic and job-related diversity relationships with performance. Organizational Behavior and Human Decision Processes, 2012, 119(1),38-53.

[250] Van Eijk, N., Fahy, R., Van Til, H., Nooren, P., Stokking, H., Gelevert, H., & others. Digital Platforms: An Analytical Framework for Identifying and Evaluating Policy Options. Delft: TNO,2015.

[251] van Knippenberg, D. Team innovation. Annual Review of Organizational Psychology and Organizational Behavior, 2017, 4,211-233.

[252] Van Knippenberg, D., & Schippers, M. C. Work group diversity. Annual Review Psychology, 2007, 58,515-541.

[253] VandenBos, G. R. APA Dictionary of Psychology. Washington: American Psychological Association,2007.

[254] Vegt, G. V. D., Emans, B., & Vliert, E. V. D. Team members' affective responses to patterns of intragroup interdependence and job complexity. Journal of Management, 2000, 26(4),633-655.

[255] Velicer, W. F., & Molenaar, P. C. Time series analysis for psychological research. //Handbook of Psychology, Second Edition, New York: John Wiley & Sons, 2012.

[256] Wakefield, S., Lee, P., & Guest, M. Digital collaboration: Delivering innovation , productivity and happiness. Deloitte,2014.

[257] Wang, Z. Developing global roles for Chinese leadership: An ASD theory of organizational change//Advances in Global Leadership, Bingley:

Emerald Group Publishing Limited,2012,375-388.

[258] Welbourne, T. M. , Johnson, D. E. , & Erez, A. The role-based performance scale: Validity analysis of a theory-based measure. Academy of Management Journal, 1998, 41(5),540-555.

[259] Williams, D. M. Outcome expectancy and self-efficacy: Theoretical implications of an unresolved contradiction. Personality and Social Psychology Review, 2010, 14(4),417-425.

[260] Winter, S. Organizational Perspective on Leadership Strategies for the Success of Cross-Disciplinary Science Teams. Strategies for Team Science Success, Berlin: Springer,2019 ,329-345.

[261] Wise, S. Can a team have too much cohesion? The dark side to network density. European Management Journal, 2014, 32(5),703-711.

[262] Yin, R. K. Case Study Research: Design And Methods (Applied Social Research Methods). Thousand Oaks, CA: SAGE Publications,2014.

[263] Yin, R. K. How to do better case studies//The SAGE Handbook of Applied Social Research Methods, Vol. 2, Thousand Oaks, CA: SAGE Publications,2009,254-282.

[264] Young-Hyman, T. Cooperating without co-laboring: How formal organizational power moderates cross-functional interaction in project teams. Administrative Science Quarterly, 2017, 62(1),179-214.

[265] Yuan, F. , & Woodman, R. W. Innovative behavior in the workplace: The role of performance and image outcome expectations. Academy of Management Journal, 2010, 53(2),323-342.

[266] Zacher, H. , & Rosing, K. Ambidextrous leadership and team innovation. Leadership & Organization Development Journal, 2015, 36(1),54-68.

[267] Zhang, X. , & Bartol, K. M. Linking empowering leadership and employee creativity: The influence of psychological empowerment, intrinsic motivation, and creative process engagement. Academy of Management

Journal, 2010, 53(1),107-128.

[268] Zhou, J., & Shalley, C. E. Research on employee creativity: A critical review and directions for future research//Research in Personnel and Human Resources Management, Bingley: Emerald Group Publishing Limited, 2003,165-217.

[269] Zhou, W., & Vredenburgh, D. Dispositional antecedents of shared leadership emergent states on entrepreneurial teams//Research Handbook on Entrepreneurial Teams: Theory and Practice, Cheltenham: Edward Elgar Publishing,2017,164-185.

[270] Zhou, W., Vredenburgh, D., & Rogoff, E. G. Informational diversity and entrepreneurial team performance: Moderating effect of shared leadership. International Entrepreneurship and Management Journal, 2015, 11(1),39-55.

[271] Zwikael, O. International journal of project management special issue on "project benefit management. ". International Journal of Project Management,2016, 34 (4),734-735.

[272] Zwikael, O., & Unger-Aviram, E. HRM in project groups: The effect of project duration on team development effectiveness. International Journal of Project Management, 2010, 28(5),413-421.

[273] 阿里研究院,毕马威中国.迎接全球数字经济新浪潮,2018.

[274] 埃森哲.迈向平台:中国企业转型升级新机遇,2016b.

[275] 埃森哲.数字化颠覆:实现乘数效应的增长,2016a.

[276] 蔡宁伟.自组织与平台组织的崛起.清华管理评论,2015(11):70-76.

[277] 陈春花.互联网时代呼唤平台型组织.中外管理,2018(1):134-134.

[278] 陈笃升,王重鸣.组织变革背景下员工角色超载的影响作用:一个有调节的中介模型.浙江大学学报(人文社会科学版),2015(3):1-15.

[279] 陈威如,徐玮伶.平台组织:迎接全员创新的时代.清华管理评论,2014 (7):46-54.

[280] 陈威如,余卓轩.平台战略:正在席卷全球的商业模式革命.北京:中信

出版社,2013.

[281] 陈武,李燕萍.众创空间平台组织模式研究.科学学研究,2018(4):593-600.

[282] 段光,庞长伟.多团队成员身份情境下团队间多样性对员工综合创新的影响机制研究.管理学报,2018(9):1285-1294.

[283] 方杰,温忠麟,张敏强,任皓.基于结构方程模型的多层中介效应分析.心理科学进展,2014(3):530-539.

[284] 弗朗索瓦·康德隆,伊丽莎白·考夫曼,伊夫·莫里厄,等.平台化组织:组织变革前沿的"前言".商业评论,2016(10):108-134.

[285] 高良谋,张一进.平台理论的演进与启示.中国科技论坛,2018(1):123-131.

[286] 郭海,韩佳平.数字化情境下开放式创新对新创企业成长的影响:商业模式创新的中介作用.管理评论,2019(6):186-198.

[287] 国务院发展研究中心.传统产业数字化转型的模式和路径,2018.

[288] 韩沐野.传统科层制组织向平台型组织转型的演进路径研究——以海尔平台化变革为案例.中国人力资源开发,2017(3):114-120.

[289] 胡望斌,张玉利,杨俊.同质性还是异质性:创业导向对技术创业团队与新企业绩效关系的调节作用研究.管理世界,2014(6):92-109.

[290] 华为.华为行业数字化转型方法论白皮书,2019.

[291] 简兆权,刘晓彦,李雷.基于海尔的服务型制造企业"平台+小微企业"型组织结构案例研究.管理学报,2017(11):1594-1602.

[292] 解学梅,吴永慧.企业协同创新文化与创新绩效:基于团队凝聚力的调节效应模型.科研管理,2013(12):66-74.

[293] 金杨华,王重鸣,杨正宇.虚拟团队共享心理模型与团队效能的关系.心理学报,2006(2):288-296.

[294] 井润田,赵宇楠,滕颖.平台组织,机制设计与小微创业过程——基于海尔集团组织平台化转型的案例研究.管理学季刊,2016(4):38-71.

[295] 黎志成,黎琦,胡斌.研发团队绩效转换过程的定性模拟研究.中国管

理科学,2012(2):128-132.

[296] 梁建,樊景立.理论构念的测量//陈晓萍,徐淑英,樊景立.组织与管理研究的实证方法.北京:北京大学出版社,2008:229-254.

[297] 刘小禹,刘军.团队情绪氛围对团队创新绩效的影响机制.心理学报,2012(4):546-557.

[298] 罗胜强,姜嫚.管理学问卷调查研究方法.重庆:重庆大学出版社,2014.

[299] 毛基业,张霞.案例研究方法的规范性及现状评估——中国企业管理案例论坛(2007)综述.管理世界,2008(4):115-121.

[300] 梅菲特,沙莎.从1到N:企业数字化生存指南.上海:上海交通大学出版社,2018.

[301] 潘绵臻,毛基业.再探案例研究的规范性问题——中国企业管理案例论坛(2008)综述与范文分析.管理世界,2009(2):92-100.

[302] 潘绥铭,姚星亮,黄盈盈.论定性调查的人数问题:是"代表性"还是"代表什么"的问题——"最大差异的信息饱和法"及其方法论意义.社会科学研究,2010(4):108-115.

[303] 秦开银,杜荣,李燕.临时团队中知识共享对快速信任与绩效关系的调节作用研究.管理学报,2010(1):98-110.

[304] 腾讯研究院.2018中国"互联网+"指数报告:中国数字经济版图初现,2018.

[305] 王凤彬,王骁鹏,张驰.超模块平台组织结构与客制化创业支持——基于海尔向平台组织转型的嵌入式案例研究.管理世界,2019(2):121-150.

[306] 王辉,武朝艳,张燕,等.领导授权赋能行为的维度确认与测量.心理学报,2008(12):1297-1305.

[307] 王节祥,蔡宁.平台研究的流派、趋势与理论框架——基于文献计量和内容分析方法的诠释.商业经济与管理,2018(3):20-35.

[308] 王唯梁,谢小云.团队创新研究进展述评与重构:二元性视角.外国经济与管理,2015(6):39-49.

［309］王重鸣.管理心理学.北京:人民教育出版社,2000a.

［310］王重鸣.心理学研究方法.北京:人民教育出版社,2000b.

［311］王重鸣.专业技术人员创业能力建设读本.北京:中国人事出版社,2015.

［312］温忠麟.实证研究中的因果推理与分析.心理科学,2017(1):200-208.

［313］吴明隆.结构方程模型:AMOS 的操作与应用.重庆:重庆大学出版社,2009.

［314］肖静华,吴瑶,刘意,等.消费者数据化参与的研发创新——企业与消费者协同演化视角的双案例研究.管理世界,2018(8):154-173.

［315］忻榕,陈威如,候正宇.平台化管理:数字时代企业转型升维之道.北京:机械工业出版社,2019.

［316］徐晋."平台经济学"总览.平台经济.北京:机械工业出版社,2016.

［317］徐淑英,贾良定.管理与组织的情境化研究.组织与管理研究的实证方法.北京:北京大学出版社,2012.

［318］许科,韩雨卿,于晓宇,王炜.快速信任与临时团队绩效:共享心智模型与团队互依性的角色.管理评论,2016(9):238-249.

［319］杨国安,尤里奇.组织革新:构建市场化生态组织的路线图.北京:中信出版集团,2019.

［320］杨朦晰,陈万思,周卿钰,杨百寅.中国情境下领导力研究知识图谱与演进:1949—2018 年题名文献计量.南开管理评论,2019(4):80-94.

［321］杨伟,李乐.临时性组织研究评介与展望.外国经济与管理,2013(6):52-60.

［322］张志学,鞠冬,马力.组织行为学研究的现状:意义与建议.心理学报,2014(2):265-284.

［323］张志学.组织心理学研究的情境化及多层次理论.心理学报,2010(1):10-21.

［324］郑伯埙,黄敏萍.实地研究中的案例研究.组织与管理研究的实证方法.北京:北京大学出版社,2008.

［325］郑雅琴,贾良定,尤树洋,等.中国管理与组织的情境化研究——基于 10 篇高度中国情境化研究论文的分析.管理学报,2013(11):1561-1566.

［326］中国信息化百人会.2017 中国数字经济发展报告,2018.

［327］朱晓红,陈寒松,张腾.知识经济背景下平台型企业构建过程中的迭代创新模式——基于动态能力视角的双案例研究.管理世界,2019(3):142-156.

附　录

附录1　案例访谈提纲

尊敬的_____女士/先生,您好!

非常感谢您接受我们的访谈。本次访谈所探讨的问题与<u>数字化情境下企业内部团队</u>的协作有关。因此,我们想了解贵单位中的各个团队尤其是项目团队在工作推进过程中的互动过程,探索理想的项目互动模式。我们保证,您所回答的信息只是作为学术研究的资料。我们将恪守学术研究道德规范,不以任何形式向任何人泄露您的信息,也绝对不会用于其他用途。

企业名称(编号):_____

访谈时间:_____　　访谈地点:_____

一、访谈问题整理

1.请简单介绍一下相关背景信息。

a)公司的相关信息介绍(结合数字化情境与数字化平台组织特征进行)。

b)公司目前在组织平台化方面具有哪些实践?

c)公司内部团队具有怎样的特点?

_____

2.目前在公司内部有多少个职能团队?

a)分别是什么样的团队(例如研发团队、营销团队等)?

b)数字化情境下,公司在内部团队管理上具有哪些亮点?

_____

3.不同项目团队之间是一个什么样的关系(例如:竞争,合作,竞合)?

_____

4.团队的项目互动具体有哪些主要的表现形式?

a)互动主体是谁,互动客体是谁?

b)团队的项目互动有哪些特征与哪些表现过程?

_____

5.团队的项目互动是企业管理者要求的,还是团队之间自发形成的?

a)介绍一下企业的组织文化。

b)介绍一下团队的几位领导者。

_____

6.团队的互动与团队绩效(创新,项目实施)之间关系是什么样子的?

a)通过项目互动,是否产生了积极/消极的效应?

b)可以试举一些关键的例子。

_____

7 公司内部的团队之间是否出现过冲突?

a)冲突的原因是什么?

b)冲突是如何解决的?

_____

8 您对公司现在的项目互动的关系模式是否满意? 就公司目前的发展而言,您认为是否还存在更高效的团队互动模式?

a)团队的项目互动是否对你的成长产生了增量?

b)团队的项目协同互动还面临着哪些挑战?

_____

二、基于关键事件的提炼

项目互动关键事件:

1._____

2._____

项目关键互动过程：

3. _____

4. _____

附录 2　调研问卷

问卷一:量表开发问卷

尊敬的女士/先生:

您好! 感谢您在百忙之中参加关于数字化变革情境下团队管理的问卷调查。本次调查采用匿名方式,预计需要 10—15 分钟,为了确保问卷的有效性,请认真阅读并填写每一道题目,根据真实感受作答,答案无对错之分,请放心作答。

第一部分:基本信息

(1)性别:□男　□女

(2)年龄:_____岁

(3)教育程度:□大专及以下　□本科　□硕士及以上

(4)公司性质:□国有　□私营　□外资　□合资

(5)公司所属行业(可多选):□互联网　□消费　□金融　□先进制造

□娱乐　□医药　□通讯　□零售　□环保　□传媒　□服务

□其他_____

(6)在目前这家公司工作了多长时间? _____年

(7)公司人数:□50 人以内　□51—100 人　□101—500 人　□501—2000 人

□2001 人以上

(8)公司目前所处的发展阶段:□初期阶段　□成长阶段　□稳定阶段

□转型阶段

(9)所在团队人数:_____人

(10)您在目前所在团队工作了多长时间? _____年

(11)团队项目职能(可多选):□营销　□运营　□策划　□设计　□工程

□管理　□产品　□研发　□独立的项目团队　□其他_____

第二部分:团队化

请回忆您的团队(如果您是多个团队的领导,请选择主要负责工作的一个团队进行作答)与其他团队(既可以是公司内部的团队,也可以是公司外部的团队)进行合作时的关键举措,评价您的团队在合作过程中的相关行为,并在符合描述的数字上打"√"或者画"○",下同。(1＝完全不符合;2＝不太符合;3＝不确定;4＝比较符合;5＝完全符合)

序号	描述	评价
1	业务能力符合其他团队的要求	1　2　3　4　5
2	价值观是其他团队能够完全接受的	1　2　3　4　5
3	发展目标与其他团队是高度相关的	1　2　3　4　5
4	工作经验符合其他团队的要求	1　2　3　4　5
5	和其他团队之间有着非常深厚的感情	1　2　3　4　5
6	需要协助时,其他团队能够及时响应	1　2　3　4　5
7	及时向其他团队同步自己的工作进度	1　2　3　4　5
8	及时向其他团队同步与任务相关的信息	1　2　3　4　5
9	与其他团队交流工作的时候可以直言不讳	1　2　3　4　5
10	主动关注其他团队在项目当中的情况	1　2　3　4　5
11	与其他团队组成了一个整体	1　2　3　4　5
12	任何团队都不会在项目任务中单打独斗	1　2　3　4　5
13	与其他团队之间不会出现明显的利益冲突	1　2　3　4　5
14	团队与其他团队之间的往来没有隔阂	1　2　3　4　5
15	面对外部情境的变化,我们会及时更换合作伙伴	1　2　3　4　5
16	会不断尝试利用不同的方法来提高工作效率	1　2　3　4　5
17	会根据以往任务中的经验不断调整工作流程	1　2　3　4　5
18	会根据任务需要不断整合新的资源	1　2　3　4　5

问卷到此结束,请确认所有题项均已完成作答,感谢您的耐心和支持!

注:本问卷为简化版问卷(表述上作了简化),用于正文第五章的探索性因素分析部分。

问卷二:量表开发问卷

尊敬的____女士/先生:

您好! 感谢您在百忙之中参加关于数字化变革情境下团队管理的问卷调查。本次调查采用匿名方式,预计需要 10 分钟,为了确保问卷的有效性,请认真阅读并填写每一道题目,根据真实感受作答,答案无对错之分,请放心作答。

第一部分:基本信息

(1)性别:□男　□女

(2)年龄:_____岁

(3)教育程度:□大专及以下　□本科　□硕士及以上

(4)公司性质:□国有　□私营　□外资　□合资

(5)公司所属行业(可多选):□互联网　□消费　□金融　□制造　□娱乐
□房地产　□通讯　□零售　□环保　□传媒　□服务　□其他_____

(6)在目前这家公司工作了多长时间?_____年

(7)公司人数:□50 人以内　□51—100 人　□101—500 人　□501—2000 人
□2001 人以上

(8)公司目前所处的发展阶段:□初期阶段　□成长阶段　□稳定阶段
□转型阶段

(9)所在团队人数:_____人

(10)您在目前所在团队工作了多长时间?_____年

(11)团队项目职能(可多选):□营销　□运营　□策划　□设计　□工程
□管理　□产品　□研发　□独立的项目团队　□其他_____

第二部分:团队化

请回忆您的团队(如果您是多个团队的领导,请选择主要负责工作的一个团队进行作答)与其他团队(既可以是公司内部的团队,也可以是公司外部的团队)进行合作时的关键举措,评价您的团队在合作过程中的相关行为,并在符合描述的数字上打"√"或者画"○",下同。(1=完全不符合;2=不太符合;3=不确定;4=比较符合;5=完全符合)

序号	描述	评价
1	业务方向符合其他团队的要求	1 2 3 4 5
2	价值观是其他团队能够完全接受的	1 2 3 4 5
3	及时向其他团队同步自己的工作进展	1 2 3 4 5
4	准确向其他团队同步与任务相关的信息	1 2 3 4 5
5	与其他团队交流工作时可以直言不讳	1 2 3 4 5
6	在项目当中,我们与其他团队之间是一个整体	1 2 3 4 5
7	任何团队都不会在项目任务中单打独斗	1 2 3 4 5
8	与其他团队之间不会出现明显的利益冲突	1 2 3 4 5
9	面对外部情境的变化,团队会调整工作方向	1 2 3 4 5
10	团队会尝试利用不同的方法来提高工作效率	1 2 3 4 5

第三部分:团队凝聚力

序号	描述	评价
1	团队的成员彼此之间互相信赖,气氛和谐	1 2 3 4 5
2	愿意与自己团队的成员进行互动	1 2 3 4 5
3	相比于参加其他活动,更愿意参加自己团队的活动	1 2 3 4 5
4	为了更好地完成协作,需要经常与自己团队的成员进行沟通	1 2 3 4 5
5	团队所完成的工作不是单一成员能够做到的	1 2 3 4 5
6	只有同心协力,才能达成团队目标	1 2 3 4 5
7	敬业的团队协作是团队成员的共同特点	1 2 3 4 5

第四部分:任务互依性

序号	描述	评价
1	为了完成工作,必须与其他团队交流	1　2　3　4　5
2	团队的工作必须要先等到其他团队完成才能进行	1　2　3　4　5
3	其他团队的工作必须要等到我们团队完成才能开始进行	1　2　3　4　5
4	团队的工作绩效受到整个项目工作情况的影响	1　2　3　4　5
5	团队目标的实现可以促进其他团队目标的实现	1　2　3　4　5

第五部分:团队跨界行为

序号	描述	评价
1	会承受外部压力以避免团队成员的工作受到干扰	1　2　3　4　5
2	常常会拒绝其他团队成员向我们提出的过多要求	1　2　3　4　5
3	团队经常从外部获取所需的资源(包括人、财、物等)	1　2　3　4　5
4	团队经常与其他团队的成员合作来解决问题	1　2　3　4　5
5	团队经常协调与团队相关的外部活动	1　2　3　4　5
6	团队经常与其他团队的成员共同开展合作活动	1　2　3　4　5
7	团队与其他团队的成员协商成果交付期限事宜	1　2　3　4　5

问卷到此结束,请确认所有题项均已完成作答,感谢您的耐心和支持!

注:本问卷为简化版问卷(表述上作了简化,隐去了部分问项,各变量实际题项数详见正文),用于第五章验证性因素分析、聚合与区分效度分析、效标关联效度分析部分。

问卷三:数字化情境特征对团队化影响调研问卷(领导版)

编号_____

尊敬的____女士/先生:

您好!感谢您在百忙之中参加关于数字化变革情境下团队管理的问卷调查。本次调查采用匿名方式,预计需要20分钟,为了确保问卷的有效性,请认真阅读并填写每一道题目,根据真实感受作答,答案无对错之分。

本次调查问卷仅限于现状调查,不涉及个人隐私与商业机密,我们郑重承诺对问卷数据进行严格保密。最后,再次感谢您的参与和支持,祝您身体健康,工作顺利!

第一部分:基本信息

(1)性别:□男 □女

(2)年龄:_____岁

(3)教育程度:□大专及以下 □本科 □硕士及以上

(4)公司性质:□国有 □私营 □外资 □合资

(5)公司所属行业(可多选):□互联网 □金融 □通讯□新零售
□其他_____

(6)项目工作特征(可多选):□多项目交叉 □独立决策权 □多线程沟通
□多渠道资源 □跨职能协作 □多指标考核 □其他_____

(7)行业数字化特征(可多选):□数字化服务 □数字化运营 □数字化生态
□数字化创新

(8)在目前这家公司工作了多长时间?_____年

(9)公司人数:□50人以内 □51—100人 □101—500人 □501—2000人
□2001人以上

(10)公司目前所处的发展阶段:□初期阶段 □成长阶段 □稳定阶段
□转型阶段

(11)所在团队人数:_____人

(12)您在目前所在团队工作了多长时间? _____年

(13)您在团队中的职务:□团队领导　□公司领导班子成员

(14)团队性质:□半独立型项目团队　□非独立项目团队　□独立项目团队

(15)团队在跟进项目的过程中是否需要经常负责一些非业务专长的工作?

□是　□否

(16)团队在跟进项目的过程中,需要与多少个项目协作方进行协同?

□3个以下　□3—5个　□6—10个　□10个以上

(17)跟进项目的过程中,团队与团队之间是否是高度互相依赖的?

□是　□否

(18)项目跟进的过程中,因项目需要会频繁更换项目协作方　□是　□否

第二部分:团队化

　　请回忆您的团队(如果您是多个团队的领导,请选择主要负责工作的一个团队进行作答)与其他团队(既可以是公司内部的团队,也可以是公司外部的团队)进行合作时的关键举措,评价您的团队在合作过程中的相关行为,并在符合描述的数字上打"√"或者画"○",下同。(1=完全不符合;2=不太符合;3=不确定;4=比较符合;5=完全符合)

序号	描述	评价
1	业务方向符合其他团队的要求	1　2　3　4　5
2	价值观是其他团队能够完全接受的	1　2　3　4　5
3	及时向其他团队同步自己的工作进展	1　2　3　4　5
4	准确向其他团队同步与任务相关的信息	1　2　3　4　5
5	与其他团队交流工作时可以直言不讳	1　2　3　4　5
6	在项目当中,我们与其他团队之间是一个整体	1　2　3　4　5
7	任何团队都不会在项目任务中单打独斗	1　2　3　4　5
8	与其他团队之间不会出现明显的利益冲突	1　2　3　4　5
9	面对外部情境的变化,团队会调整工作方向	1　2　3　4　5
10	团队会尝试利用不同的方法来提高工作效率	1　2　3　4　5

第三部分：团队的内外部环境

请您对自己团队的内外部环境进行评价，并在符合描述的数字上打"√"或者画"O"，下同。（1＝完全不符合；2＝不太符合；3＝不确定；4＝比较符合；5＝完全符合）

序号	描述	评价
1	为了完成项目任务，需要从前置项目当中获取信息	1　2　3　4　5
2	我们所面临的项目任务往往没有现成的解决方案	1　2　3　4　5
3	为了完成所在团队的任务，必须要借助其他团队的配合	1　2　3　4　5
4	外部环境的不断变化让我们很难了解客户的真实需求	1　2　3　4　5
5	现在的外部环境下，我们很难理解竞争对手的相关策略	1　2　3　4　5
6	行业的技术革新速度非常快	1　2　3　4　5
7	有多种路径来与项目协作方进行互动	1　2　3　4　5
8	与项目内不同协作方的互动存在先后顺序	1　2　3　4　5
9	只有跟某一项目方讨论完之后，才能跟另外的项目方讨论	1　2　3　4　5
10	采用不同的方式进行项目互动，一定会得到不同的结果	1　2　3　4　5
11	和其他协作团队进行互动的过程当中充满不确定性	1　2　3　4　5
12	与大学、科研机构建立了密切的联系	1　2　3　4　5
13	与许多中间商和代理人建立了密切的联系	1　2　3　4　5
14	与金融机构建立了密切的联系	1　2　3　4　5
15	与政府机构建立了密切的联系	1　2　3　4　5
16	与消费者、供应商建立了密切的联系	1　2　3　4　5

问卷到此结束，请确认所有题项均已完成作答，感谢您的耐心和支持！

注：本问卷为简化版问卷（表述上作了简化，隐去了部分问项，各变量实际题项数详见正文），用于正文第五章。

问卷四：数字化情境特征对团队化影响调研问卷（员工版）

编号_____

尊敬的____女士/先生：

您好！感谢您在百忙之中参加关于数字化变革情境下团队管理的问卷调查。本次调查采用匿名方式，预计需要 20 分钟，为了确保问卷的有效性，请认真阅读并填写每一道题目，根据真实感受作答，答案无对错之分。

本次调查问卷仅限于现状调查，不涉及个人隐私与商业机密，我们郑重承诺对问卷数据进行严格保密。最后，再次感谢您的参与和支持，祝您身体健康，工作顺利！

第一部分：基本信息

（1）性别：□男　□女

（2）年龄：_____岁

（3）教育程度：□大专及以下　□本科　□硕士及以上

（4）公司性质：□国有　□私营　□外资　□合资

（5）公司所属行业（可多选）：□互联网　□金融　□通讯　□新零售
□其他_____

（6）项目工作特征（可多选）：□多项目交叉　□独立决策权　□多线程沟通
□多渠道资源　□跨职能协作　□多指标考核　□其他_____

（7）行业数字化特征（可多选）：□数字化服务　□数字化运营　□数字化生态
□数字化创新

（8）在目前这家公司工作了多长时间？_____年

（9）公司人数：□50 人以内　□51—100 人　□101—500 人　□501—2000 人
□2001 人以上

（10）公司目前所处的发展阶段：□初期阶段　□成长阶段　□稳定阶段
□转型阶段

（11）所在团队人数：_____人

（12）您在目前所在团队工作了多长时间？_____年

（13）您在团队中的职务：□团队领导　□公司领导班子成员

(14)团队性质:□半独立型项目团队 □非独立项目团队 □独立项目团队

(15)团队在跟进项目的过程中是否需要经常负责一些非业务专长的工作?

□是 □否

(16)团队在跟进项目的过程中,需要与多少个项目协作方进行协同?

□3个以下 □3—5个 □5—10个 □10个以上

(17)跟进项目的过程中,团队与团队之间是否是高度互相依赖的?

□是 □否

(18)项目跟进的过程中,因项目需要会频繁调整项目协作方 □是 □否

第二部分:团队化

请回忆您的团队(如果您是多个团队的领导,请选择主要负责工作的一个团队进行作答)与其他团队(既可以是公司内部的团队,也可以是公司外部的团队)进行合作时的关键举措,评价您的团队在合作过程中的相关行为,并在符合描述的数字上打"√"或者画"○",下同。(1=完全不符合;2=不太符合;3=不确定;4=比较符合;5=完全符合)

序号	描述	评价
1	业务方向符合其他团队的要求	1 2 3 4 5
2	价值观是其他团队能够完全接受的	1 2 3 4 5
3	及时向其他团队同步自己的工作进展	1 2 3 4 5
4	准确向其他团队同步与任务相关的信息	1 2 3 4 5
5	与其他团队交流工作时可以直言不讳	1 2 3 4 5
6	在项目当中,我们与其他团队之间是一个整体	1 2 3 4 5
7	任何团队都不会在项目任务中单打独斗	1 2 3 4 5
8	与其他团队之间不会出现明显的利益冲突	1 2 3 4 5
9	面对外部情境的变化,团队会调整工作方向	1 2 3 4 5
10	团队会尝试利用不同的方法来提高工作效率	1 2 3 4 5

问卷到此结束,请确认所有题项均已完成作答,感谢您的耐心和支持!

注:本问卷为简化版问卷(表述上作了简化,隐去了部分问项,各变量实际题项数详见正文),用于正文第五章。

问卷五:团队化策略研究问卷(领导版)

编号_____

尊敬的____女士/先生:

　　您好! 感谢您在百忙之中参加关于数字化变革情境下团队管理的问卷调查。本次调查采用匿名方式,预计需要 20 分钟,为了确保问卷的有效性,请认真阅读并填写每一道题目,根据真实感受作答,答案无对错之分。

　　本次调查问卷仅限于现状调查,不涉及个人隐私与商业机密,我们郑重承诺对问卷数据进行严格保密。最后,再次感谢您的参与和支持,祝您身体健康,工作顺利!

第一部分:基本信息

　　(1)性别:□男　□女　年龄:_____岁

　　(2)教育程度:□大专及以下　□本科　□硕士及以上

　　(3)公司性质:□国有　□私营　□外资　□合资

　　(4)在目前这家公司工作了多长时间? _____年

　　(5)项目工作特征(可多选):□多项目交叉　□独立决策权　□多线程沟通　□多渠道资源　□跨职能协作　□多指标考核　□其他_____

　　(6)公司人数:□50 人以内　□51—100 人　□101—500 人　□501—2000 人　□2001 人以上

　　(7)公司目前所处的发展阶段:□初期阶段　□成长阶段　□稳定阶段　□转型阶段

　　(8)所在团队人数:_____人

　　(9)您在目前所在团队工作了多长时间? _____年

　　(10)您在团队中的职务:□团队领导　□公司领导班子成员

　　(11)团队职能(可多选):□试验检测　□项目管理　□公共事务　□信息管理　□其他

第二部分：团队化

请回忆您的团队（如果您是多个团队的领导，请选择主要负责工作的一个团队进行作答）与其他团队（既可以是公司内部的团队，也可以是公司外部的团队）进行项目合作时的关键举措，评价您的团队在合作过程中的相关行为，并在符合描述的数字上打"√"或者画"○"，下同。（1＝完全不符合；2＝不太符合；3＝不确定；4＝比较符合；5＝完全符合）

序号	描述	评价
1	业务方向符合其他团队的要求	1　2　3　4　5
2	价值观是其他团队能够完全接受的	1　2　3　4　5
3	及时向其他团队同步自己的工作进展	1　2　3　4　5
4	准确向其他团队同步与任务相关的信息	1　2　3　4　5
5	与其他团队交流工作时可以直言不讳	1　2　3　4　5
6	在项目当中，我们与其他团队之间是一个整体	1　2　3　4　5
7	任何团队都不会在项目任务中单打独斗	1　2　3　4　5
8	与其他团队之间不会出现明显的利益冲突	1　2　3　4　5
9	面对外部情境的变化，团队会调整工作方向	1　2　3　4　5
10	团队会尝试利用不同的方法来提高工作效率	1　2　3　4　5

第三部分：团队创新行为

序号	描述	评价
1	时刻关注行业中新技术/新工艺的应用	1　2　3　4　5
2	不断尝试创造新的想法	1　2　3　4　5
3	有了新的想法之后会在第一时间与其他团队同步	1　2　3　4　5
4	将有限的资源优先用于新想法的实施	1　2　3　4　5
5	制定详细的计划来进行新想法的实施	1　2　3　4　5

第四部分：个体适应行为

序号	描述	评价
1	总是为自己的工作制订计划	1 2 3 4 5
2	非常关心自己正在接手的项目工作	1 2 3 4 5
3	会为未来的项目工作积极准备	1 2 3 4 5
4	在推进项目过程的过程中,始终保持乐观	1 2 3 4 5
5	会为自己的项目工作负责	1 2 3 4 5
6	会对自己工作周边的环境保持好奇心	1 2 3 4 5
7	面对项目工作中的问题,会主动投入进行解决	1 2 3 4 5

第五部分：团队项目绩效

序号	描述	评价
1	充分完成了所分配的任务	1 2 3 4 5
2	充分完成了规定的职责	1 2 3 4 5
3	能够按照期望完成任务	1 2 3 4 5
4	达到了原先的绩效要求	1 2 3 4 5
5	工作成果具有很强的创新性	1 2 3 4 5

第六部分：个人项目绩效

序号	描述(请您自己的工作行为进行评价)	评价
1	产出高于团队平均水平	1 2 3 4 5
2	产出质量高于团队平均水平	1 2 3 4 5
3	工作上出现的失误次数低于团队平均水平	1 2 3 4 5
4	经常寻找机会改善工作方法与工作流程	1 2 3 4 5
5	经常尝试采用新的方法解决工作中出现的问题	1 2 3 4 5
6	经常会从不同的角度来思考问题	1 2 3 4 5
7	不会放过任何一个发现问题的机会	1 2 3 4 5

第七部分:团队成员项目绩效

员工(编号 1):_____ (姓名)

序号	描述(请您对该员工的态度和行为进行评价)	评价
1	产出高于团队平均水平	1 2 3 4 5
2	产出质量高于团队平均水平	1 2 3 4 5
3	工作上出现的失误次数低于团队平均水平	1 2 3 4 5
4	经常寻找机会改善工作方法与工作流程	1 2 3 4 5
5	经常尝试采用新的方法解决工作中出现的问题	1 2 3 4 5
6	经常会从不同的角度来思考问题	1 2 3 4 5
7	不会放过任何一个发现问题的机会	1 2 3 4 5

员工(编号 2):_____ (姓名)

序号	描述(请您对该员工的态度和行为进行评价)	评价
1	产出高于团队平均水平	1 2 3 4 5
2	产出质量高于团队平均水平	1 2 3 4 5
3	工作上出现的失误次数低于团队平均水平	1 2 3 4 5
4	经常寻找机会改善工作方法与工作流程	1 2 3 4 5
5	经常尝试采用新的方法解决工作中出现的问题	1 2 3 4 5
6	经常会从不同的角度来思考问题	1 2 3 4 5
7	不会放过任何一个发现问题的机会	1 2 3 4 5

问卷到此结束,请确认所有题项均已完成作答,感谢您的耐心和支持!

注:本问卷为简化版问卷(表述上作了简化,隐去了部分问项,各变量实际题项数详见正文),用于正文第七章部分;由于篇幅原因,已经将研究四团队层面与个体层面两部分的问卷进行了合并;第七部分仅列出 2 位员工的评价,实际问卷中包含 5 位。

问卷六:团队化策略研究问卷(员工版)

编号＿＿＿＿＿＿

尊敬的＿＿＿女士/先生:

您好！感谢您在百忙之中参加关于数字化变革情境下团队管理的问卷调查。本次调查采用匿名方式,预计需要 20 分钟,为了确保问卷的有效性,请认真阅读并填写每一道题目,根据真实感受作答,答案无对错之分。

本次调查问卷仅限于现状调查,不涉及个人隐私与商业机密,我们郑重承诺对问卷数据进行严格保密。最后,再次感谢您的参与和支持,祝您身体健康,工作顺利！

第一部分:基本信息

(1)性别:□男　□女

(2)年龄:＿＿＿＿＿＿岁

(3)教育程度:□大专及以下　□本科　□硕士及以上

(4)公司性质:□国有　□私营　□外资　□合资

(5)在目前这家公司工作了多长时间?＿＿＿＿＿＿年

(6)公司人数:□50 人以内　□51—100 人　□101—500 人　□501—2000 人
□2001 人以上

(7)公司目前所处的发展阶段:□初期阶段　□成长阶段　□稳定阶段
□转型阶段

(8)所在团队人数:＿＿＿＿＿＿人

(9)您在目前所在团队工作了多长时间?＿＿＿＿＿＿年

(10)团队职能(可多选):□试验检测　□项目管理　□公共事务
□信息管理　□其他

第二部分:团队化

请回忆您的团队(如果您是多个团队的领导,请选择主要负责工作的一个团队进行作答)与其他团队(既可以是公司内部的团队,也可以是公司外部的团队)进行项目合作时的关键举措,评价您的团队在合作过程中的相关行为,并在符合描述的数字上打"√"或者画"○",下同。(1=完全不符合;2=不太符合;3=不确定;4=比较符合;5=完全符合)

序号	描述	评价
1	业务方向符合其他团队的要求	1 2 3 4 5
2	价值观是其他团队能够完全接受的	1 2 3 4 5
3	及时向其他团队同步自己的工作进展	1 2 3 4 5
4	准确向其他团队同步与任务相关的信息	1 2 3 4 5
5	与其他团队交流工作时可以直言不讳	1 2 3 4 5
6	在项目当中,我们与其他团队之间是一个整体	1 2 3 4 5
7	任何团队都不会在项目任务中单打独斗	1 2 3 4 5
8	与其他团队之间不会出现明显的利益冲突	1 2 3 4 5
9	面对外部情境的变化,团队会调整工作方向	1 2 3 4 5
10	团队会尝试利用不同的方法来提高工作效率	1 2 3 4 5

第三部分:团队领导行为

序号	描述	评价
1	经常授权下属自己做决定而不必请示	1 2 3 4 5
2	经常让下属自己做出与工作有关决定	1 2 3 4 5
3	领导没有要求下属事事要先请示我再做决定	1 2 3 4 5
4	经常授权下属独立负责某方面工作	1 2 3 4 5
5	领导给下属自己做主的权力,不必事事征求我的意见	1 2 3 4 5
6	领导允许下属在获得有关信息之后,自行作出决定	1 2 3 4 5

第四部分：团队创新行为

序号	描述	评价
1	时刻关注行业中新技术/新工艺的应用	1　2　3　45
2	不断尝试创造新的想法	1　2　3　4　5
3	有了新的想法之后会在第一时间与其他团队同步	1　2　3　4　5
4	将有限的资源优先用于新想法的实施	1　2　3　4　5
5	制定详细的计划来进行新想法的实施	1　2　3　4　5

第五部分：个体适应行为

序号	描述	评价
1	总是为自己的工作制订计划	1　2　3　4　5
2	非常关心自己正在接手的项目工作	1　2　3　4　5
3	会为未来的项目工作积极准备	1　2　3　4　5
4	在推进项目过程的过程中,始终保持乐观	1　2　3　4　5
5	会为自己的项目工作负责	1　2　3　4　5
6	会对自己工作周边的环境保持好奇心	1　2　3　4　5
7	面对项目工作中的问题,会主动投入进行解决	1　2　3　4　5
8	总是为自己的工作制订计划	1　2　3　4　5
9	非常关心自己正在接手的项目工作	1　2　3　4　5
10	会为未来的项目工作积极准备	1　2　3　4　5

第六部分:团队项目绩效

序号	描述	评价
1	充分完成了所分配的任务	1　2　3　4　5
2	充分完成了规定的职责	1　2　3　4　5
3	能够按照期望完成任务	1　2　3　4　5
4	达到了原先的绩效要求	1　2　3　4　5
5	工作成果具有很强的创新性	1　2　3　4　5

问卷到此结束,请确认所有题项均已完成作答,感谢您的耐心和支持!

注:本问卷为简化版问卷(表述上作了简化,隐去了部分问项,各变量实际题项数详见正文),用于正文第七章部分;由于篇幅原因,已经将研究四团队层面与个体层面两部分的量表进行了合并。

附录3　实验材料

实验指导语

各位团队成员：

你们好！

欢迎参加此次企业团队情境模拟实验，在实验当中，你们团队将扮演信达软件有限公司的一个项目团队，并根据相应的材料完成一系列任务。

在完成任务的过程中，你们团队需要仔细考虑项目团队所面临的具体工作以及你们团队与项目小组中其他项目团队之间的协作关系。

本实验的时间在60分钟以内，请你们合理安排好时间。

为了更好地熟悉你们团队所扮演的角色，请仔细阅读接下来的介绍材料。实验过程中，有任何问题可以随时举手示意。

实验背景(公司介绍)

信达软件有限公司成立于2010年，是一家专业从事软件开发的互联网公司，公司的核心服务是企业信息化建设，主要是根据企业级客户需求定制信息化解决方案，具体内容包括：(1)提供网页、数据库等信息化集成解决方案定制；(2)提供线上商城数据分析与决策系统；(3)数据安全服务。成立近10年以来，公司累计为超过60名企业级客户提供服务，并与3家国内自媒体平台签订战略合作协议。截至2018年，公司估值为4.5亿人民币。

实验处理

数字化项目

指导语：在数字化情境下，越来越多的个人用户都在移动端(微信)上开设了自己的线上商城(微店)，带来了全新的商业机会。作为一家互联网公司，信达软件有限公司希望开发一款APP来为这些移动端个人商户提供信息化服务，从而帮助他们更好地实现业务的增长。这项工作目前交由你们团队所在的项目小组负责来设计具体的草案。在开始这项任务之前,你们团队需要注意以下几点:(1)公司内部之前并没有接触过这方面的具体工作,很多工作的细节需要你们团队和项目小组中的其他团队一起从零开始设计,关于 APP 的一些细节内容需要你们和项目小组中的其他团队共同定义;(2)整个项目存在多任务交叉的情况,也就是说项目小组中的每个团队可能都会同时参与 2—3 项工作;(3)整个方案届时需要经过公司内部与外部专家评审才能通过。

非数字化项目

指导语:近期,信达软件有限公司发现客户对公司的产品以及服务的满意度出现了下滑。公司内部成立了专门的项目小组,你们团队也是该实验小组中的三个被试团队之一,实验小组的主要任务是完成一份针对上述问题的解决方案。请注意,公司之前已经有项目小组完成过类似的项目,你们需要在之前项目小组的基础上做出新意,项目完成之后,方案需要进行公司内部讨论,讨论通过之后项目即可结束。

高目标合作数字化平台组织

指导语:信达软件有限公司内部并没有明确的部门划分,所有项目任务将通过多个项目团队的方式进行展开,不同被试团队之间在工作模式以及业务专长上既有交集,同时也存在差异。信达软件有限公司内部的多个项目团队与公司之间的关系并非简单的雇佣,而是互相融合。公司作为平台,提供项目以及完成项目所必需的相关资源与信息,项目团队可以借助公司提供的项目创造价值与收益。在目前的日常工作中,公司内部每一个项目团队都同时参与 2—3 个项目,每个项目团队对于公司所提出的项目总体目标、项目工作流程、项目风险责任、项目风险与利益分配等方面都具有高度共识。与此同时,对于每一个项目团队而言,项目任务的成败关系到项目当中每一个项目团队的发展,项目当中每一个项目团队之间必须要通力协作才能够完成项目任务,实现团队自身的发展。

低目标合作数字化平台组织

指导语:你们所在的信达软件有限公司内部并没有明确的部门划分,主要是以项目团队的形式进行工作的展开。公司内部有多个项目团队,这些项目团队与公司之间的关系非常简单。如果项目团队能够通过项目为公司创造价值,那么公司就会给团队更多的资源,而如果项目团队无法取得项目上的成功或者和其他项目团队相比,无法为公司做出贡献,那么项目团队就会被解散。与此同时,虽然公司内一些个别项目任务需要若干个项目团队之间共同合作进行,不过大多数情况下,项目团队还是更倾向于单独完成项目任务,此外部分项目团队为了获得更好的发展,会主动绕过公司去承接其他公司的项目。

操纵检验量表

(1)请评估信达软件有限公司中不同项目团队的互动关系,并在对应的数字上进行标注。

单独行动	1	2	3	4	5	密切合作

(2)请评估你们团队所面临任务的具体特征,并在对应的数字上进行标注。

a. 我们团队面临的项目任务是常规的运营性任务。

完全不同意	1	2	3	4	5	完全同意

b. 我们团队面临的项目任务是公司在数字化发展下产生的全新的复合型任务。

完全不同意	1	2	3	4	5	完全同意

角色设定(数字化任务)

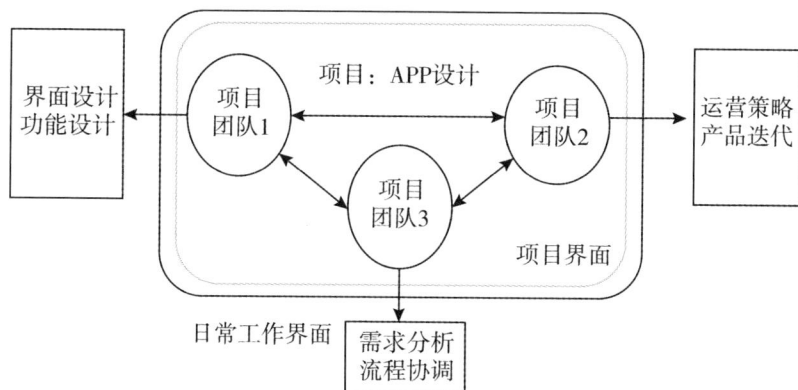

附图1　数字化任务组实验角色示意

任务说明（数字化项目）

此次任务的注意事项包括以下四个方面：

(1)请选出一名团队领导来负责协调接下来的工作；

(2)请再次确认团队在项目小组当中的任务分工与角色设定；

(3)在此次实验任务当中，您需要在保证自己团队日常工作的同时与其他团队共同合作完成 APP 设计草案，你们需要想办法平衡两方面任务；

(4)在项目任务的不同阶段将会面临对不同的挑战与问题，项目团队需要在相互讨论的基础上，做出针对性的判断；

(5)项目团队内部的讨论过程将会被记录。

角色设定（非数字化任务）

实验任务以项目小组的形式进行展开，实验过程中，每一个项目团队都隶属于一个项目小组，每一个项目小组包括三个项目团队，不同的项目团队之由相同的成员构成，同时并行跟进此次公司提升客户满意度方案计划书。具体的任务分工如下图所示：

项目：客户满意度提升方案

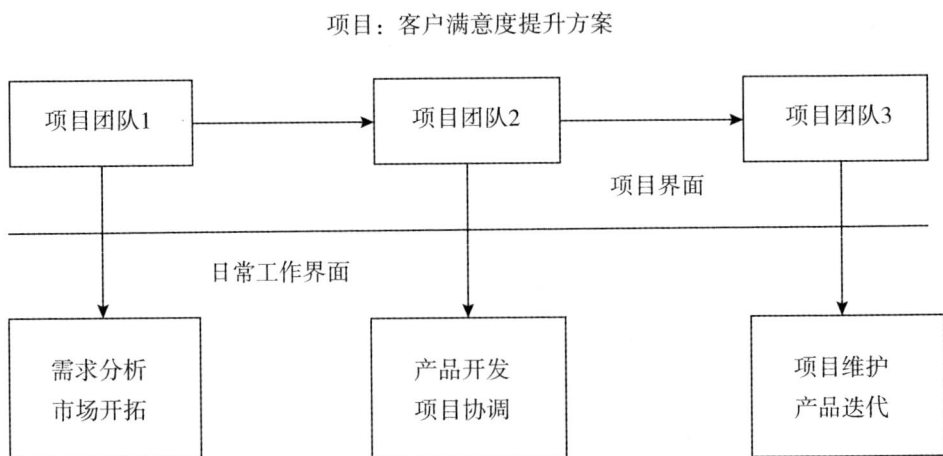

附图 2　非数字化任务组角色示意

任务说明(非数字化项目)

此次任务的注意事项包括以下四个方面:

(1)请选出一名团队领导来负责协调接下来的工作;

(2)请再次确认团队在项目小组当中的任务分工与角色设定;

(3)在此次实验任务当中,您需要在保证自己团队日常工作的同时与其他团队共同合作完成公司提升客户满意度方案计划书,你们需要想办法平衡两方面任务;

(4)在项目任务的不同阶段将会面对不同的挑战与问题,项目团队需要在相互讨论的基础上,做出针对性的判断;

(5)任务过程中所有的项目团队内的互动,以及项目小组中不同项目团队间的互动都将会被录音。

实验测量

团队化:请您对团队在平台小组中的不同任务过程中所表现出的行为进行评价,并在符合描述的数字上打"√"或者画"○"。(1=完全不符合;2=不太符合;3=不确定;4=比较符合;5=完全符合)

(1)"互补"维度(该部分测量在互动讨论的第一阶段进行)

描述	评价
1.我们团队在项目小组中所起到的作用是其他团队无法替代的	1 2 3 4 5
2.我们对其他团队在项目中所负责的具体工作非常清楚	1 2 3 4 5
3.项目小组中每一个团队都有自己的专长	1 2 3 4 5
4.项目小组中每一个团队都有不同的项目经验	1 2 3 4 5

（2）"协同"维度（该部分测量在互动讨论的第二阶段进行）

描述	评价
1.我们团队会及时与其他团队同步项目进度	1　2　3　4　5
2.如果我们团队在项目上遇到问题,其他团队一定会帮助我们	1　2　3　4　5
3.我们团队会向其他团队提供准确的项目信息	1　2　3　4　5
4.我们团队会向其他团队分享与项目相关的知识	1　2　3　4　5

（3）"整合"维度（该部分测量在互动讨论的第三阶段进行）

描述	评价
1.我们团队会牺牲自己的利益来保证项目小组的整体项目利益	1　2　3　4　5
2.我们会像对待自己团队成员一样对待项目小组中其他项目团队的成员	1　2　3　4　5
3.我们会首先保证整个项目小组中的工作,再考虑自己团队的日常工作	1　2　3　4　5
4.如果最后项目获得成功,我们会把功劳归于整个项目小组而非某个团队	1　2　3　4　5

（4）"迭代"维度（该部分测量在互动讨论的第四三阶段进行）

描述	评价
1.项目过程中我们会不断和其他团队商量如何提高项目效率	1　2　3　4　5
2.项目过程中我们会不断和其他团队商量如何提高项目工作流程	1　2　3　4　5
3.项目过程中我们会不断和其他团队商量如何更有效地整合项目资源	1　2　3　4　5
4.项目结束后我们会和其他团队商量寻找新的团队替换现有项目团队	1　2　3　4　5

附录4　实证调研与实验取样保密协议

甲方:受访人员(姓名,单位)

乙方:调研人员(姓名,身份证号,联系方式)

鉴于甲方知晓乙方目前正在进行博士论文研究,需要甲方配合参与调研并提供相关资料,为保证甲方的合法权益,经友好协商,乙方郑重承诺对甲方提供的数据进行保密,具体签订如下协议。

1.乙方需要保密的信息包括在洽谈以及调研过程中的访谈记录、谈话录音、实验数据及其他一切甲方以口头、书面形式提供的信息。

2.乙方对以下信息不承担保密责任:

(1)甲方已经公开发表或向公众披露的所有信息;

(2)经甲方同意之后公开的信息;

(3)经乙方证明该信息由甲方披露之前已由乙方合法持有。

3.上述保密信息只能用于乙方博士论文研究,同时乙方需要采取严格的措施进行保密,不将保密信息的原件、复印件以及相关归纳性的分析透露给第三方。

4.本协议自甲乙双方签字之日起生效,甲方可在乙方博士论文完成之后提前终止本协议。

5.本协议受中华人民共和国有关法律约束,任何因本协议所造成的争议应协商解决,如协商不成,将依照甲方所在地有管辖权的人民法院所规定的流程进行仲裁。

本协议共一式两份,双方各执一份,具有同等法律效力。

甲方签字(章):　　　　　　　　　乙方签字(章):

日　期:　　　　　　　　　　　　　日　期:

注:本协议在实证调研与实验取样时使用,旨在保护受调研企业与个人的隐私信息。